上海三联人文经典书库

96

拜占庭的成就
公元330~1453年之历史回顾

[英] 罗伯特·拜伦 著

周书垚 译

THE BYZANTINE
ACHIEVEMENT
An Historical Perspective, C.E. 330~1453

上海三联书店

"十三五"国家重点图书出版规划项目

国家出版基金资助项目

总　序

陈　恒

　　自百余年前中国学术开始现代转型以来,我国人文社会科学研究历经几代学者不懈努力已取得了可观成就。学术翻译在其中功不可没,严复的开创之功自不必多说,民国时期译介的西方学术著作更大大促进了汉语学术的发展,有助于我国学人开眼看世界,知外域除坚船利器外尚有学问典章可资引进。20世纪80年代以来,中国学术界又开始了一轮至今势头不衰的引介国外学术著作之浪潮,这对中国知识界学术思想的积累和发展乃至对中国社会进步所起到的推动作用,可谓有目共睹。新一轮西学东渐的同时,中国学者在某些领域也进行了开创性研究,出版了不少重要的论著,发表了不少有价值的论文。借此如株苗之嫁接,已生成糅合东西学术精义的果实。我们有充分的理由企盼着,既有着自身深厚的民族传统为根基、呈现出鲜明的本土问题意识,又吸纳了国际学术界多方面成果的学术研究,将会日益滋长繁荣起来。

　　值得注意的是,20世纪80年代以降,西方学术界自身的转型也越来越改变了其传统的学术形态和研究方法,学术史、科学史、考古史、宗教史、性别史、哲学史、艺术史、人类学、语言学、社会学、民俗学等学科的研究日益繁荣。研究方法、手段、内容日新月异,这些领域的变化在很大程度上改变了整个人文社会科学的面貌,也极大地影响了近年来中国学术界的学术取向。不同学科的学者出于深化各自专业研究的需要,对其他学科知识的渴求也越来越迫切,以求能开阔视野,迸发出学术灵感、思想火花。近年来,我们与国外学术界的交往日渐增强,合格的学术翻译队伍也日益扩大,同时我们也深信,学术垃圾的泛滥只是当今学术生产面相之一隅,高质量、原创作的学术著作也在当今的学术中坚和默坐书斋的读书种子中不断产生。然囿于种种原因,人文社会科学各学科的发展并不平衡,学术出版方面也有畸轻畸重的情形(比如国内还鲜有把国人在海外获得博士学位的优秀论文系统地引介到学术界)。

有鉴于此,我们计划组织出版"上海三联人文经典书库",将从译介西学成果、推出原创精品、整理已有典籍三方面展开。译介西学成果拟从西方近现代经典(自文艺复兴以来,但以二战前后的西学著作为主)、西方古代经典(文艺复兴前的西方原典)两方面着手;原创精品取"汉语思想系列"为范畴,不断向学术界推出汉语世界精品力作;整理已有典籍则以民国时期的翻译著作为主。现阶段我们拟从历史、考古、宗教、哲学、艺术等领域着手,在上述三个方面对学术宝库进行挖掘,从而为人文社会科学的发展作出一些贡献,以求为 21 世纪中国的学术大厦添一砖一瓦。

图 1　金角湾的贸易

谨以此书庆贺我父母
去年二十五周年银婚
　　——拜伦

目　录

图片与地图表目录

序言

　　每本书的侧重点，一定会随公众对这本书中所涉及的主题的误解程度变化而变化。现在是时候纠正那迄今为止被记者和学者以对待个人异想天开的态度而歪曲的黎凡特地区的历史了。这需要将最近发生的事件与我力所不能及的历史分析水平结合在一起。写这本书的初衷不过是为了呈现 1919 年至 1923 年东地中海地区的历史。但是当我在 1926 年探访了希腊沿海地区时，根本无需深思熟虑便发现，要描述这几年发生的事件却不调查它们的历史原因，就好像直接为观众上演一部社会问题剧的最后一幕却省略了第一幕。虽然只能将错就错，但先演第一幕而不演最后一幕就能让错误不那么严重了，至少我希望如此。如果需要深究这一领域至少还要多花两年时间。时间是宝贵的，对作家尤其如此。一旦完成原稿，他会立即锁入盒中，就像资本家把金币藏在金库里那样。

　　这本书绝不是一本研究原始史料的调查报告。其主旨只是将过去的历史之流汇总在一起；并诚惶诚恐地简述一些西方发展之河中前人未曾注意过的逆流。这样一来，若能写就此书，也能为后来者在阐明到底哪方势力在当今时代依然保持着生命力上献出一份微薄之力。最重要的是，本书并无说教之嫌。它只愿读者下次浮想希腊海岸线和首都君士坦丁堡之时，在心中能有一丝怀古之情。

关于拜占庭帝国有一种历史普遍定论，即它造就了一个有史以来最为低贱、卑鄙的文明……历史上从未有过这样一种经久不衰的文明，它完全没有丝毫伟大之处，或者和伟大这个词沾边的东西，"卑鄙的"这个评名非它莫属……它的罪恶就是那些懦弱而又自甘堕落之人的罪恶。他们不爱国，既没有自由也没有追求自由的愿望……在他们的言行和思想中，他们是奴隶，更是奴才，他们沉浸于荒淫无度的享乐之中。然而，神学理论的精妙和赛车比赛的豪情却能让这群魂不守舍之徒打起精神，变成一伙疯狂的暴民……在他们之前，有着充满崇高英雄主义的古希腊文学；但即便是这样一种能给后世欧洲带来巨大活力的文学，也无法在这群堕落的希腊人心中点燃一丝高贵的火花。这个帝国的历史，不过是一部由教士、宦臣和女人的尔虞我诈拼成的故事集，其中尽是千篇一律的毒杀、阴谋、忘恩负义和手足相残。

一则古典理性主义者的评论，选自威廉·莱基的《欧洲道德史》(*History of European Morals*, 1869)

第一部
史海一瞥

第一章　历史学家

大众对出身和生活环境的自豪感，如果在种族上足够清晰可辨的话，就可称之为爱国主义，人们常常会在维护制度或观念的过程中产生这种情感。鉴于人类已与其他相对低等的生物分道扬镳，因此他们不仅需要全力维持其社会组织，小到部落、城市，大到整个帝国，有时还要坚持宗教、荣誉和精神自由等略为抽象的原则。如今，爱国主义在 20 世纪第二个 25 年中异军突起，而人们对它的看法则各不相同。虽然有许多人认为，献身于国家主权所及的最遥远的沙场是一种人类情操的最高表现形态，但也有一些同样醉得不轻的人拒不承认任何国家存在的标志，视之为一种从路易十六和乔治三世开始的原罪。就抵制宗教改革和导致英格兰在 1914 年对德宣战的精神上的爱国主义而言，民族主义者对其少了几分狂热，而"小英格兰主义者"则对其多了些许宽容。不过，在这些定义之外还有另一种形式的自豪感，一种个人可与他人共享的自豪感；它不易察觉，难以言表，它超越了这种或那种传统、一个帝国或一个神教的衰落；可以冲破不仅是政治的，而且是伦理的、智力的和精神的分歧所形成的樊篱。世界意识已是老生常谈；欧洲人已成既定事实。但是至高自豪感的考量并非根据已知世界、气质性格和社会发明，而是时代的划分、人类的发展——不论这一发展最终被证明是进步还是退步，它都是连续不断的。在我们这个时代，自豪感、爱国主义成了本能。父之子、子之父，我们都是时代的同行者。愿这面旗帜迎风飘扬，它代表不是领土或海疆、道德或众神，而是一个时代、一个时代的人。

　　出于这种对时代的颂扬以及对现在继往开来的自豪感,每个国家和种族从最古老的时代起,便出现了一种历史比较的学问。它之产生,通常不过是民间作者的手笔,但通过将千百年来循环往复的事件和历史趋势进行分类,使得揣摩何时才是我们真正进步的时刻成为可能。文明是非同寻常的现象。它们不同于那些昙花一现的文化时期,诸如伯里克利统治的希腊和文艺复兴时期的意大利。而我们的时代尚未到来。不过,我们不仅仅立足于那些现已成形的百科全书式文明的踏板之上;除此之外,科学革命的最初成果也把我们领到了无限可能性的面前。如此看来,我们就像摩西站在尼波山上那样,可以放眼过去与未来:回首,我们可以看到达尔文的进化论、达盖尔照相法和铁路列车;前瞻,我们可以展望数学泛神论、电视机和外星移民。正是这种直观分析的日益系统化、规范化的推陈出新,以及区域联系的日趋紧密,把这个即将到来的文明与其前驱区别开来。从其襟怀的广度和完整度来看,它不会像其前驱那样消亡殆尽,而必将焕发出持久的生命力。

　　于是,历史学家将以科学家和哲学家的方法来取代那些陈腐教条的做法,成为这一刻的大祭司。要使这个突进时代中——虽然现在这个时代还只是在遥远的地平线上依稀可见——的各股力量相安无事、兼容并包,这个世界必须改变其对历史的观念,从基本事实的重新排列中,提取出对这个世界即将拥有的浩瀚之宇有所贡献的成分。这是一个盘点历史存货的日子,所有的民族都必须将他们的成就放到这个同一世界未来发展的序列之中。(即使这个过程被打断,若干古典的美拉尼西亚黄金时代也会昂起那娇小的文化之首,重新再来一遍。)过去那种将一道道不合口味的事件之餐,以传奇故事提味,然后再根据排他主义作家们的偏爱装饰餐盘——在英语文学中通常是些新教徒或自由主义作家——的"上菜"方式,在飞速进步的此刻,已为历史的功能所取代,这种功能可剖分为一个双重目标:总体目标是透过历史加深对现在的哲学和科学的认识,准备未来;具体目标则是逐一列出并理清任何事件的来龙去脉,及其将会对以后几代人造成的直接和明显的后果。在整个欧洲历史中,没有任何一个时刻能够像基督教成为罗马帝国国教那样与我们如此休戚相关。一个全新的文明在此刻诞生,而其本质和成就,在其灭绝之后理性胜利的数个世纪中,依然令人感到不可思议。因此,恰如面对1922年士麦那的废墟①一样,仅从这类事件的遗存中对君士坦丁与基督教结盟基础的刨根问底,即尚无穷期。

① 1922年,土耳其西部港口城市士麦那(今伊兹密尔)发生了惨烈的火灾,希腊人与亚美尼亚人居住区毁灭殆尽,十余万人丧生,犹太人和穆斯林居住区则幸免于难,时有土耳其士兵纵火的谣传。——译者注

第二章　希腊人

正如蓝宝石和绿柱石比起土耳其玉来色泽有所不同,爱琴海的水色与整体呈浅蓝色地中海也有所差异。你可以试着从意大利或埃及出海看看。随着玫瑰色的岛屿沙滩和海岬从海面升起出现在人们面前,仿佛整个世界在你的身后被拒之门外。大地散发出了一种全新的气息。船头划开水面,烟囱将空气一劈为二,而乘风破浪的我们又是何许人也?

那些坐在家中读着诗集,读着荷马们和拜伦们的诗篇的人,早就对这种陈词滥调的赞美之词感到不耐烦了。不过,旅行者们心里清楚,能够赞尽希腊这片海域之奇景的诗人还不曾降生。它为何茕茕孑立?在我们那无法按捺的热爱之情中,是何种力量将这片蓝色的海水、茶色的峭壁以及那连绵不绝的群山锁定在了远处的画面之上?为何微风中散发着烘烤香草的芬芳,而远处朦胧的海岸也映射着它们的色彩?这到底是怎样的一种环境,混合着空气与海水,仿佛亲吻一般拂过脸颊,而夜色也正拥抱着我们?海上的小岛从我们身旁漂过,一个接着一个纷纷向我们道别,它们在一片炫蓝色中折射出若隐若现的耀眼白光,或索性隐藏于那充满芳香的夜幕之下。随着船向北航行,可以看见海面上闪耀着一束银色的光辉;天色渐渐柔和起来,空中还悬挂着几朵静止不动的浮云。穿过这些海峡,用上一整天横跨马尔马拉海之后,王子群岛中几个岛屿朦朦胧胧的锥体轮廓就跃入眼帘,君士坦丁堡的蜃景也依稀可见。在此处折回,沿着那肥沃的土地以及安纳托利亚连绵起伏的山脉,去到士麦那湾,罗德岛,以及那偏安一隅的塞浦路斯。

爱琴海的南端是克里特岛,西面则是科孚岛。这便是这个难以捉摸的中心要素的辐射范围;而拜占庭则是这片区域的中心。从阿尔巴尼亚南部边界至小亚细亚沿海地区,这片区域就像英国或日本诸岛。在其之中,土地的神性移到了所能触及范围的边缘。而且,如果在第一次大迁徙中,这片土地就被赋予了照管一个已经拥有寻求神性——这也是人类与野兽的区别——意识的民族的使命,那么这个民族就毫无疑问地在文明的普遍发展中起到了举足轻重的作用。这个比其他更受亲睐的民族到底是何方神圣?他们又经历了怎样的一段历史呢?

否认这点是徒劳的,按照盎格鲁-撒克逊人的说法,"现代希腊人"这个词似乎带有一种轻蔑意味,同时也不可避免地带有一丝古人尽善尽美的气息。在19世纪最初几年里,人们发现伯罗奔尼撒半岛上的野蛮部落中,有些在遭受了四个世纪的外族暴政后居然放弃了他们唯一的光荣使命,当人们终于认清了这些部落也并不具有当今西欧国家所明显缺乏的英雄气概时,主张希腊复兴的人们只得痛苦地接受了这一消息。法尔默赖厄[①](Jakob Philipp Fallmerayer)的作品给人带来了一丝安慰,他发表于1830年代的关于摩里亚半岛历史的著述,让迫不及待的欧洲人相信"现代希腊人"有着斯拉夫血统。伴有一种如释重负的味道,伯里克利和菲狄亚斯的后人早已绝迹的裁定就这么板上钉钉了。人们将"堕落",这个被吉本频繁使用的言之凿凿却无建设意义的词,从罗马帝国的废墟中借了过来,用以谴责希腊王国的根基。从这时起,人们的目光就紧紧盯住了帕台农神庙那一根根死气沉沉的石柱,而全世界都对生活在这些石柱之下的人们嗤之以鼻,他们被视为中世纪斯拉夫人迁徙所留下的卑劣残渣,以其激烈的政治活动和他们矮小黝黑的丑陋身躯玷污着这片他们所出生的土地。

但是在过去的几十年里,人类学在学术界的成见之下发展成了

---

① 法尔默赖厄(1790—1861年),蒂罗尔旅行作家、历史学家。——译者注

一门新科学。于是人们终于可以不留疑点地推断古典时期、拜占庭时期和现代希腊人的人种起源了。

在新石器时代早期,大不列颠和索马里兰之间的所有陆地上,居住着一种体型矮小的深肤色人种,现代科学家将其称为褐色人种或地中海人种。渐渐地,他们支配的势力范围被北方的条顿人和南方的努比亚人所蚕食;直到最后人们只能在地中海大部分沿岸地区找到他们的踪影。受到这一限制的影响,这一人种根据他

10 们身体特征,被分为了四大族,其中皮发斯基族(Pelasgian)①——从希罗多德那借用的这个名字——居住在希腊地区、爱琴海诸岛和小亚细亚半岛西岸地区。这个民族,更确切地说这一分支,在印欧族希腊人到来之前,是受到一种能够快速发展和同化其他文化的文明所支配的。克里特岛弥诺斯文化的艺术和治国上的成就恰好反映了这点,因为这一定是其文明如此辉煌的主要原因。另外,虽然工艺没有那么精湛,这一文化的遗迹在伊特鲁利亚人的纪念碑中也留下了它的影子,而他们则是迁徙至意大利的皮发斯基族的一支。

最终,不可思议的希腊人将其推理能力、对形式概念的理解和他们语言,从在地图上尚不为人知的雅利安人种发源地带到了这里。他们将这些东西强加在了皮发斯基人身上。就具象艺术而言,在先于希腊文化占据支配地位之前的种族融合时期,就有了那些着色的人物胸像雕塑,这些雕塑比任何之前来自埃及和之后在希腊创造的艺术品都更胜一筹,如今它们都陈列在雅典卫城博物馆之中。连希罗多德都承认,希腊人在他们所入侵的国家中始终是少数群体;从种族上来说,他们几乎没过多久就被同化了。但是,这个在我们日常生活的话语中称之为"希腊人"的结合体,确实十分成功。它创造了如今席卷全球的欧洲三大文明基础之一。从

11 直布罗陀到北京,从哈德良长城到尼罗河的源头,即使在其开创以

---

① 有些古希腊作家将希腊人的祖先或之前曾居住在希腊地区的人统称为 Pelasgians,希腊语即 Πελασγός。——译者注

来数个世纪之后，人们依然可以感受到它的文化影响力。受其民族支配的地方，就会繁荣昌盛。而随着希腊人的衰亡，贫穷与腐败便开始在他们的家乡，东地中海沿岸地区，兴风作浪。

　　与此同时，从其兴起到衰亡的这段时期，整个褐色人种的血统，特别是在意大利和西班牙地区，都被外族冲淡了。这一结果是西罗马帝国灭亡之后蛮族入侵的杰作，而在东罗马帝国境内，虽然时有短暂的侵略，但却没有遭到蛮族的玷污。因此，褐色人种最初分成的四大族中，在体貌特征上与其祖先遗留下来的解剖学特征最为相似的，便是希腊人。所以，只是肤浅地看看几个雅典地区村落名字就推断出来的斯拉夫血统论根本就是错误的，若是按照这一逻辑，那么根据地名是以-wick 和-by 为词尾来看，所有英格兰人就都该是丹麦人的后代了。法尔默赖厄的观点之所以如此受欢迎，就是得益于人们对那些为人熟知的希腊大理石雕像所刻画的金发巨人所抱有的幻想。同时，人们似乎已经忘记，尽管很少有人会同时具有轮廓分明的鼻梁、厚实的嘴唇和圆圆的下巴，而且在大草帽和牙刷式胡子的掩盖下让人难以辨认，但是它们依然是希腊人的外貌特征。

　　由于人类学目前比其他学科更有资格在这一问题上给出答案，因此 20 世纪沿袭了过去关于希腊人的界定：一群具有地中海民族血统的人，拥有一种他们自己建立的类似于斯基泰（Scythian）文化和萨尔马提亚文化的雅利安文化。不过，除了骨骼和颅骨上的一致外，在街道上行走的活人则提供了更让人信服的证据。自从希腊人第一次登上历史舞台的这一刻起，他们性格中的基本品质，就穿过了拜占庭帝国的辉煌和奥斯曼帝国的堕落，一如既往地流传至今。那位四处旅行的老学究[①]想必不会认同这种观点，因为在他而言，原住民的存在只不过是为了缅怀那并不存在而又空洞的尽善尽美，而他居然觉得这种尽善尽美就是希腊人的面相。然而，令人怀疑的是，在其作品中，他到底有没有充分了解那些人类角色，

12

――――――――――

① 指法尔默赖厄。——译者注

以使其能够剥去他笔下那些英雄们的豪言壮举而发现他们身为凡人的那一面。可是，那些视人文学科为良药而非迷药的人，就能在现代希腊人的心智和气质中识别出与古人相似的地方。在民族性格的持续性被确定之前，要描述一个民族的历史根本就是不可能的。

从根本上来说，这个民族最显著且最持久的本能，是一种孜孜不倦的求知欲。这种对知识的渴望，曾经激励了第一批哲学家和科学家，而在新一轮的危难之际，使徒保罗又将未知上帝的诱饵掷入其中，它还是和原来一模一样。即便是现在，"雅典人"还是会用"有何新闻"来互相问候，并等待对方回答。在这个国家中，一种定期的看似爱管闲事的询问是所有盛情款待的开始。对于质问永不满足的态度，形成了普遍的——或按照不列颠人的说法，非凡的——对知识、对书籍本身以及对文化技能的各个方面的尊重。从身居高位者到地位低下之人，甚至不识字的人，在他们身上可以发现这个民族的特性在历经数个时代之后依然一脉相承。而且，如果了解古人与拜占庭人的话，就可以认为历史对他们而言与其说是一门学科，不如说是一项娱乐，就好像是几位学识卓越的教授在主流报纸上写些专栏一样。

对事物外在表面的持续不满，会一如既往地形成一种贬值了的远见。与英格兰人形成鲜明对比的是，希腊人缺乏一种自我欺骗的本事，而这却能对一个前途未卜的有德行的民族助一臂之力。虽然他们在追求目标时也会谎话连篇，但是他们自己心里是再清楚不过的。他们会将事实利用于演讲和文学之中，以至于将那些对盎格鲁-撒克逊人来说比真相更加宝贵的礼数置于不顾。正是由于运用了这种对人类动机弱点的半讽刺半挖苦式的洞察力，使得他们能够拥有一种真正的充满热情的民主精神，他们将这种精神转变为政治学，并使其成为了拜占庭帝国的基础，而它至今仍在耳濡目染着他们。在希腊3000年的历史长河中，人们找不到一丝等级制度的迹象。能够登上受万人景仰的奖台的人，向来都是学者、公仆、对国家有贡献的个人，有时有两三代人担任过公职的家族也能获此殊荣。

　　然而，希腊人并非只是像野蛮人一样对什么都好奇。而且，就所被赋予的聪慧程度而言，他们和犹太人不相上下。与巴尔干半岛其他民族，如罗马尼亚人、保加利亚人、塞尔维亚人和阿尔巴尼亚人等相比，希腊人的这份"敏捷才思"就更让人有目共睹。另外，雄心壮志也在不断地驱策着这个民族。据说，作为商人和金融家，"他们虽不如亚美尼亚人，但却强过犹太人"。就这方面而言，有一件事是可以确定的：纵观历史，拥有重要商道且自然资源丰富的黎凡特地区（the Levant）的繁荣，已经时过境迁，而且将继续随着其政治命运的变化而变化。

　　除非有真正参与国家事务的机会不请自来，不然他们的讨论会毫无疑问只不过是一项全民消遣活动。那些和英国工人阶级打过交道的人都会不约而同地证明，称这些人只有在换届选举的紧张时刻才会表现出对政治的兴趣。在希腊，在极其模糊的社会等级之中，盛行着一种人人参与国家行为的传统，以至于除非能够获得对于王权的日益稳固的忠诚的支持，不然议会制政府几乎不可能形成。而拜占庭人是有皇帝的；不过民族恶习，即能言善辩，却转移到了不那么具有破坏性的神学领域。如今，这一恶习在政治上的死灰复燃则集中表现在数不胜数的报纸上，它们那言词刻薄的政党专栏让人不禁想起古希腊时代弱小的城邦和幼稚的战争。但是在这些反唇相讥浪潮的表面之下，涌动着一种深远的宗教爱国主义，一种对希腊民族命运高深莫测的信念，从根本上来说，这与西方国家的沙文主义式的帝国主义是截然不同的。其必然结果便是一种近乎疯狂的对政党的忠诚，而这种忠诚会将这个国家的国内生活激化到一种不可收拾的地步。在民族和政党大业上，希腊人个个都是不知疲倦的宣传者。因此，在这些领域里，人们往往难以察觉真相所在。在生意往来上使用同样的策略使他们获利颇丰，不过那些被他们哄骗过的人则将其称之为欺诈和两面三刀。

15

然而关于这一点，人们千万不能低估四个世纪的暴政①及动荡不安所造成的影响，有相当一部分人口从中解脱至今还不满 20 年。而且，顺便值得一提的是，公职人员和政府成员中的腐败现象也不像巴尔干半岛其他国家和美国那样明目张胆地盛行着。

16　　这个民族对宗教极其虔诚，对迷信也是如此；可是他们对灵魂的渴望从未被任何一种制度通过操控迷信而利用，而在某些拉丁语国家中情况则不然。他们对于大自然、花草、树木与飞鸟，有一种罗曼蒂克的，几乎精神上的爱恋。由于在古代作品中有大量表现，人们通常将其称为一种异教徒的情感，就好像这种情感与基督教格格不入似的。

　　最后，能够证明他们几个世代以来的性格最根本的线索，即希腊人和他们的祖先有着同样的自负——这种自负是如此之大，如此的被神化，恰似生存圣职的一部分，以至于它的外在表现种类繁多，而当陌生人在察觉其最根本的内在含义时总不觉为之一怔。欧洲人，不论是从事实上还是情感上来说，他们在谈及"欧洲"时都好像事不关己，而且尽管在看待外邦人时会带有宽容，有时甚至是爱慕之情，他们依然会觉得这些人缺乏那些能够让希腊人优越于"野蛮人"的基本品质。这种自负让他们容易感情用事，所以从肉体上而言也勇猛果敢；不过这也让他们在危难之际失去了合理的判断力。自从希腊独立战争以来，他们似乎出于感激之心而对英国忠贞不二，而且对英国式的司法元素心怀崇敬之情。若有人希望看到他们深情厚谊的证据，那么在事实中就有现成的素材，尽管有着 1914 年至 1923 年间的诸起事件，然而这种情感却未曾消退。

17　　回顾过去和当今事实，希腊人的性格就是如此。这是一个聪慧、自负、爱刨根问底的民族，它有着强烈的政治热情和热忱的民主情怀，对待友谊矜持不苟，对待信仰则因循守旧，在商业上天赋异禀，对大自然和宗教感情细腻，希腊人民在东方和西方之间百忍成金、来回斡旋，虽不对任何一方俯首称臣，却也能海纳百川。它

————————————

①　指奥斯曼帝国的统治。——译者注

从原本的一块合金成为了一种新型金属,将世界文明的基础从非洲及之后的亚洲往东北方向传递。这一工程现已圆满完成,希腊人保住了这个全世界人都想从其手中抢走的殊荣。但是为何全世界,以及那些既居高临下却又粗俗鄙陋的野蛮人,仍旧对希腊人的存在挂肠悬胆呢?对他们的误传究竟从何而来?源头就是那糅合了真情实意的热忱和虚情假意的狂热所形成的令人好奇的混合情感,即对希腊文化的热爱(亲希腊主义)[①]。

　　不论是在书籍还是现实生活中,最能反映这种奇特精神状态的表现就是空洞的生存哲学所得出的结果,而这则是那些古典学者的最后一项遗产。学习希腊文本的学生,从根本上说就是这些文本的解释者;他们视严格论证和准确描述为亲人一般,却不会洞察历史,也没有发泄情感的渠道;他们从文学作品和石碑中虚构出了一种人性的典范,而他们及其追随者则断言其为永世皆准。正是由于对这种永恒性的深恶痛绝,这个几世纪以来欧洲文化的祸根,使得将古典主义放逐到它在人类发展长河中的正确地位成为当务之急。

　　仅就历史而言,善于欺骗的亲希腊者(Philhellene)应当为大量有心而为之的误传而负责,就像那些祭祀要为整本《旧约》负责那样。这些崇拜者们疯狂地痴迷于他们的偶像,他们将祖先的品德不怀好意地强加于其 20 世纪后代上,这种做法已尽人皆知,这里不再赘言。这些人对人类学的基本原理嗤之以鼻,早在 25 年前,他们就开始传播这种观点,古希腊人如北欧人一般人高马大,而现代希腊人则如斯拉夫一般矮小。在常识的悦耳之音面前,他们居然固执地坚持 16 世纪愚昧的英国学者所捏造的读法,把 βασιλεύς 读成 "bazilews" 而不是 "vassilefs",把 χίλιοι 读成 "kilioy" 而不是

18

---

① 原文 Philhellenism,直译即"爱希腊、希腊文化以及一切和希腊有关的事物"。下文中根据上下文,该词会被译为"亲希腊主义"、"希腊独立主义"等。同理,派生词 Philhellene,"亲希腊者","希腊独立主义者"。——译者注

"hilii"——就好像在翻译一种已经消亡的语言一样,而实际上两年多年以来,这种语言从欧里庇得斯时代至今的变化要远远小于现代英语和乔叟时期英语之间的差别。虽然他们觊觎着(也可能根本没这么想过)存在了上千年的希腊草书所代表的这种文化,他们也心知肚明,可是他们依然会强迫那些顺从的学生反复练习他们从杂乱无章、令人生厌的手迹上得出动词变位,从而浪费了这些学生短暂的青春年华及其父母借据的收入,而这些东西却一无是处。最后,他们终于步调一致地开始支持一种世界性的愤世观点,即20世纪的希腊人不过是一个人类缺陷的微不足道的集合体。只有拜占庭时期,由于它已经成为了历史,而且不论如何都已超出了他们的理解范畴,因此才能在他们的肆意谩骂中逃过一劫。可是即便是那些熟悉牛津大学永远是那么因循守旧的人,都很难相信,在这所大学里,直到1924年,吉本的《罗马帝国衰亡史》依然是即将报考两年历史专业——而不是文学专业——学生的必读书目。

19

然而,除了对真相的曲解——这是在青年时期有偿教导中的一门非常不合适的学问——之外,这位亲希腊者的一种负面的空虚出卖了他。从艺术上来说,他的志趣和那些失败摄影师差不多。"艺术能将内在的意义转变成外在的形式",想必这句话就和反映这一原理的埃尔·格列柯①的画作一样会令他感到陌生。圣索菲亚大教堂的富丽堂皇是如此不可思议,现代工业发明的能量是如此的势不可挡,而他却还在那里缅怀着帕台农神庙的巧夺天工。简而言之,他是爱屋及乌。随着岁月的推移,他所追求的并不是远大抱负,而是安逸的、波澜不惊的现状。不论他参与这个学究们的古老阴谋是为了保住收入而牺牲了人类智慧,还是因为他只不过是一个经这些学究们误导而生的业余爱好者,就这两点来说他都可以算得上是成功的了。就让他在那自鸣得意吧,他就像一条有骨

---

① 埃尔·格列柯(1541—1614)El Greco,字面意思即"希腊人",原名多米尼克斯·希奥托科普罗斯,生于希腊的克里特岛,西班牙文艺复兴时期著名的幻想风格主义画家。——译者注

头啃的老狗。而我们要做的则是重新审视他的地位。

政治上的亲希腊主义不像文化上的亲希腊主义那样具有如此
潜移默化的破坏性,不过它同样也是一面投射出扭曲画面的镜子。　20
最初,它在歹徒和诗人拜伦逝世时期的希腊独立运动筹划者之间
不可调和的分歧中饱受诟病,从此,它就变质成了一种负面的、毫
无意义的情绪,即一种对土耳其人抽象的憎恶。作为英国自由主
义中一个长久以来的次要原则,这种情绪首次登台亮相是 1876 年
格莱斯顿①在中洛锡安郡大选期间将其纳入了他的人类使命。20
年后,这一呼声依旧不绝于耳,而由于其如此强烈以至于当时身为
自由党领袖的罗斯伯里伯爵(Lord Rosebery)不得不提出辞职;此
后它又受到了继任拥护者的支持;对这个话题的喋喋不休不仅让
公众对此感到了厌烦;却也使人们对这个拥有贵族品行且喜爱骑
马的民族不可避免地产生了一种好感。在最近的战事和会议期
间,宣传小册子被肆意分发,上面写满了诸如“由于雅典没有了妓
院,希腊人应在亚洲建立帝国”等论调,从而使得人们对政治亲希
腊主义的疑虑有所增加。在 1919 年,当韦尼泽洛斯(Eleftherios
Venizelos)被西方国家称为“伯里克利未堕落的传人”时,君士坦丁
堡的命运则掌握在这些西方大国的手中。有种理论认为,这座城
市最初是罗马人的,且直至 1453 年为止都是罗马帝国的。那些学
过和没学过其历史的人都接受这一观点。那位建造了圣索菲亚大
教堂的查士丁尼大帝,他难道不是伟大的罗马法编纂者吗?而罗
马教廷却问道,为什么要和“博斯普鲁斯海峡的牧首”过不去? 为　21
什么要“为了一个教会”而打破世界平衡? 数个月过去了;全世界
都希望和平,而希腊人却引起了战争。最终,灾难降临,英国新闻
界宣布推翻制定这一灾难政策的政治家。政治亲希腊主义最终身
败名裂。

---

① 威廉·尤尔特·格莱斯顿(William Ewart Gladstone,1809 - 1898),英国政治家,
曾作为自由党人四次出任英国首相。——译者注

那么究竟什么才是真正的亲希腊主义？究竟是什么曾经且依旧激发着北方国家的其他大洲的陌生人，使他们为了希腊而战斗、献身或贡献余生？是六音步诗行或那些没有生气的石碑？是对自由的抽象概念，还是对异教徒恶政的憎恨？到底有没有合理解释？

当一个男人被一个女人所吸引，他想要的或许是她的胴体，其中自有合理解释。但是如果他陷入爱河，那么动机就很难分析了。希腊沿海地区也同样具有两面性。褐色的山峦、玫瑰色的天空和碧蓝的海水；金碧辉煌的庙宇和古代遗迹；残垣断壁的教堂和晶莹剔透的马赛克，这些帝国的残留；以及这个民族气质本身，这些就是所谓的胴体。那另一面呢？正是这种精髓，既勾勒出了希腊世界（Romiosyni）的轮廓，又让人难以理解。拜伦对此一清二楚。当他第二次起航远赴希腊时，随身带着模仿冒险故事的全部行头，在同时代的人中，唯独他从不抱有"英雄民族"的幻想。他曾对一位建议他去看看那些位于色雷斯地区的荷马时代遗迹的友人说道："我看上去像一个被去了势的老顽固吗？我们还是去游个泳吧。我讨厌那些和文物有关的胡说八道。"对希腊人来说，这位顶顶了不起的希腊独立主义者的墓志铭就该写上这句话："我们还是去游个泳吧。"

确切来说，就在一个世纪前，实际行动上的希腊独立主义的还是一条康庄大道。早在意大利、德国或任何巴尔干半岛国家起而抗争之前，希腊人就开始为复国而战了。希腊独立主义者曾与他们并肩而战。如今，国家已经确立。那么实际行动上的希腊独立主义则必然成为着重于国家重建的希腊独立主义。

过去的50年见证了欧洲文明在全球的扩张。在这一过程中，欧洲人的理想，如果他们得到过新的推动力的话，遭到了淡化。情况早已今非昔比，最初的动力已不足以维持整体产出的质量。作为世界领头人，欧洲必须在接下来的一个世纪或更多时间里将此角色扮演下去。所有能够动用的资源都必须派上用场。而在我们的大洲复兴的过程中，黎凡特地区则具有非常的重要性。这片地区农产、矿产和油产丰富；地处俄国与埃及、欧洲与东方之间贸易路线的交叉口之上；这是一群勤劳、具有商业头脑且成天做着丰功伟绩白日梦的民族的遗产；地中海东岸地区，从前流淌着连印加人都不曾知晓的财富，而现在却如此不幸和贫瘠，它缺少一种可以周而复始的力量，来激发这片土地、这片海域以及这里的人民所具有的潜力——而这些潜力，则预示着欧洲乃至全世界的未来。而这股可以周而复始的力量的出现及其将来的发展，靠的只可能是希腊人的政治稳定。20 世纪很可能会见证对近东地区觊觎之心的剧烈深化，而这一地区之前完全在俄国的掌控之下。黎凡特地区则是所有人关注的焦点。而写这本书的目的就是为了阐明黎凡特地区的潜力曾经是如何开花结果，并如何在未来再一次硕果累累。

23

　　让那些根据他们的常识能够回应这一诉求的人，亲自去一睹为快。他们终究会发现一种相对国家重建而言形式更高级的希腊独立主义；一种不是思想上而是灵魂中的亲希腊主义。他们会说，让我们也去游个泳吧。

第三章　拜占庭人

　　仔细品味"文明"这个词所涵盖的众多含义的话，就能发现一种假定其存在于人类集体生活形式中三项持久性要素的定义。这三项要素为：稳定性、超验性和文化性。除了在那些以自身为中心向整个领地辐射其各方面影响力的大城市外，人们鲜能找到各项持久性要素都同时存在的地方。而这种巧合又是如此难能可贵，以至于文明就显得寥若晨星。其中任何一项持久性的缺失，都会使真正的文明沦落至与 15 世纪的意大利和当今美国中西部地区相去无几的生存环境。

　　文明定义的第一点要素便是稳定性，即对社会有机体维持自身及其政府且能够根据外需和内需对自身进行改造的普遍信心。当这种信心存在之时，它就会自觉地深入人心。财产安全、生活水准以及数不尽的地方政府部门——所有这些都不假思索地被视为理

所当然，犹如日月星辰一般，而这些都体现于人们的外貌特征、晚礼服、浴场以及柏油马路，让那些不那么先进的民族唏嘘不已却又望尘莫及。

　　第二点则是人类活动中的那些复合因素，即对超验价值及其附属伦理观的探求。对所有民族而言，在婴儿时期及之后的儿童时期里，他们脑海中就已经被赋予了神的概念。不过这种概念有可能和成年人脑中的概念是不同的。但是在社交举止之下，人类还是保留下了其真正的灵魂、自身的伟大，以及那寻找宇宙方向、坚持不懈试图冲破道德引力的骚动不安之心。有人主张，文明——例如我们正着手建立的那个——阻碍了对人性的神圣探求，它用这些

保障阻隔了人与世界、人与人以及人与上帝之间的基本运作。但是,随着科学革命渐入高潮,这些关系是否真的不具有一种迄今无人想到定义的深度和准确性,还有待商榷。若予以恰到好处的驱策,灵魂就可以加倍探索其在空间上的相似性,在历史经验的陪同下为世间指明永世传承的金科玉律。

文明的第三也是最后一点要素是一种集体智力活动所产生的科学和艺术冲动的文化产物。正是在这一领域里,那些在某个时代中受启发的个人能够接触到大多数人,而大多数人智力与职业的多样性又让他们难以深究其中的这种圣餐礼,因为他们所做的不过是被动接受,对宗教也不过是管中窥豹,对管窥所及之外的事　　26则一无所知。

稳定性、超验性和文化性,是文明的三魔仆。三者可以各自独立存在。希腊拥有文化,犹太王国拥有灵魂,文艺复兴时期的欧洲则两者兼备。美国正享受着国泰民安的恩赐。但是,只有三者齐备才称得上是一种文明,缺少任何一项都会降低这种文明的持久性。身在欧洲的我们,作为一个将被后世子孙称为历史奇迹的文明的缔造者,即使无法确定有没有能力保持三者之间的平衡,也要明白其必要性。从这一角度来看,对文明的解析与东地中海民族的关系便清晰明朗了。在我们这片大陆和对我们现今世界做出过贡献的所有民族的历史长河中,仅有一次,人们实现了这一平衡;而且从实现伊始持续了整整 9 个世纪;与分崩离析的痛苦又斗争了 2 个世纪之久。而这一平衡就存在于君士坦丁堡城墙之后的城区之内。

因此,在思考黎凡特地区在 20 世纪初期的几场动乱中所扮演的角色时,要记住的不仅是爱琴海沿岸的定居者对我们当今生机勃勃的文明所做出的贡献要比人们一般认为的大得多,而且在欧洲所有民族中,唯独希腊人在过去亲身经历过这一奇迹。文化,他们早已有之。一种精神灵魂在东方崛起。稳定则从西方行军而　　27来。灵魂改造了文化,文化也重塑了灵魂。而拜占庭文明,那曾经洋溢在金角湾和亚洲淡水水域旁的森林与膏腴之地的幸福气息,为世界留下了一笔可贵的遗产,人们依旧可以在黎凡特地区找到其烙印。它对当今世界的影响,一部分来自于其人民现状;另一部分则源于它对西方文明继承者的形成所做的贡献以及与其之间的相似性。

就社会结构的稳定性而言,西方文明和拜占庭文明之间的相似性,既是外部的,也是内部的。

在其各政治单位的外部关系中,当时世界最期盼的就是消灭这个具备武装力量的岛屿国家及其种族意识强烈的居民。这种态度虽然被局限在了一个个小城邦之中,但正是它让古希腊遭受了灭顶之灾。希腊的文化、艺术、科学、文学和哲学只是通过罗马帝国这个媒介才得以保存下来,并最终在其迁都君士坦丁堡后而登峰造极,确立了深入人心的希腊主义这个普世精神并流传至今。不过,在这个超越种族隔阂的过程中,更具影响力的事件则要数刚刚被定位国教的基督教了。因为这一做法恰恰体现了拜占庭帝国的实力和凝聚力。当今世界的情况与其如出一辙。欧洲国家就像当年的希腊城邦;盎格鲁-撒克逊人的制度就像罗马人的那样;欧洲主义对应希腊主义;科学革命在智慧上的影响对应当年的基督教。或许有人会说,大英帝国的所作所为不过是转播一种邪恶的国家主义,离创立一种世界性精神还相去甚远。在过去的半个世纪中,这一指控或许有效。但是通过推行欧洲化——当然,在这点上英国是功不可没的——它便为世界上各个民族寻求普世和谐提供了一个立足点。就这点而言,君士坦丁堡也曾经做到过,只不过疆域没有如此之大罢了。在它的城墙之内混居着欧亚大陆上各个民族,同时还混杂着他们所有的商业、文化和哲学上的产物。即便是现在,在经历了数个世纪的不幸之后,君士坦丁堡中依然人头攒动,旧式世界主义的灵魂依旧穿梭于这座城市之中。对希腊人来说,这座城市没有名称:它就是"ἡπόλις——首都"。而它现今的希腊定居者,如果有旅行者问及他们国籍的话,则都是"Ρωμηοί——罗马人"。他们当中,有大约400000人继承了拜占庭人的身份。

人们普遍认为,被全世界囫囵吞下却未能消化的盎格鲁-撒克

28

逊人的政治理念,会让任何有内在实力的民族前程似锦。只要能够普及,这一理念就可被视为一种对重整平衡的无尽追求,这种平衡使得国家能够照顾个人利益而不必牺牲大局。若未能维持这种平衡,则结果必定是要么像罗马帝国那样土崩瓦解,要么就是形成一个个梗顽不化、穷兵黩武的政治单位,就像欧洲至今所忍受的那样。根据这一理念,拜占庭政府的内部结构就不仅仅是在外表上与我们的相似了:即便所采用的方法不同,但都维持着相同的平衡。而方法上的不同则源于这么一个事实:这一平衡是靠两种截然不同甚至截然相反的力量而产生的,并不是像我们那样简简单单地发展成一种国民生活的写照。因为拜占庭帝国的内部实力,来自于一个强加于这个世界最富个人主义的人民身上那极其务实的政府机构。

　　上一章试图分析了希腊人性格中耽于讽刺挖苦的成分,这种性格保证了只要有希腊人社区的地方就必会有民主,而且一直以来防止了贵族和祭祀的等级制度的形成,在古老的大陆上直到最近20年这才避免成为了寻求稳定的必然结果。不过必须承认的是,拜占庭帝国乍看之下似乎一点都没有民主气息。但是人们要记住,希腊人虽然会毫无例外地在所有人身上挑毛病,他们却对传统和制度有一种近乎迷信的崇拜。正是这种早已根深蒂固的能力,在公元4、5世纪时再加上阿拉米人更深奥更严格的神秘主义,使得他们接受并巩固了来自东方的主权概念,这种主权概念就像一颗身强力壮者的心脏一样在君士坦丁堡的城墙内跳动了整整11个世纪。治理国家或御驾亲征的皇帝即是天子,是上帝的代理人;他对上帝负责。但他也是一个凡人,而且同样受到他以另一个身份所指定的法律的约束。人民所支持的并非是他个人,而是他的职位、他的皇权、他的幻象及其治国之道的神秘延续。在他们眼中,其职责的划分甚至僭越就是由于僭越者的成功而正当化的。而且,从理论上而言,皇帝是由元老院、军队和人民在君士坦丁堡竞技场选举产生的,实际情况常常也是如此。这三方撤回认可的可能性是均等的。在拜占庭政府中,维持个人主义和政治效率之间的平衡靠的是一种既被罗马官僚主义桎梏又受希腊民主主义支持的东方式独裁主义。人们或许会怀疑地中海民族究竟是否会制定出一种更好的政体。当今的一些事件似乎表明,只有不喜政治的北方民族才能忍受住政党和议会间的争执。

31　　因此,基于与我们同样的原则,帝国的稳定就在于它与其臣民和附庸国的关系中。而在超验性方面,相似性就较难界定了。或许两者共有的对事物物质层面的不满多少说明了一些问题。在中世纪西方人的脑中,人仅存在于神学范畴以及他与上帝的关系中。尽管拜占庭人是这一思想的始作俑者,可他们自己,在长期受到经典著作的耳濡目染之下,却从未忘记过人的理性尊严。在西方,经历了文艺复兴和宗教改革之后,人们才想起了这一点,即只有理性留存了下来——并最终为我们带来了科学革命。不过正是科学在其暴露非理性的过程中让这种拜占庭人所津津乐道的折衷做法在我们心中再次苏醒。毫无疑问,我们对人的定义肯定不会再回到神学范畴,而是认可并鼓励人对探索他所在世界的精神与真实的渴望。拜占庭人从耶稣基督那里所寻求的东西,我们可以在直觉的绝对理性化中寻找。这是殊途同归。如果在拜占庭人的完善下,基督教能被完好地保留了下来,而没有遭到拉丁民族的常识和北方人的浪漫主义的歪曲,那么它或许会与现代的思维模式相互调和。可现在已经为时过晚了。但是如果 20 世纪迷途的灵魂要估量其前辈们的成就到底有多大,那么即使不情愿,也必须承认基督教把人从古典文化的尘世束缚中解救出来的功劳。拜占庭人以及他们的所作所为,致力于灵魂领域更胜于思想领域。我们亦是

32　如此。可是对他们而言思想是独立自主的,这点也应为我们所受用。西欧至今都没有接受这一教训。

　　不过,比文明中的稳定性和超验性因素更直白易懂的是,正是文化反映了世代相传的远大前程、其自身特性以及其人民的个性。而君士坦丁堡时代和 20 世纪工业时代初期之间在艺术和建筑方

面则有着其他领域无可比拟的相似性。相对于古典文化无聊的沾沾自喜,静止不动的对称结构,合乎逻辑的代议制度;相对于这种对未知和过去事物含沙射影的全盘否定;在这两个平行时代中发起了一种对变化和情感表达的追求,它不仅冲破了柱顶和檐口的限制,还对看似敦厚文雅的膀大腰圆的外形和内有衬垫的骨灰盒嗤之以鼻。这种活力一方面来自于基督教,另一方面则来自于科学,两者皆为当时的新兴力量,它们以理性为非理性效劳。而且,形式与技术,不管是拜占庭人还是现代人都曾对其不懈追求过,他们不是将目光局限在当地,而是放眼世界,他们并不着眼于卡农比例(Canon of Proportions)和对优美的设想,而是从全部无数种在他们的势力范围内所能接触到的艺术表达方式中求索。

　　敦实的圣索菲亚大教堂与现代办公大楼虽是天壤之别,然而两者的生命力都会让人联想到砖头和石块等物质材料以及人类精湛技艺以外的事物。在观看古典建筑时,观看者的视线会沿着圆柱向上移去,渐渐停留在柱头的镶嵌物上,最终顺着檐口边缘偏斜至地面。在拜占庭建筑中,虽然许多建筑外形被肤浅地保留了下来,但是柱头的雕刻旨在让人们的视线继续上升,根本没有檐口。无论是内部还是外观,所有的帝国建筑,从圣索菲亚大教堂的巨型穹顶到阿索斯(Athos)的城堡式修道院群,无不体现出一种垂直感。只有在20世纪与后者同样政教结合的西藏才有现成的相似情况。对当代人而言,视线走向优先于外部装饰的重要性的最佳例子就是斯德哥尔摩市政厅,或规模稍小的白厅街纪念碑了。

　　基督徒们还从东方带来了诠释形式的艺术;这不仅让拜占庭人成为了有史以来最出色的图案设计师;也明显地让镶嵌画和绘画能够用一种以象征手法来表现所描绘事物的技法来替代当时流行的希腊写实风格。通常被称为埃尔·格列柯(El Greco)的多米尼克斯·希奥托科普罗斯(Domenicos Theotocopoulos)的画作将这一手法推崇至极。而且,唯独有资格将千年已久的君士坦丁堡艺术传统传承下来的他,比其他任何艺术家都能更彻底地表达那已被20世纪决意重拾的世间万物难以捉摸的永恒性。所有艺术以及所

33

34

23

有科学最终所追求的都是那些遥不可及的目标。如果格列柯,这位拜占庭人,走得比别人更远,那么当今时代就该为自己而感到庆幸,因为与古人不同的是至少我们已经知道目标在何方了。

因此,在文明三要素方面,拜占庭文明与我们的相似性就昭然若揭了。对一个能够不受民族主义、教条主义和古典主义全盘控制的新时代的一致期望,揭示了过去被人遗忘的一盏明灯。但是这不仅仅是说这盏明灯不为人所知,而旧希腊帝国的记忆在 1453 年之后已被人善意地忘却了。在世界历史的所有记载中,没有一种文明像拜占庭文明那样曾被人如此肆意地曲解过。作为文艺复兴的逆流而席卷欧洲的这股妒忌偏执文化的恶意,已经造成了其自己无法估量的后果。

西方人脑海中的这种偏见之情最初可追溯至中世纪时期,这是裹着理性外衣的城堡——罗马教会——的产物。在 1054 年,教皇使节们将逐出教门的教令放在了圣索菲亚大教堂的神坛上。从此以后,在西方眼中,东正教教徒皆成为了妨碍罗马教皇精神统治的异端。40 年后,假以第一次十字军东征的名义,大批乞丐、愚叟、娼妓和儿童在"隐士"彼得(Peter the Hermit)的号召下涌入了东罗马帝国。而为他们开道的则是那些烧杀抢掠无恶不作的欧洲骑士团,他们为拜占庭统治的古老领土带来了一场倒行逆施的封建斗争和一个充满敌意的教会。在整个 12 世纪,西欧的军队来了又走,走了又来,所到之处无不一片狼藉。既有文化又有教养的希腊人尽管鄙夷不屑、怨声载道,却也只能听之任之。这些穿得土里土气的胜利者们,侥幸从小亚细亚的灾难中幸存了下来,他们对帝国丰衣足食的生活分外眼红,于是在他们回到西欧时四处散播关于君士坦丁堡的教会分立者是如何背信弃义的流言蜚语。"不与我相合的,就是敌我的"的呼声四起。从此以后,人们就对拜占庭人产生一种厌恶之情,这种感情非但没有随着时间的推移而淡化,反而日益膨胀。

随着中世纪的结束,知识发展则根据古典模式所指定的路线而行进。当希腊的明灯再次点亮,而当拒人千里之外的雅典在培养古人尽善尽美思想中取得一种令人陌生的重要性时,希腊文明及其首都却从人们视野中消失了。但绝不是永远如此。在 1734 年,孟德斯鸠的《罗马盛衰原因论》的问世造成了巨大反响。而在 1776 年,吉本的《罗马帝国衰亡史》第一卷也出版发行了。　　　36

　　作为一名历史叙述技巧的大师,吉本无有其匹。通过其流畅的文风、严谨的用词,以及对令其本人和其他人在青春期感到无比厌烦的基督教的辛辣讽刺和大胆批判,没有一个人能够像他一样用历史来娱乐如此多的人。与此同时,他还完成了另一项杰出成就。尽管他的作品中每一句陈述都是有据可考的,但是从没有哪个作家像他那样要对一部篇幅如此浩瀚的巨著的推论性错误而负责。从其作品问世以来,一连几代人都发自内心地赞成他的观点,即欧洲有史以来最重要的文明不过是一个衰亡的过程。在史海长河中,君士坦丁堡的历史最不值得以纪传体一书。若依照他的方法,我们大可从大西洋彼岸的总统们性别上的缺陷来写一部美洲大陆的编年史,不论是事实还是混淆视听都一律采用,反正赫斯特报纸上的字字句句都暗示了这一信条。①

　　除了与当今的相似性,拜占庭文明的成就可以从两方面进行归纳:一是对其人民,二是对我们。

　　对其人民而言,从政治上来说,帝国作为一个具有正当性的社会组织屹立了几乎 9 个世纪;之后又奋勇抗争了 2 个世纪。在这段时间里,政体一次都不曾改变过。在 88 位皇位占据者中,66 人是　　37

① 　赫斯特(William Randolph Hearst)为美国报业大亨。1897 年,为增加其报纸知名度,他借美国与西班牙的紧张关系扭曲事实煽动美国人民的战争情绪。当时的古巴反西班牙革命党人卡马奎被控叛乱罪,其女儿西施尼洛丝为其求亲最终使他免收死罪而判为终身监禁,古巴将军魏勒还同意她女儿居住在其监狱附近。但是西施尼洛丝却借机营救父亲,还险些将监狱司令杀死。当她也被判处终身监禁时,赫斯特抓准时机大肆报道,将她形容成女英雄,舆论甚至惊动美国总统与西班牙摄政王后。他还暗中派手下记者将她从监狱救出逃至美国,总统在舆论压力下不得不与这位"女英雄"握手。此次事件还成为了美国在 1898 年正式与西班牙宣战的导火索之一。——译者注

通过正规程序登上皇位的。而在 22 个篡位者中,大多数人也只是在一段很短的时期内一个接着一个地上台,所以在整个和平的过程中也只是一段段小插曲。

在精神上,令人值得怀疑的是到底有没有过如此多的男人和女人,在如此长的一段时间内,在同一个政府统治之下,在他们生活的时时刻刻都如此深切诚挚地渴望与他们的上帝保持交流。在道德上,他们并不会像在北方国家那样驱逐与民意观点相悖的人。

在文化上,拜占庭智者们在绘画和镶嵌画艺术上发展出了一门色彩与描绘的技艺,史无前例地构想出了一种灵魂的体验。而所形成的一股必要的节俭之风,不会被各种各样绚丽多彩的物质材料所改变;却能结合宏大的整体构思,建造出了作为建筑艺术巅峰之一的圣索菲亚大教堂。

对身为世界性文明先驱者的我们而言,帝国还为抵御亚洲民族进犯而孤军奋战了 1123 年,如果他们成功冲破了这道防线,那么这一文明势必就会消亡。我们可以从之后的维也纳两次围城以及 1453 年之难直接导致的阻碍中欧发展的两个世纪的战争中看出,他们其实离胜利只有咫尺之遥。当西欧正在同化这股突然降临于西罗马帝国之上的消极的游牧民族势力时,君士坦丁堡则正与穆罕默德在 7 世纪所释放的这股积极的带有毁灭性的力量相抗衡。自始自终,它都完好无损地保持了伟大的罗马成文法的完整性,直到 11 世纪这些法典又在博洛尼亚被重新研习,而欧洲大部分地区的法律系统都应归功于此。

作为精神遗产,拜占庭人的智慧为世人留下了七次普教会议(Œcumenical Councils)和大量教义阐释,为当今几乎所有派别的基督教信仰提供了基础。我们很难估量东正教教义对胡斯(Jan Huss)[①]和威克里夫(John Wyclif)[②]的影响究竟有多大。但是可以肯定的是,一旦被希腊人口口相传和被希腊教父们所发扬光大的

---

① 杨·胡斯(1369—1415 年),捷克宗教思想家、哲学家、改革家。——译者注
② 约翰·威克里夫(约 1320—1384 年),英国宗教改革先驱。——译者注

经文原本,从意大利的收藏爱好者那里传到兢兢业业的日耳曼注经者手中,就会让中世纪教皇制度的整个庞大体系土崩瓦解。同时,希腊民族的性格,也被自君士坦丁堡陷落以来就由其人民赋予了国中国权力的希腊教会所保存了下来,成为了构成我们当今时代的一大因素。

在文化上,正是由于拜占庭人对古典作家而不是原创作品的偏爱以及他们的精心保存和无数的抄本,古人的智慧才能够完好无损地保留到现代。在绘画上登峰造极的拜占庭人,埃尔·格列柯,把他对色彩的理解传达给了委拉斯凯兹①(Velasquez),并为 20 世纪留下了一座灵感的源泉。最后,斯拉夫人在 10、11 世纪领会了这些知识的基本原理,正是这些原理使得巴尔干民族能够在土耳其人的统治下保住自己的身份;并在俄罗斯和捷克斯洛伐克开花结果,成为了现代理性潜力的先锋。

文明,作为人类永恒的蒸馏和融合试验的产物,主要孕育在大城市中。作为中世纪首屈一指的大城市,君士坦丁堡的地位无可匹敌。历史在 5 个世纪里匆匆而过,直到文明再次重现于历史的地平线上。这一新视野通过类比让人们了解了过去。中世纪希腊人的成就,就像一副抹了陈年清漆的油画一样,从这里映入了人们的眼帘。

39

---

① 委拉斯凯兹(1599—1660 年),17 世纪巴洛克时期西班牙画家。——译者注

第二部
剖　析

第二部

评 论

第四章　合三为一

　　人类天生就有一种强调其所属的特定社会单位意识的倾向。在人性中最阴暗部分尚逍遥法外的学校和大学里，那一群群思想僵化的学生，若是看到有人特立独行，就会对其冷眼相待。从最早起，那些为了利益而助长恶行的人就被流放到了假想栅栏的另一端，不过前提是这个栅栏本身是于人有益的。笃信上帝的基督徒们几乎无法忍受与持有其他宗教信仰的人接触，这一状况直到最近才稍稍有所改观。雇员与雇主们的协会依旧会立下各种拒他人于千里之外的行为准则，这简直和中世纪行会如出一辙。

　　这一本能最终和最常见的表现形式一直以来都是带有种族偏见意味的；就这方面来说，它逃不开被政治利用的命运。在西欧人及其大洋彼岸子孙①——即使不久前他们还只是大洋此岸臣民——的脑海中，不同民族就需要不同的政体。20 世纪初期战后改革的仲裁者们所信奉的正是这一信条。虽然这片土地对这一理论一无所知，可是协调种族特征与政治特征的目标却赢得了一片欢呼声。坐拥草莓色帝国的大不列颠，尤其能够以大获全胜的喜悦之情纵览这片变幻莫测的陆地。居住在这片土地上的不幸的人们，为了保全自我被迫接受了西方民族主义的假说并且忍受着伴随其扩张必将招致的苦难。而彻底了解这片土地的漫漫长路，曾让 19 世纪的政治家们摸不着头脑，对 20 世纪来说更是一片漆黑，很可能完全超出人类的理解力所及。

---

① 指独立后的美国人以及之前的美洲殖民者。——译者注

　　我们所谈及的这一过程,一开始作为法国大革命的衍生物初具成效,它就像是自由的孪生妹妹一样。而其直接战场则是在黎凡特地区;其行动就好像往被土耳其人称之为被征服民族经济来源的火药桶中丢进一颗火星。随着 19 世纪的推进,塞尔维亚人、保加利亚人和罗马尼亚人,被俾斯麦和加里波第的成就所激励,纷纷起而效法希腊人。最终世界大战和奥斯曼帝国的瓦解也如期而至。至于希腊世界,这里依然留存着最后一个种族分离区。这便是色雷斯和安纳托利亚地区,而它的实现也曾让无数人蒙受了不为人所知的劫难。然而,不论在洛桑会议上从帖木儿的政治现货①中借来的天理难容的试验执行得有多么彻底,人口交换这种古老的暴行即便暂时中止,也不可能就此消失。商路依旧川流不息,城市依旧巍然屹立,土壤中仍然蕴藏着财富。一个民族的消亡意味45　着另一个民族的崛起。但是历史与未来的密码却可追溯到更远的过去,存在于那些由一时之智而加快历史潮流的极为少有的事件之中。就在那时,黎凡特地区还不仅仅只是一段传奇,拜占庭业已崛起,而且一股潜在的力量也在悄悄形成,即便是在这个文明灭绝的 4 个世纪之后,就连最愚钝的民族也能在这股力量的影响之下支起其政治理念的骨架。奥斯曼帝国就是拜占庭帝国;君士坦丁堡即两者的心脏。如今立于此处,正值时局剑拔弩张之时,心中残留的一丝嫉妒不免让人产生一种惆怅之情。

　　在奥古斯都就职之后的 3 个世纪中,罗马帝国在文明三要素中仅仅微弱地展现出了其中两点。这些地中海周边的国家、其邻国及其邻国的邻国,都簇拥在同一部法律之下,被动地呼吸着这股弥漫在从切斯特②至巴格达各处的各种理念、艺术和宗教的气息,它

---

① 此处指 1920 年协约国将奴役性的《色佛尔条约》强加于战败的土耳其。——译者注

② 切斯特(Chester),英国中西部市镇,位于利物浦东南偏南处的迪河(Dee River)上。罗马人曾在此筑堡守卫流入威尔士的这条河流,并将些地称为迪瓦。——译者注

忽而在一处生根发芽,忽而又在另一处蓄势待发,但它又是那么的沉闷乏味、毫无创意,因而只能像一群骡子那样根本不可能传宗接代。文化也早已回到了过去,心满意足地止步于雅典模式,而在艺术方面则对临摹仿制的技术提高而沾沾自喜。确实,稳定是无可厚非的。有人曾说,罗马时期的欧洲旅行要比之前和之后的任何时期都要便利,直到火车的诞生才打破了这一局面。不过就连这一点也一去不复返了。如今,这一容器的外壁即将崩裂——先从内部,再由外部。各路军团哗变,哥特人和帕提亚人蜂拥而至。但是直到 3 世纪末,新一轮混乱的趋势预示着新秩序的诞生。东方与西方曾经兵戎相见,也曾有过外交往来。而现在他们将会互相融合。如钢铁般坚不可摧的生机勃勃的文明即将来临。但是其基本成分既不是东方也不是西方。灵魂与肉体的福祉以及闪米特人和罗马人的智慧,正是在希腊文化和希腊意识的基础上才得以调和。因此,西方、东方和希腊三者分别代表了新文明中的稳定性、超验性和文化性这三要素。而且正如儒略·凯撒所料,持希腊语的爱琴海沿海地区才是希腊化罗马帝国的核心及其生命力的主要来源,而之所以君士坦丁大帝有迁都的先见之明就是因为他意识到了这一点。

　　以君士坦丁的东迁倾向来看,古希腊对罗马帝国在 4 世纪之初所享有的稳定的政治局面贡献颇多。从希腊人那传来的政治经验的意义是十分深远的。从君主政治,历经寡头政治和僭主政治,最终到民主政治,他们已经形成了一种根深蒂固的民族观点,即政治是每个人的事。另外,这一演化过程早于基督降临 4、5 个世纪,它为全世界贡献了一整套政治思想和政治学术语。不过实事求是地说,在把词汇付诸实践这方面,希腊人并不成功。他们对伦理学、几何学以及艺术的经验法则的不断探求是如此的成功,可是在实际处理日常事务上却捉襟见肘。它需要亚历山大大帝以及建立一个庞大帝国来检验该城邦作为一个政治有机体的生命力。其发源地虽已衰落,但埃及和小亚细亚的主要城市却以一种独立的存在

46

47

维持了下来,这一座座蒸蒸日上的城市在特征上与当今的工业城镇很相似;如今我们已经知道,这些城市就像纽约或新德里一样,比他们母国的旧城镇布局更加合理,同时还有着宽阔笔直的街道。正是在这一希腊城市生活的基础上,庞培和卢库勒斯所征服的领土①才会被归入罗马帝国的版图。即使对罗马世界那普遍的粗鄙庸俗而感到反感的希腊原住民,再次陷入对过去的那种无精打采而又温文尔雅的沉思之中;即使雅典已经沦为一个充斥着游客的土里土气的地方;被西罗马帝国弄得奄奄一息的希腊式生活方式依旧在更远的城市中维持着生命力——而从东方不断涌来的新思想观念正是这种生命力之源泉。随着哥特人和西哥特人的脚步声越来越近,拜占庭帝国难道不应该理所当然地不仅仅成为艺术、知识和精神世界的中心,同样也是贸易往来和保境安民的主角吗?

这就是具有稳定性的希腊基础。上层建筑来自于罗马,而穹顶则来自亚洲。

48 当屋大维于公元前 31 年在亚克兴角②大获全胜之时,罗马帝国主义——即领土扩张——的第一阶段就此告一段落。由于凯撒现已超越党派身居高位,一种新的中央集权制度形成了。在各行省受任的总督和官员只对罗马负责。修正后的税收根据的是土地和人口普查。就连首都的元老院也沦为了彰显合法性的装饰品。皇帝及皇族将统治之手伸向了国家的方方面面。从这时起,令人叹为观止的罗马官僚体系作为这一新制度的主要产物就应运而生了,而这部国家机器在 1204 年被十字军摧毁之前从未失效过。此后不久,这个时刻准备招贤纳士的事业就成为了主要针对希腊人的奖赏。

但是从马可·奥勒留的统治(公元 161—180 年)开始,帝国就一直处于守势。如今已经非常过分了的中央集权,已经使得两

---

① 指希腊地区。——译者注
② 亚克兴角(Actium),希腊西北部海角,现称普霍维扎。公元前 31 年,屋大维曾在此与安东尼和克娄巴特拉展开海战并获全胜。——译者注

位——有时甚至是三位——共治凯撒都难以驾驭这一机关。地方爱国主义的绝迹使本来属于地方政府的重担全部落到了中央的肩上。这种类机械式的文明经历了潮起潮落。教育十分昂贵，但却对智力发展毫无作用；哲学和宗教煞有其事，却见不到对灵魂的历练。早在公元 2 世纪，一个与 18 世纪文化同样毫无营养、缺乏创新的文化就已经遍布世界。与此同时，内忧外患又让这个注重自身巩固而非自我防御的政府坐立不安。于公元 284 年[①]荣登宝座的戴克里先，推迟了帝国的瓦解。　　49

　　随后的半个世纪具有着重要的历史意义。它见证了古典时代的终结，并通过改革为另一个时代的降临做好了铺垫。这是一个承上启下而又苦难深重的时代。东方的精神发酵剂，将活力注入了帝国萎缩的血管之中，就好像血液重新流淌于冻伤的四肢之中。所幸的是，这些人类发展过程中的外科医生被证明是能够治好他们的病人的。

　　戴克里先的成就表现为地方分权和国家稳定。失去了首都地位和经济重要性的罗马，已不再是行政中心；而帝国被划分成了四个大区，各区官员则置身于行省总督和皇帝之间。课税以完成统一为目的被重新分配，税金的评估按照的不是土地面积，而是其生产价值。作为一种国家税收的永久保证，所有社会阶层都被强制实行世袭制。自由劳动者的子孙被限制在土地之上，从而使未来半封建性质的拜占庭土地占有权成为可能。同样，行会成员资格从今往后也是父子相传。就连地方上的无偿官职也要被无奈的后裔一代代传下去。但是这些改革措施的成效主要见于地中海东部地区，这里才是重心。因此，正是在这个影响了随后一整个世纪的精神和政治重生的分娩过程中，这片土地丝毫没有动摇，而这又与　　50
西方形成了鲜明对比。鉴于之后发生几起事件，最终促成了意义最为深远的、至今仍令人难以置信的民权与军权的分离。驻扎于边境地区的部队被保留了下来。但是主力部队现在则成了一只机

---

① 原文为公元 248 年。——译者注

动部队,不再忠于地方,而是可以根据需要随时从帝国的一端立即开赴另一端。即便是在穆斯林入侵迫使伊苏利亚王朝的皇帝们整顿军区之后,这支中央作战部队依然在拜占庭所有部队中最卓越拔群。这又是一个世界上每个国家都迟早要效仿的先例。

　　然而,将结构生硬刻板的罗马政府引向最后一次改革的一系列敕令,远不如罗马法律这个赐予后世的礼物如此明效大验。这个罗马人务实头脑的至高成果,历经数世纪的发展,最终于 450 至 564 年趋于完善,它命中注定会成为连接古今的永恒之桥。从一开始,它就能够区分罗马公民法和适用于全人类的普世正义法则,其高明之处彰显无遗。在万民法(Jus Gentium)帮助之下,它所涉及的领域延伸至整个帝国;其世界主义情怀也以越发清晰明了的普世原则为基础而发扬光大。在各个方面之中,他们使其在数量上达到了一定程度,引得门外汉啧啧称奇,又赢得了臣民们的尊重,特别是后者本身就能从中受益。这一罗马法律和官僚制度结合的产物,成为了拜占庭帝国政治稳定的关键。

　　于是,在亚历山大的希腊化帝国所遗留下来的内政基础上,罗马组织和罗马法律让国家得以稳定发展,确定了文明的第一个要素。随着东方的基督教和西方森严的等级制度等新力量被他们所长期接受,只有东方的一项政治贡献还留有一席之地,这便是对皇帝君权的定义。高高在上的上帝,不过对戴克里先来说或许是诸神,毕竟虚无缥缈。皇帝必须在下界巩固自己的地位。因此,"Lord"①这一头衔、王冠和俯身致敬等都从波斯被借用过来,就像亚历山大在其之前所做的那样。宫廷礼仪这一整套体现君主神性的东西,当初被永久保存下来的目的就是为了供欧洲在日后享用,如今在民主政治的包装下又更加令人难以琢磨。自称是天子兼上帝代理人的君士坦丁大帝为这个想法下了一个合理的结论。不久之后,君士坦丁堡牧首便模仿古波斯琐罗亚斯德教祭司,开始由他来完成加冕典礼。

---

① Lord 既指"王、大人",也可以指"上帝、耶稣"。——译者注

　　在评价人类成就时,不论是思想与科学上的,还是政治与艺术上的,都有一种检验其伟大性的可靠方法,而它则会引起创造与研究上最极端事例之间的比较。只要民族依然存在,这一检验方法不论历经多少年、多少世纪都经得起考验,它只需要知道,在过去和大段时间中:这个或那个民族到底对于真实——即超越了所能触及和所见的世界的"异中之同"——的理解有多深,而这种对真实的有意识的追寻将人类与类人猿区别开来并为发展理论提供可行论证。在人类活动的任何一个领域里,普及对灵魂相似性的理解的道路上,在其内涵上所走的每一步,都会激发对其内涵更深一层的表达;而在这种表达上所走的每一步,又能让其更容易被凡夫俗子所理解。长此以往,终极真实就像引力对冰川的作用那样,世世代代地将我们朝它慢慢吸引过去。

　　由于那些在人类中占大多数的凡夫俗子要全神贯注地处理世俗事务,最好有一种现成的、易于理解的抽象概念直接摆在他们面前,因此,对他们来说,解决这一永恒问题的方法,并不是通过涉及万物千秋的泛心理学,而是通过宗教这一独立的媒介。宗教,若是横向来看的话,其实并非是盲目的;它不过是通过唯一一种最为直截了当的途径来追求永恒的探索。不论它是在引领当代思想、科学、政治和艺术,或是步其后尘,它们都会被它的发展所影响,反之亦然。而且事实上,有史以来曾协助人类追寻自身使命的最强大、最持久、最得人心的力量,恰恰就是宗教。虽然现在看起来它已是强弩之末,但是如果把基督教从历史中剔除,那么还能剩下什么?——恐怕也只有古典主义那令人乏味的沉淀物了,其之前或之后的人们都难以察觉,因为它只在永恒时钟上绽放了那短短的一分钟。在通往永恒之尽头的道路上,以及在走向殊途同归的终点站时,得以成就从昙花一现中发现亘古不灭之理这件难如登天之事,古典世界接受基督教一事确实是人类在这条道路上迈出的意义最深远的一步。由于一个人的睿智而不是灵机一动,使得《米兰敕令》和君士坦丁堡建立的不期而遇,而正是此二者造就了现代文明与拜占庭文明。因此,到底是何种天赐之才得以做出如此重大

52

53

的决定是非常耐人寻味的；而且基督教为自身所织下的天罗地网在哪里被布下，它就会在哪里找到进入逆来顺受的新信徒内心深处的道路。

罗马帝国的地中海居民根本说不清也道不明这种形而上学的深刻思索，而这种思维结构原本就是希腊人在将理性发扬光大上所做的贡献。人类的任何一种初等教育都能让我们自以为熟知这些理性的产物。因此，人们至今为止还是会习惯性地忽视它的局限，以及被东方神秘主义神学趁虚而入的那种空虚。

所有希腊思想最基本的倾向，这一本质，就在于对一种追求艺术生活（ars vivendi）的真实问题上。就万物这狭隘而又非目的论的一面而言，人类精神目标的理念却很少被提及。上帝只不过是为解释玄妙之事而找来的方便说辞，各类哲学则根据自己的需要而加以诠释和定义。另外，整个对"福祉"的追求是建立在一种目光短浅的理性主义之上的，而这种理性主义想当然地认为一旦人类意识到了自己的真正利益所在，他们就一定不会反其道而行之。因此，"美德即知识"这一荒诞的口号，对真理万能的盲目信仰，以及随之而生的对所有本能和妥协的不信任，这些都是任何艺术生活的主要条件。这种走向绝对支配的思想升华，必然会在那些更关心思考过程而非最终结果的人中找到支持者。不过在大多数人的身上，很难找到这种思考的才能。在罗马帝国的浩瀚疆域中，希腊思想——这个思想的王国——从来没有完全征服过。

然而，在从基督降世到君士坦丁接受基督教的三个世纪里，有两个哲学学派盛行一时，它们的学说都源自希腊，且都在古代世界有着突出的重要性。一个是斯多葛学派，另一个是新柏拉图学派。两者皆在具体理念和心理铺垫上为基督教的最终胜利做出了贡献。

斯多葛学派哲学家，虽然依旧笃信人类无法违背理性的理论，但最终还是如苏格拉底所预示的那样，在赋予道德伦理一个不只是为国家服务的定义上获得了成功。而且对他们而言，"上帝"这一抽象名词有着具体的含义，它代表一种宇宙的力量，其灵魂就是一颗在人类躯壳内燃烧着的火花,承载着个体对整体的敬意。这种坚信上帝无处不在的主张体现于他们的四海之内皆兄弟的思想。通过这一点,同时结合了一种务实的品德和一种近似扶轮社(Rotarian)服务他人的教条,他们的思想正合以效率至上的罗马人统治时期的普遍心态。即便只是粗略地查看一下他们宗旨,也能很清楚地发现能让基督教如此普及的几条有实际价值的教义,其实主要都出自他们之手。

最后,新柏拉图学派,作为希腊思想发展中最重要的一环,它则为这个新宗教神秘主义的一面做出了贡献。这个在罗马时期的亚历山大里亚形成的哲学学派必定会与东方世界有着千丝万缕的联系,先进的犹太教和早期基督教也借此使其能够将柏拉图那非希腊的以及或许是非故意的神秘主义体验的萌芽得以枝繁叶茂。 56其在古典时代独树一帜的一项自命不凡的壮举,就是以超理性(suprarational)取代了理性至高无上的地位。正如在其推理过程中所暗示的那样,这一不同观点的存在,似乎就等于提出要有一种不受人类的无限分歧所左右的绝对(Aboslute)存在。普罗提诺(Plotinus)提出的这一绝对,比柏拉图认为的适用于所有物质现象的共同因素更具有简明性和独特性。如要接近这一绝对,靠的是经验而不是思考,靠的是一种能够最终使灵魂冲破肉体屈辱的牢笼并在真实面前认识自我的虔思冥想的过程。这是有史以来第一次对必须从理性中寻找对痛彻心扉的慰藉这一曾经为自我毁灭寻找借口的谬论的有力否认。不过与所有希腊思想相同的是,新柏拉图主义缺少吸引大众的手段,即创始人的人格魅力或上天所赐予的礼物。[①]尽管它与基督教之间有着一定的相似性,两者最后还是反目成仇,它节节败退,最后居然依赖起了那些让自己身败名裂的信条,还发展出了直到 6 世纪异教学院被关闭之前一直在雅典狭隘守旧的风气中盛行的一套似是而非的理性主义。但是两者最初的相似性却是确切不移的。在新柏拉图主义对超理性的理解

---

① 这两点暗指耶稣的人格魅力及其被赋予的神性。——译者注

中,认为基督教使人类大开眼界,并且已经在前进的道路上立下了一座里程碑。但是对新柏拉图主义和程度较轻的斯多葛主义来说,他们十分怀疑这个新宗教是否有能力将古代世界改造成现代世界。

57

与此同时,希腊思想和东方灵魂相结合,造就了罗马制度的稳定性以及随之而来的精神上的世界主义,而为它们的结合提供场所的这一物质平台,则在向世界传播新思想上起了一定的作用,虽说也可能是一种负面作用。最初,在早期罗马人那缺乏想象力的脑子里,宗教和法律是同根同源的,前者不过是人类与他们那些不那么威严的诸神所签订的一系列契约罢了。不过罗马人心理状态的宗教成分中最出色的品质就是他们的包容性。正如在法律领域里,只要一种习惯法中有一丝的正义原则,罗马人就会将其收为己用,同理在宗教领域里,只要它不与国家利益相抵触,没有一种崇拜他们不愿意纳入其自己的民间异教典礼体系中,而基督教最初也是因此而遭到迫害的。因此,之后的哲学派系不仅仅如此普及,以至于富有家庭都会在家中供养一位希腊辩证学家作为私人"教士"(chaplain);而且连有着奇特神灵和祭拜仪式的北非和东方的异教也被公开承认。其中最重要也是最典型的是对密特拉神(Mithras)的崇拜,在苏格兰都能找到它的纪念碑。要是人们还记

58

得这一无处不在的偶像崇拜,除了宣扬道德规范和博爱外,还在其关于大洪水的传说中加入了方舟、赞美诗和牧羊人;在其教义中则有天堂和地狱、赎罪祭、最后审判和起死回生;而在其典礼中也有使用圣水、圣餐仪式以及对礼拜日和 12 月 25 日的神圣化;那么我们就可以合理地猜测,就像古典哲学的最后一次显灵在受过教育的人中为基督教铺平了道路那样,波斯和埃及的宗教在普通百姓中起到了同样的作用。这一结果并不单单是由于宗教间接渗透,还因为罗马官方对各种宗教在帝国各处传播采取了一种默许的态度。而且在很大程度上,正是通过这一方法创造了一个对于基督教的接纳意义更加深远的条件:不分高低贵贱,不论鸿儒还是白丁,只要满足一定条件就能实现他们对于复活和来世的普遍期望。

因此,如果考虑到希腊时代这种思想和期望的走向,那么在回答这一永恒问题①过程中到底是哪些绝无仅有的因素让这一小群受压迫的闪米特人改变了整个世界,还尚待发掘。耶稣基督肯定根本没有听说过新柏拉图主义和密特拉神。他作为一个犹太人,是犹太教的产物,是犹太人的最后一位先知。但是犹太人的传统和他自己的言语,揭示出了一座通往绝对的桥梁,它进出无阻,路径畅通,在其道路上指引贫智者,激发明智者。如此一来,在古代欧洲失败的地方,在凡夫俗子被迷信所左右、有智之人沉迷于思索的地方,东方于此出手相助,要求他们效忠一种既非偶像崇拜也非理性的信仰,而作为回报,西方则向他们传播了仁慈民主的最初原则。

不过,这一新的启示事实上已经十分古老了——与亚伯拉罕和迦勒底的吾珥(Ur of the Chaldees)同样古老,甚至比古希腊最早反思世界构成时还早上一千多年。当柏拉图和亚里士多德还在摸着逻辑的阶梯爬向一位无人格的神时,被他们的先知兼编年史家所代言的犹太人正从其宗教体验中建立起了人类和一股父亲般的——甚至是可畏的——受自我约束的力量之间在动机和概念上的永恒区别。他们那唯一的、未受艺术再创造而扭曲的上帝正是这个民族最重要的遗产。那么就让这个民族在他们自己的圣光指引下前行吧。"然切莫大意,"受圣保罗教诲的希腊人和拉丁人答复道,"汝体内之圣光,非黑暗也。"②不论对何种性格的人而言,自始自终这都是一场相同的、灵魂对抗思想的战斗。而这两股力量一旦相遇,就连基督教的吸引力也不能匹及。不过一旦思想占据了上风,就像在教会分裂、亚里士多德学说的复兴和宗教中心转移至意大利之后所发生的那样,那么基督教就必然走向衰亡,而宗教改革只不过是减缓了这一过程而已。

---

① 指上文提到的检验人类成就伟大性时所要提的问题。——译者注
② 原文:But take heed, that the light within thee is not darkness. ——译者注

60　　　　后来被耶稣基督完善并宣扬的犹太教主题,正是传播上帝神
圣的道德规约,而人类为了表现其对上帝的信仰,必须遵守这一规
约。对灵魂的效忠有要求,而对智力不设门槛,这恰恰表现了所有
东方思想的特色,而且在几个世纪之后也为伊斯兰教所受用。这
一东方的信仰被基督传到了西方。但是,撇开其传统不谈,他所独
自完成的转变就在于他给"绝对"①赋予了一种博爱和仁慈的品质。
有意识地——当然肯定也是躬身践行地——对弱者行善这一具有
极大亲和力的观念,把散布在整个帝国的形形色色哲学学派和各
种异教中的相似观念和宗教信条召集到了一起。古代哲学家所推
崇的"品德高尚",遇上了自卑这种人类的知罪意识,而当时的希腊
世界对这却十分陌生。让拜占庭生活与周边的中世纪西方的野蛮
落后形成鲜明对比的人道主义精神已经在空气中弥漫开来。不过
这同时也是威胁所在。仁慈博爱的精神会对这个国家的稳定产生
何种影响呢?

　　　　在整个古典时期中,诸如斯多葛学派哲学家的思想家们曾经尝
试过把伦理道德提升至一门独立学科的高度。但是通过对行为操
61　守的抽象研究来指导人生轨迹的想法,却不得人心。对生活在古
典世界的人而言,最理想的行为操守,首先就是为社会服务
(service)。在基督教被普遍接受所带来的巨大变革中,最剧烈的变
化就是人们不再对社会服务,而是为上帝效劳(service)。直到这
时,一种有人格的"绝对"②的幻想要么意味着神权政治,要么就一
无是处。"凯撒的物当归给凯撒;神的物当归给神",这句话实为所
有如今为征服世界而将东方与西方融合的折衷物中最重要的一
个。而正是看见上帝之爱在各处都取代了凯撒之爱的君士坦丁将
这句话铭记在心,并师其意而行。君士坦丁堡恰是在这一启示之
下建立起来的。只要政治斗争依旧持续,而人类目标仍然虚无缥
缈,这座城市的历史及其遗产的神圣重要性就在于此。在凯撒和

---

①　此处的"绝对"指苏格拉底和柏拉图所追求的无人格的神。——译者注
②　指神。——译者注

上帝的二头政治(Diarchy)之下,希腊人和在他们影响之下的其他
民族获得了一种西方人从未拥有过的东西。除了拜占庭人,从没
有一个民族,能够在一个千年不变的政治实体中,以一种能让凯撒
和上帝各得其所的心安理得的心态,将他们的生命神圣化。

在首次驻足于圣索菲亚大教堂巨大而又烟雾缭绕的穹顶之下
时;在加拉·普拉西提阿(Galla Placidia)①陵墓中的蓝宝石炫目的
光芒射入眼中之时;在一座雕刻精美帝皇石棺之前;在金碧辉煌圣 62
马可大教堂②脚下;在第一次接触任何一种拜占庭艺术时,都会给
人一种别出心裁的感觉,这种新奇感并非来自其异域性,而是由于
它把错综复杂的情感与理性上的装饰处理得如此井井有条而又自
我克制。在文学作品中,除了英雄史诗《边境混血英雄传》③等少数
特例之外,拜占庭人的创新能力受到了一种崇古心理的消极影响。
在思想上,他们对为当时欧洲所陌生的希腊哲学和阿拉米神学过
于了解,这在很大程度上使他们觉得为后人增添任何新的信仰都
是多此一举。在科学上,古代世界的智慧被保存了下来,并在日常
生活中加以利用,但他们自己却并无建树。然而,在艺术和建筑
上,对那些以神圣使命来衡量人类活动价值的人来说,拜占庭人不
仅仅在他们的艺术品和建筑物上颇有建树,而且在他们与整个欧
洲的文化进步的关系上迈出了极具重要性的一大步。在如今这个
风起云涌的时代,唯有摒弃历史观点之望远镜上的古典主义有色
镜片,才有可能,首先找出拜占庭艺术独具匠心的本质到底从何而

---

① 安利亚·加拉·普拉西提阿(390—450年11月27日),罗马帝国皇帝狄奥多西
　大帝(379—395年在位)的女儿,西罗马帝国皇帝霍诺留(393—423年在位)的
　妹妹,君士坦提乌斯三世(421年在位)之妻,瓦伦丁尼安三世(425—455年在
　位)之母。其陵墓(原本是一座教堂的演讲室)拥有早期拜占庭马赛克最好的样
　式。——译者注
② 圣马可大教堂位于威尼斯的圣马可广场,教堂结构有典型的拜占庭风格。
　——译者注
③ Digenes Akritas,这部诗歌集描述的是混血(意思是"生自两个民族"或者是"混
　血的")英雄们在伊斯兰和拜占庭边境地区的生平传记。——译者注

来;并确定希腊、罗马和难以捉摸"东方"到底对拜占庭文明中这最后一项令人愉悦的要素有多大的贡献。

63　　　新罗马①艺术的基本体系(就像语法对语言而言),源自希腊。希腊人的天赋有两点:表现具体事物(material representation)的能力和创作才能。在这些艺术领域里,古希腊的不朽作品依然是不争的杰作。在整个艺术中除了表现与创作(representation and composition),或在西方艺术中除了希腊人的表现和创作的形式,艺术还有另一项重要的品质。这一品质体现在表达(expression)之中,不是被记录下来的画面,而是指它所激发的情感;也体现在与观察者交流之中,它传达了一种每个人都与生俱来的,但却只能通过艺术家之手才能彰显的灵感火花。在古时,希腊人可能心中还有这一目标。可是后来,他们被自己所拥有的大量技能所迷惑,只能将其束之高阁,半途而废了。

　　古希腊人总是一如既往地专心于他们周围的世界,这使他们获得了一种重现人类形体的技能②,即便科技如此发达的当代也无法匹及。其成就也不过略晚于古埃及,而现在人们已经可以在从大西洋至太平洋之间每个民族的艺术中找到它的影子。恐怕只有青铜器的发明或爱德华一世的议会③才能在重要性上与它相比较,因为它们都注定会在世界历史上开启崭新的篇章。但是希腊人却沉迷于他们自己那不可抗拒的平衡感与比例感,因而止步不前。正

64　是这点,以及自然主义写实能力的发展,退化成了一种难以抑制的取悦他人的欲望,一种浅薄的肉感世俗之美以及把物质理想化的欲念。力量、人格、情感、灵魂——所有这些都牺牲在了失真的美丽公式、扭曲的脖子、紧绷的膝盖、空洞的嘴唇和塌陷的鼻梁之下。其建筑,尽管有着标志性的立柱、檐口交替的单调结构,但是却很难让人挑出瑕疵,其线条轮廓变得更加有力,装饰也更加精巧,不

①　指君士坦丁堡。——译者注
②　指希腊雕塑。——译者注
③　指爱德华一世确立《大宪章》。——译者注

过虽然帕台农神庙那在阳光照射下犹如镀了金似的圆柱可以证明这一点,但索尼昂海角(Sunium)那波光粼粼的狭长水道却不敢苟同。然而,为了造福后人,重要的东西还是被保存了下来:等待着与超理性融合的表现能力;等待着从这个伯里克利时代雕塑家在 8 个世纪之前就已陷入的追求表面功夫的泥潭中被抢救出的创作灵感。此外,被肆意滥用的这份天生的简洁朴素,原来只占了拜占庭艺术家们一半的才能。他们还最大程度地简化了自己掌握的东方和伊朗的丰富艺术样式,这使他们能够创造出了有史以来内涵最丰富,风格最严谨,同时造型又最华丽的艺术装饰品。

虽说罗马人艺术创作的本能被生活中的物质层面所限制,但他们的性格却在拜占庭建筑上刻下了深深的烙印。圣索菲亚大教堂,这座近东的建筑师们永恒的灵感源泉,展现了一种宏大的概念,一种将东方的建筑样式放大使其与帝国的尊严相匹配的决心,一种实用的坚固设计,所有这些都直接源于罗马人的传统。在细节方面,这种实用性依然显而易见;在拜占庭艺术中没有一样东西不是切中主题的。每项细节都与整体遥相呼应。东方的博大精深与希腊文雅但却追求细枝末节的技艺,在实用功效强有力的促进下融合在了一起。在这一过程中,只有最根本的东西被保存了下来。

当古典艺术正追寻着其十全十美却单调无趣的道路时,在东方边境外的蒙昧世界里有一股力量正蓄势待发,准备投身到现代世界的发展之中。数世纪前,亚历山大大帝把希腊的绘画艺术带入了亚洲腹地。如今,正如它当时冲破了佛教和琐罗亚斯德教因害怕其使人改宗对写实艺术所产生的成见那样,它现在正朝西方挺进,并以同样的功能来襄助基督教。但是,不论基督教如何广泛地利用这一协助,它毕竟代表了一种文化力量,而这种力量既有心理上的作用,也受到了近东的这方面具体传统所支持。在印度、俄罗斯和地中海三地之间纷繁复杂的民族中,我们不难从这一大环境中甄别出两大主要民族,即伊朗人和闪米特人。

伊朗人的分布范围离大融合的发生地相距最远,位于里海和阿

65

66 尔泰山脉之间,据猜测他们在公元前 200 年曾与两支游牧民族——斯基泰人和蒙古的突厥人——共存过。因此,人们认为,欧亚人最初的几何图案就从那里分成了两条支流:一条沿着俄罗斯南部流向西北欧;另一条流向了小亚细亚、叙利亚和阿拉伯的闪米特人。而后者则搭上了基督教的列车,最终抵达君士坦丁堡和地中海地区。对于没有受过这方面训练的人来说,这就是凯尔特人手稿上的图案和同时代的拜占庭与亚美尼亚的图案如此难以区别的原因。不过,伊朗人最重要的遗产还当数其建筑。比帝国早三十年接受基督教为国教的亚美尼亚人,正是从这一途径学会了如何在方形底座上建造圆形拱顶的方法,而这又使他们在西迁的过程中创造了圣索菲亚大教堂,并最终取代了屹立于古罗马广场上的古典神庙。最后,在 9 世纪,"保加利亚人屠夫"巴西尔二世时期的亚美尼亚建筑师将两者[①]在一座圆顶、十字形教堂中合二为一,使之成为了日后所有东正教教堂建筑和基督教晚期诸如罗马圣彼得大教堂与伦敦圣保罗大教堂等大气之作的原型。

67 虽然犹太人在四处飘荡、寄人篱下的岁月里,也像游牧民族那样将他们的艺术局限于几何图案,但并非所有的内陆闪米特民族都是这样。对他们来说,一种几乎从未受到希腊风格影响的艺术早已开始用人类外形来描绘神灵、祭司和国王了。而且很显然,拜占庭艺术中的写实成分不可能只来源自希腊一方。在公元 1 世纪幼发拉底河中游河畔城市杜拉(Dura)的壁画上[②],这种与希腊帝国的肖像画手法截然不同的平滑处理和感情丰富的用色,很可能表示它与拜占庭绘画同宗同源。从美索不达米亚还传来了另一种新的艺术手法,即玻璃镶嵌画。有一点值得注意的是,除了个别几幅特例外,从最早的作品起,耶稣基督的画像永远都是留着叙利亚人

---

① 指圣索菲亚大教堂方底圆顶的建筑样式和古典神庙的砖框结构。——译者注
② 当今世界对这些壁画的认识主要局限于对在一场军事行动(一名英军士兵在挖战壕时发现了这些壁画)中的偶然发现。1928 年,一支考察团被派往当地,希望借此发掘更多信息。

式的黑胡子和中分发型。终于,"全能天主"(Pantocrator)以其充满令人畏惧的痛苦和威严的容貌,至今都在希腊的修道院教堂巍峨的穹顶之下灼烧着人们的心灵,而这种双眉紧锁的神情,却永远赢得了作为闪米特人想象力中最强动机的世俗和神圣的忠诚。

　　因此,正如东方在精神上为追寻"真实"提供了新方法一样,它在艺术上也做出了同样的贡献。在几何图案的象征意义和被表现物形式化的过程中,即便是在两者都被用来为一个权力集中的教会的训诫目的而服务时,一种伟大进步的萌芽依然含苞待放,并且迟早会在整个世界大放异彩。"艺术能将内在的意义转变成外在的形式",这句话对古典世界而言仍是未知的,就像当今的古典主义者也对其一无所知一样。而要了解这句话的含义,则必定得从东方人手。

　　在李锡尼战败并于公元 325 年[1]被处死时,君士坦丁发现自己成为了在戴克里先共治试验的数位凯撒[2]中幸存下来的最后一位胜利者。这时,49 岁的他一定也像帝国的其他人那样游历过许多地方。他出生于默西亚(Moesia)行省,它位于今塞尔维亚和保加利亚境内,正对着马尔马拉海东岸的尼科米底亚宫廷,而戴克里先在遗弃了固步自封、经济衰退的意大利首都之后把这里作为帝国东都。君士坦丁在征战于波斯和埃及之后,他得到了命运的眷顾。其父君士坦堤乌斯一世在一场讨伐苏格兰人的惩罚性远征中病死,于是他就在约克被拥立为奥古斯都[3]。君士坦丁在高卢和意大利度过了之后的 6 年。在公元 312 年,他从共治皇帝马克森提乌斯手中夺取了罗马。在公元 313 年,作为帝国西部唯一的皇帝,他联合东部皇帝李锡尼共同颁布了对基督徒实行宽容政策的《米兰

---

[1]　原文为公元 323 年。——译者注
[2]　实为两位凯撒和两位奥古斯都,皆为皇帝头衔。——译者注
[3]　原文为凯撒。士兵们虽然拥立他为"奥古斯都",但是他事实上最后只得到了"凯撒"的头衔。——译者注

敕令》。次年,他又从李锡尼手中夺取了希腊、伊利里亚和潘诺尼亚。不过直到 323 年他才击败了最后这名对手,当时双方为这场决战投入了全部兵力。这场战役包括了赫勒斯滂海峡①海战和拜占庭攻城战。

因此,如果要在 326 年建造一座新首都,君士坦丁是最有资格选址的。罗马到处都是尔虞我诈,北方和西方不是野蛮未开化就是地方主义盛行。它只能是在东方:一座对抗帕提亚人和防止游牧民族西迁的大本营;这是一个贸易中心,一个东方基督教萌芽的温床,一个富有文化气息、极致奢华而又适合居住的地方。有了这些因素,再加上其易守难攻的地理优势,当时世界上还有哪个地方能比得上拜占庭呢?

当船在黑海的波涛上向天边驶去时,亚洲在左手边,欧洲在右手边,地平线上的一道缺口②将两者一分为二,指引着向南前行的道路,驶向一种更加古老而又愉悦的生活。在这里,温暖的阳光让人们不用为生存而担忧。这条 17 英里长的不可思议的小河道,沿着两岸的山岗曲折蛇行,此处最宽不过 600 码,这让那些海中巨兽看上去就像水沟里的玩具船,正浮于水面在向站在他们背上的观察者展示自己身上的每一个细节。两岸连绵起伏的树木不时被丘陵或岩壑所截断。水边青草密布的谷地旁,流淌着穿过风吹瑟瑟的竹林汇入大海的溪流。山坡上生长着茂密的矮栎、刺柏和月桂树,不时还能看到一些挺拔的松树,与欧洲蕨、石楠和盛开着的金雀花相映成辉。空气中弥漫着一股石竹花清淡温和的芬芳。远处依稀可见几户人家、几叶轻舟和几片菜园,朝更远处望去,便可看到别墅和宫殿了。在一处海角之上,一座城镇进入了视线。一座灯塔立于一个占据显著位置的小岛上。而放眼望去,一片水天一色的大海——这就是马尔马拉海——依旧被欧洲和亚洲大陆所包围,而这距离通往爱琴海的达达尼尔海峡则还有半天的航程。船向右航行,

① 今达达尼尔海峡。——译者注
② 指博斯普鲁斯海峡。——译者注

绕过一个转角,就可停泊于金角湾,这是一条和博斯普鲁斯海峡同样宽的水道,不过它很快便收紧并向北弯曲,名副其实就像一个号角。拜占庭就坐落于一个只比马尔马拉海和金角湾高出250英尺的三角形半岛上,它在金角湾北岸还突兀的占了一块区域①,就好像不愿放过博斯普鲁斯海峡的美景一样。在这里,来来往往的商船仿佛一只只采寻花蜜的蜜蜂。这里是从印度、中国、埃及和俄罗斯运来的商品的集散地;凉爽宜人的气候和如诗如画的风景把生活变成了无尽的假期;易守难攻的地理优势就在不久前还让它尝到了甜头②。当君士坦丁大帝走出这座早已存在的古希腊旧城,用他的双手为这座城市划定新边界时,这里就成了他选定的地方。

马尔马拉海的普罗柯尼苏斯(Proconnesus)群岛上的大理石建材和黑海沿岸森林木材被源源不断地运来。皇帝就好像是一位18世纪的贵族一样,被一股大兴土木的狂热之风所吞噬。在其统治 71 时期,还命令当地官员开办建筑学校,招聘建筑学教师。住在小亚

图2　君士坦丁之城

① 指加拉塔(Galata)地区。——译者注
② 指加里波利战役。一战期间,英国军队于1915年4月25日在加里波利半岛实施登陆,遭到了土耳其军队的顽强抵抗,英军最终惨遭失败,同时参战的澳新军团也损失惨重。——译者注

细亚的人,除非他在首都拥有住宅,否则休想为皇帝效劳。对那些雄心勃勃的追名逐利者来说,这里便成为了世界的大都会。在330年5月11日,这里举行了一场隆重的奉献仪式。从这天起,这座城市的格局及其重要性就从未被撼动过。

在宽阔的海岬平台上,那长长的斜坡一面延伸至银白色的马尔马拉海,另一面一直潜入金角湾上下天光的水面,而城市主要建筑就在这一区域。东面是元老院;南面是大皇宫,这是一座延伸至海岸边错落于花园中的建筑群,就在这里,一座专为皇后隐居和生子而建造的斑岩石宫殿经历了数世纪的风风雨雨幸存了下来。西面是椭圆形的君士坦丁广场。位于广场和大海中间的则是君士坦丁堡竞技场。

这个能够容纳8万人的庞大竞技场俯瞰着欧亚大陆,它宽128码,周长1000码,长1/4英里;大理石砖块砌成的拱形墙面,从地面一层一层筑起足有40英尺之高,它支撑着一整排大理石巨柱,观众席从这一头一直向下延伸至中心竞技区。西端的弧面①越过斜坡边缘,由几个巨大的地窖支撑,它们留存至今,现已被改建为蓄水池。另一端则是马厩和皇帝看台,与大皇宫之间有一条私人通道。利西波斯②的四尊铜驷马雕像为其增色不少,这几匹仿佛在昂首阔步并排前行的高头大马奇迹般地逃过了被十字军重铸成铜币的命运,最终被运往了威尼斯圣马可大教堂的正门前。虽然拿破仑曾将它们带回过巴黎放在凯旋门前,不过最后它们还是回到了威尼斯。供双轮战车竞技的圆形赛道③旁也陈列着其他艺术品,这些都是君士坦丁从全世界掠夺来的,其中就有:公牛像和铜驴像;鼻子会动的狂暴巨象;总高6英尺的利西波斯的赫拉克勒斯

---

① 赛马道呈U形,皇帝看台(Kathisma)位于其东端。——译者注

② 希腊雕刻家。——译者注

③ 虽然最近的文物挖掘证据尚不充分,但是赛道中间存在一堵隔墙基本已成事实。罗伯特·德·克拉里(Robert de Clary)根据他亲眼所见给出了其高度和宽度,分别是15英尺和10英尺。在其之上肯定立有成列的纪念碑,不过两座方尖碑和蛇柱是否在其行列就不得而知了。

像；古苏格兰人的野猪像；伸展的翅膀可在阳光照射下以其投影标出刻度盘上时刻的青铜鹰像；一座手持真人大小的马匹与骑手的女巨人像。把刻满象形文字的图特摩斯三世方尖碑立于刻纹装饰的底座和 4 块铜质立方体之上的正是狄奥多西一世（379—395 年在位）①，而现在它与土耳其城市风貌浑然一体，丝毫不显违和感。原先，其顶部镶嵌着一枚青铜菠萝，俯瞰着整个公牛广场（Forum Tauri），就是在这里，这位皇帝的第二任妻子殒命于一根刻有田园风景浮雕的立柱旁。② 另一座曾刻有类似浮雕的方尖碑依然树立在其附近，由"生于紫室者"（Porphyrogenitus）君士坦丁七世将其修复成现在的风貌。在两者之间，有一座被君士坦丁从德尔斐（Delphi）的神殿中运来，又被前往克里米亚的英军士兵清除了后来添加部分的三线螺旋型青铜柱，它高 22 英尺，顶上装饰着三颗会喷水的人头，在柱子上还依稀刻有 31 座古希腊城邦的名字，它们于耶稣降生的 479 年前在普拉提亚击败了薛西斯麾下的大军。这两座方尖碑和蛇柱形成了三点一线的排列形式。在同一条轴线上，20 世纪初的一位"凯撒"所捐赠的一座洗面池补完了这段历史。这位捐赠者就是德皇威廉二世，就是他将尼古拉二世和卡尔一世这两位东西罗马帝国皇位最后的继承者引上了灭亡之路。③

大竞技场的东北面，君士坦丁在从南方来的水手一眼就能看到的地方建造了圣神和平教堂（St Irene），并为圣索菲亚大教堂打下了地基，由其子君士坦提乌斯二世建造完工。修建这两座教堂，是为了荣耀上帝，并供奉智慧与和平这两个理性的抽象概念。在这里，皇帝以象征的形式表达了希腊人与闪米特人在追求一个共同目标上的大联盟，这一让他倾尽毕生心血的目标就是使基督教为世人所理解，并能够为来自五湖四海的人所接受。随后，他为自己

73

74

---

① 原文为 375—395。——译者注
② 关于狄奥多西一世的第二任妻子加拉（Galla）的史料极为匮乏。——译者注
③ 尼古拉二世，俄国末代沙皇。卡尔一世，奥匈帝国末代皇帝。一战之后，两位皇帝先后结束了对其国家的统治。——译者注

建造了一所稍小的圣使徒教堂（Holy Apostles），用作皇家陵墓。虽然查士丁尼大帝曾对其进行过重建，但它却因十字军的劫掠而没有像另两座教堂那样幸存至今。① 他还树立了一排共八个斑岩石柱，外包金属，立于白色大理石底座之上。在其之上摆放着一座从希腊来的阿波罗青铜像，笼罩在阳光之下皇帝的头像被重新移植在上面，彰显出凯撒和这座城市建立者的世俗权威。在底座上，封有12个曾经装有供5000人吃的饼屑的篮子②，仿佛特意给在此的路人一个跪拜行礼的由头；上面还有雪花石膏制成的松香油膏盒；诺亚制造方舟时用的扁斧；旧时罗马的帕拉斯像（Palladium）；以及由皇帝的耄耋太后约克的圣海伦从耶路撒冷取回的两名强盗的十字架③。碑铭如是写道："主啊！世界之主人与统治者！吾向您献上这座听命于您的城市……以及整个罗马的权力"，而如今，当有轨电车在一旁隆隆驶过时，虔诚的人们则站在这底座上仔细研究重要足球赛事的公告。这座雕像在1106年倒塌了，但是留下的遗迹却依然在此。与此同时，尽管君士坦丁倾向于向宫廷宣扬一神教令人乏味的说教，但他还是保留了大祭司的头衔（Pontifex Maximus），将其家神太阳神（Sol Invictus）铸在了硬币上，还允许人们在城内建造异教神庙。337年，他在临死前才在尼科米底亚正式受洗。

君士坦丁是第一位宽容对待基督教的皇帝。如果说在大多数子民还是异教徒的情况下，他的这种态度是一种权宜之计，那也不能称其为机会主义。他谴责异教只是由于其祭典仪式中时而发生的纵欲行为。但是他发现，对一个寻找"真神"的世界而言，基督教成了最好的选择，而且他还不必为自己在人间的这一选择而感到羞愧。他在历史中的成就，就是在一个物质和心理上混沌无序的

① 穆罕穆德二世最后将其拆除，在原址上建了一座更为壮观的清真寺，名为法提赫清真寺。——译者注
② 《马太福音》，14：13—21。——译者注
③ 《马太福音》，27：38。与耶稣一同被钉死在十字架上的还有两名强盗。——译者注

世界里,高瞻远瞩地利用了这几点要素。在君士坦丁堡,他把罗马的政治系统和东方的精神刺激疗法,同具有超强凝聚力的希腊文化基础有意识地结合在了一起。

　　拜占庭文明就此被揭开了序幕。虽然其名称上一直有罗马的字样,但实际上其守护者是希腊人。菲洛克斯诺斯(Philoxenus)为君士坦丁建造的地下水宫殿(Basilica Cistern)的捐赠者名单上,没有一个意大利人的名字。就连教堂的题词用的都是希腊文。不过拜占庭人绝对不只是希腊人的后代。稳定、超验和文化的合三为一也是其特征之一。在古典人文主义、科学理性以及本质上源自希腊的对人性的宽容和理解之上,平添了一份罗马人那种可窥一斑而见全豹的务实的宏观意识,以及一种亚洲民族心中普遍怀有的,对物质世界是否能够成为眼前或最终幸福的媒介的那种将信将疑。"拜占庭的"这个词,无论是修饰人、精神、制度还是艺术品,都不含有东方或者西方的意味。这是一个没有掺杂任何色彩的形容词,不过却有着既唯我独尊又世界大同、既严厉朴素又赏心悦目的含义。然而在其所有含义中,有两点占据了支配地位:基督教因素和希腊因素。缺少了这两点的结合,就不可能发展出世界性的西方文明。而且这一结合的可取之处,在经历了人类苦难的巨大考验之后,在 20 世纪依然为人所受用。

第五章　帝国编年史

　　从君士坦丁堡第一位皇帝的同时代人优西比乌，到末代皇帝的友人及编年史家弗兰兹（Phrantzes），这一脉相承的希腊史魂，传递着修昔底德的火种，未曾间断过。在整整1123年里，东罗马帝国被描绘成了一个千古不变的国家和政治的有机体。在其88位握有实权的君主中，除了拉丁人入侵之后的4位，其余都居住在君士坦丁堡，他们一个接一个地登上皇位，从未间断：39位是世袭；20位经过常规任命程序；7位是通过内战或军事选举；以及22位篡位者。最后一类人中，有一些确实因治国有方而得到了认可，其余只是昙花一现。因此，从这个城市建立伊始到900年后第一次被十字军占领，这一连串让国无宁日的皇位更迭，虽然会让世人觉得拜占庭政府好似一场儿戏，但实际上却也仅仅只有5次，分别持续了8年、22年、23年、10年和19年（公元602—610年，695—717年，797—820年，1071—1081年，1185—1204年）。[①]孤立的起义事件相对来说反而更加频繁；除了尼卡（Nika）暴动外，这些起义不论成功与否，对帝国的行政机构都没有造成任何巨大影响，对一般市民生活的影响就更可忽略不计了。

----

① 人们常说，"在拜占庭107位皇帝中，65位不是被逼退位就是死于非命。"这种算法很容易让人产生误解，因为它把后来的特拉比仲德、伊庇鲁斯和塞浦路斯的统治者也算成了"拜占庭皇帝"，还算上了数位虽受加冕但却未在政府中有实际作用的紫室皇储（Porphyrogeniti）。

图3　一幅君士坦丁堡的木版画

图3　今日的陆墙

人们一般把帝国的历史分成八个时期,其中第一段时期始于
330 年终于 518 年,从君士坦丁大帝建城至阿纳斯塔修斯驾崩。作
为帝国之梦,这座新都城遭到了考验。在黑海的掩护下,它仿佛藏
匿于一把巨伞之下,躲过了亚洲民族向西南方向迁徙的大洪流。
而这一祸水之所以能够被西引,是因为阿拉里克、阿提拉和狄奥多
里克等伟大首领无法抗拒意大利和西班牙的诱惑。378 年,哥特人
在阿德里安堡大败东罗马军队;直到 476 年西罗马灭亡 10 年后,
这一隐患才被消除。不过,仅过了一个世纪,君士坦丁堡就因人口
增长而向外扩建了 1 英里。439 年,狄奥多西二世任命的城市长官
塞勒斯(Cyrus)建造了巨大了三层城墙,它全长 5 英里,建于三面环
海的海角之上,为扩建的郊区提供了防御,至今依然屹立于此。

79　　　与此同时,对耶稣基督位格的界定正反映着这个国家的政治变迁。在对东方精神上的偏爱以及希腊对作为天国中心的上帝的哲学价值的关注面前,西方则坚持认为马利亚只是生育耶稣肉体。把精神期望与民族期望混为一谈使得这一形势变得更加复杂。在431年的以弗所会议上,经由亚历山大里亚神秘主义者的提议,聂斯脱利派对耶稣位格的分析遭到了谴责[①],这就造成了一个独立的聂斯脱利教派与一个独特的叙利亚民族。20年后,在卡尔西顿会议上对这批神秘主义者的谴责又使得基督一性论教派、科普特(Coptic)教派和阿比西尼亚(Abyssinian)教派分裂了出去,北非教区的世俗野心也随之灰飞烟灭。多亏了罗马的帮助,君士坦丁堡教会终于在东方占有了至高无上的地位。然而,在482年至518年间,教宗列奥一世已经把罗马教会提升至西方教会最高的地位,而君士坦丁堡教会却接受了强调基督神性而牺牲人性的观点,因此双方关系就此告一段落。帝国的实力在于黎凡特地区,而国家利益则需要政府安抚其狂热的民众。

　　　拜占庭帝国就是这样在这场精神与物质的骚动中诞生并成型
80　的。尽管欧洲已经被蛮族所淹没,但是它却完好无损。在其支持

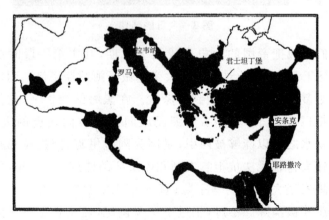

查士丁尼时代的帝国(约560年)

---

① 聂斯脱利不同意阿里乌斯教派关于耶稣次于圣父的异端主张。但是他认为应将耶稣的人性和神性分开的见解最后被判为异端。——译者注

下,正统基督教的精髓得到发扬光大,这不愧是希腊思想的一座不朽丰碑。

第二段时期为 518 年至 610 年,从查士丁尼一世到福卡斯 (Phocas)。在这段时期里,查士丁尼打下的江山并未被保住。这位皇帝沉醉在一种虽可以实现但又野心勃勃的帝国统治的观念中,这使他不由得心系西方,并且对罗马所代表的昔日辉煌心怀向往。他逆转了宗教政策;与西部教会言归于好;对非洲和亚洲的一性论教徒进行了迫害。东正教教义的无上地位得到了确保,并于此根深蒂固了 13 个世纪,为希腊民族意识奠定了基础。不过,查士丁尼与西方如此心有灵犀,殊不知却在光复整个地中海版图的雄心壮志中出卖了其首都的资源和地位。在从 533 年至 554 年的 20 多年里,北非、意大利、西班牙南部,以及西西里、科西嘉、撒丁、巴利阿里等岛屿,纷纷归入了拜占庭的版图之内。狄奥多拉皇后[①]或许可以通过宽容的宗教政策得到叙利亚和埃及的支持,而在波斯人不断入侵小亚细亚,斯拉夫人和匈奴人已经渗透到摩里亚地区,且意大利伦巴第人尚未被征服的情况下,帝国由于战事连连而于 565 年查士丁尼去世时已经暂时性地被削弱了。他的继承者们把位于非洲(包括西班牙)和拉韦纳等偏远地区的总督区 (Exarchate)[②],以自备武装力量的附属国形式让他们自力更生,而专心处理巴尔干和亚美尼亚边境的蛮族与波斯军队的入侵问题。602 年宫廷叛乱中止了这项工作。8 年[③]之后希拉克略的到来,才把帝国从无政府状态下解救出来。

虽说查士丁尼重建罗马帝国的努力只是昙花一现,但他的统治

---

① 查士丁尼大帝的妻子,有塞浦路斯血统,与其丈夫一样都被东正教封为圣人。——译者注

② 当时帝国大部分地区推行省区管理,仅有迦太基和拉韦纳两城有总督管辖。——译者注

③ 原文为 3 年。602 年百夫长福卡斯发动兵变,杀死了莫里斯一世及其家人。608年希拉克略起兵讨伐之,于 610 年兵临君士坦丁堡,未遭抵抗便占领首都,俘获福卡斯并将其处死,随即登基。——译者注

对拜占庭和欧洲文明发展的重要性是不可轻视的。尽管财富从陆路和海陆源源不断地涌入君士坦丁堡，但是皇帝心中却十分清楚，改革各个行政部门势在必行。对官员贪污受贿、横征暴敛的普遍不满最终导致了 532 年的尼卡暴动。暴动最后被平息了，但旧城有一半面积被烧毁，还有 4 万暴动者在大竞技场被杀死。在狄奥多拉皇后的鼓舞下才没有仓皇而逃的查士丁尼，提出加强中央集权，禁止买卖官职，并在各个省份推行军政权力合二为一的政策。不过，他最伟大的工作，早在其执政之初就已开始，那就是修订罗马法和以便于查阅的形式编纂罗马法律文献。在其筹划并下令编纂的法典里，根据基督教道德重新制定的社会生活主要规则，永远地造福了拜占庭、欧洲乃至全世界的子子孙孙。那时，从贝鲁特到罗马到处可见其缩略本，它为帝国的所有官员和子民开启了司法知识之门。

在尼卡暴动之后，城市四分之一的部分有待重建。查士丁尼对圣索菲亚大教堂的最终设想，以及罗马、塞萨洛尼基和拉韦纳现存的所有教堂和镶嵌画，统统要比文献来得更加直观，这些都展现出拜占庭鼎盛时期的创造力。一种世界性的、神秘的情感表现，吸收了对称、工艺和民族意识等艺术元素，它是如此完美协调，以至于几乎让观看者热泪盈眶。

这些就是这个海纳百川的文明的第一批产物。不论在文化意义还是社会意义上，其成就都是有目共睹的。但是查士丁尼的计划被证实在政治上是一个极大的负担。他一生都在为构建一个西方堡垒而操劳，但是此时东方正在蠢蠢欲动。

第三段时期自 610 年希拉克略统治开始至 717 年狄奥多西三世被推翻。自 602 年起，福卡斯篡位之后，拜占庭皇位的归属就充满了混乱斗争。其前任莫里斯，曾帮助过波斯王霍斯劳二世（Khosrau II）重新取得王位，他的遇刺成为了波斯入侵的借口，而这次危机规模如此之大以至于整个帝国都危在旦夕。安条克、大马士革、耶路撒冷、卡尔西顿，乃至埃及都屈服了，希拉克略就是在这一刻从其父的迦太基总督区起航,来夺取帝国领导权的,而此刻就连首都也已岌岌可危。尽管有阿瓦尔人在西部进攻,伦巴第人入侵意大利,以及帝国在西班牙的失势,皇帝依然将注意力集中在反击波斯人上。628年,他凯旋进入泰西封(Ctesiphon),从那里取回了13年前从耶路撒冷被夺走的"真十字架"①。但是这一胜利产生两大非常严重的问题。战争导致的军费,虽有教会捐赠一部分,还是使得拜占庭帝国的非希腊臣民对高昂的税款怨声载道。而且统一被一性论迫害而疏远的埃及和叙利亚也是当务之急。正如伊丽莎白时期的英格兰那样,政治统一就暗示着宗教统一。东正教在君士坦丁堡根深蒂固;但是给在埃及和叙利亚盛行的基督只具有神性的信仰让步并不是皇帝个人意志能够决定的,况且这个神在传统意义的双重位格的原理下还能够化身成人。基督一志论②(Monothelitism)这一权宜之计果然名副其实,虽然其目的是为了把矛盾双方团结在一个共同的政治框架之下,但是却发现两边都对其不以为然。在西方,它使得一位教宗在希拉克略死后8年遭到绑架。而在埃及,凭借牧首权力的利剑才使得它得以贯彻落实。因神学和财政上的困境而处境艰难的皇帝正深化着这个他本以为能够修复两者关系的讨论,而此时一个新兴的民族也通过宗教形成了自己的民族意识,而这种宗教对真主安拉的定义又有着无可匹及的执着。634年,穆罕默德死后三年里,麦地那的阿拉伯穆斯林首次战胜了巴勒斯坦的拜占庭驻防部队。

　　在闪米特人中,伊斯兰教最初的宿主是叙利亚人和埃及人,他们对宗教有宽容的态度,而且,也没有贪婪的官吏欺压,因此就从拜占庭人在物质与精神的压迫下以救赎者的身份登上了舞台。由于没有当地居民的支持,希腊军队被迫撤退。到640年,巴勒斯坦地区已经脱离了拜占庭的控制,埃及也遭到了入侵。次年,希拉克

85

---

① 即钉死耶稣的十字架,为基督教圣物。——译者注
② 希拉克略提出,基督耶稣虽有神、人两个位格,但是只有神的意志,故名"一志论"。其目的就是为了调和正教与一性论教派之间的矛盾。——译者注

略驾崩,致使军民纷纷逃离亚历山大里亚①。波斯和亚美尼亚也遭
侵占。终于,冲突蔓延至了海上。塞浦路斯陷落;而 655 年,皇帝
君士坦斯二世率领的希腊舰队在吕基亚(Lycia)海岸被击溃。但是
由于君士坦丁四世继位以及希腊火的发明,情况发生了逆转。随
着历时 5 年的对君士坦丁堡的海上袭击被击退,而后在 678 年,阿
拉伯人在路上和海上的进攻势头停滞了下来,他们也终于愿意接
受和谈了。3 年后,由于埃及和叙利亚地区已惨遭蹂躏,一志论也
86 失去了存在的理由,终于在 681 年君士坦丁堡举行的第六次普教
会议上被判为异端。

天下终于太平了。在萨拉森人发动最后也是最强烈的一次冲
破把他们限制于亚洲的赫勒斯滂海峡的攻击前,帝国获得了一个
喘息的机会。不幸的是,从 695 年至 717 年,国内的混乱局面,使
得这段时间所取得的优势未能全部发挥出来,也加快了北非的陷
落。就在一时期,在西北边境,建国不久的保加利亚人的进犯也为
帝国敲响了警钟。

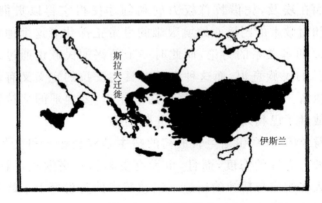

毁坏圣像时期的帝国(约 800 年)

7 世纪以来,拜占庭的主要历史潮流就可追本溯源了。巴尔干
和伊斯兰教问题具体来说就是保加利亚人和阿拉伯人。在行政方

---

① 641 年,亚历山大里亚被阿拉伯人占领。——译者注

面,这段时期中的危机事件明确了行省的民事与军事组织转化为军区制的必要。在宗教方面,穆斯林占领了安条克、耶路撒冷和亚历山大里亚教区,这大大增加了君士坦丁堡作为宗教中心的威望。如今帝国主要部分几乎都在希腊沿海地区了。至此,拉丁人的最后一丝痕迹,即便是作为古风残留附属品的宫廷礼仪,都退出了历史舞台。

　　第四段时期,从 717 年开始至 867 年结束。716 年,阿拉伯人进犯小亚细亚直逼首都,而安纳托利亚军区将军伊苏利亚人利奥三世的胜利,使他被牧首和人民拥立为皇。就在他取得皇帝之位后没几个月,阿拉伯人的扩张行动就进入了高潮阶段,穆斯林的舰队和军队包围了首都整整一年。不过希腊人正躲在城墙之内享受着相对舒适的生活,而围城的军队却在饥荒和严寒的恶劣条件下损失了 15 万人,而这一数字还是他们自己估计的。这次失败给穆斯林世界将了一军,不过同 15 年后使查理·马特名垂青史的南征北战相比,这次胜利不过是一步险棋。拜占庭军队的威望被君士坦丁五世带入了亚美尼亚和幼发拉底河。由于阿拔斯王朝将国都迁至了遥远的巴格达,同时西方的保加利亚人在 755 年和 780 年间的一系列战役中蒙受了重大损失,因此伊苏利亚王朝的皇帝们开启了一个安定的新时代,甚至在一位恶劣的母亲①中断了这个皇族血脉之后,或"酒鬼"米海尔三世②钟情于骏马,也没能让安定的局势有所动摇。在内政方面,他们能够审时度势并且行事果断。他们将军区管理制度化,并重新整顿了军纪。他们还制定了一系列法律来制止日益不受约束的大地产贵族对小土地持有者的兼并,因为就是这些自耕农保卫了基督教世界③。一部名为"埃克洛

87

88

---

① 指伊琳娜女皇。——译者注
② 后人对米海尔三世的"酒鬼"之称主要是由于马其顿王朝的历史学家对其所怀有的恶意所致。现在历史研究者通过对其的调查已经恢复了他的名声,认可了他在 9 世纪时期对拜占庭的重要性。——译者注
③ 军区制的士兵和平时务农,战时当兵。——译者注

加"(Ecloga)的查士丁尼法典的修订版,引入了一个更加有基督教倾向的家庭生活观念。它在大多数情况下以断肢取代了极刑,而且法律中明文规定的阶级差异也被废除了。

不过,这段时期的真正重要性,在于一样类似于之后为人所知的新教的东西的出现,以及对捍卫超验价值的全新认识的首次尝试之中,这一源自东方之物对抗着南方之金牛。[1] 圣像破坏者对宗教艺术品的厌恶,随着新王朝一道从小亚细亚而来[2],而这里几乎就是当年的先知追随者们互相攻击的地方。726年,利奥下令全国捣毁圣像。巨大反应接踵而至:首都的暴动得到了伯罗奔尼撒的起义者的响应;而在意大利,拜占庭势力是如此之弱,以至于不到30年,拉韦纳总督区就落入了伦巴第人之手,而且罗马教皇也与帝国撇清了关系,转而向法兰克国王丕平寻求保护。这几个南方的希腊省份被报复性地安排在了牧首的教权管辖之下。与此同时,随着君士坦丁五世的继位,民众宗教信仰的结构在法律对圣徒遗物、圣母崇拜和圣徒代祷的进攻下危在旦夕。皇帝坚定不移的信仰制造了一起起针对偶像崇拜的修道士的迫害。但是在787年,伊琳娜女皇为了夺取皇位转而恢复圣像崇拜。

然而,东方狂热者的失利只是暂时的。815年,随着亚美尼亚人皇帝利奥五世的登基,圣像再度遭到禁止,而修道士们决不妥协的态度,再加上他们不断积累的国民财富和人力,也又一次导致他们遭受迫害和遣散。但是帝国的宗教生活还是发生了变革:斯图迪奥的狄奥多(Theodore of Studium)修士的修道院改革预示了克吕尼改革[3]的到来,它注定会对整个欧洲产生深远的影响。这场改革不仅形成了一种相比从前更加有序积极的苦行生活,而且为教会灌输了一种从国家权威那里完全解放的思想。受此启发,修道

---

① 指东方的琐罗亚斯德教传统和多神教偶像崇拜的对抗。——译者注
② 利奥三世来自小亚细亚的伊苏利亚。——译者注
③ 克吕尼改革(Cluniac/Clunian Reform)是中世纪修道运动中的一系列改革,关注于恢复传统的修道生活,鼓励艺术,照顾穷人。该运动是因位于勃艮第的克吕尼隐修院而得名。——译者注

士们转而求助于罗马教廷，因为在那里，神学问题的至高无上性还
未被动摇。可是，这反而使得针对他们的毁坏圣像的暴力行径愈 90
演愈烈。不过在843年，人们还是获准"敬重"偶像了。最终，这一
由对偶像崇拜的争辩所引起，并由800年教皇加冕查理曼大帝为
西罗马帝国皇帝而加剧的与罗马的不和，在867年达到了顶峰，形
成了一场正式但又暂时的教会分裂。

　　因此，从形式上而言，保护基督教精神传统不受地中海地区唯
物主义诱惑的第一次斗争以失败而告终。所幸的是，拜占庭艺术
和欧洲绘画的萌芽被保存了下来。此外，毁坏圣像运动净化并唤
醒了希腊人的智慧。若是没有这次运动，世界可能永远无法见证
拜占庭艺术所成就的绘画表现与形式主义的完美结合。从当时来
说，斯拉夫人在塞萨洛尼基传教士的影响下皈依基督教并且传承
了其文化，而凯撒巴尔达斯（Bardas）又建立了君士坦丁堡大学，这
些已经为富有品味和知识的文艺复兴埋下了伏笔，而这也为帝国
盛世画上了圆满的句号。

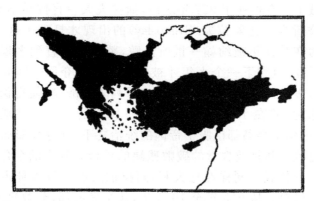

"保加利亚人屠夫"巴西尔二世征战之后的帝国及属国
（约1015年）

　　第五段时期为867年至1057年，这段时期只有一个朝代，它
的建立者是米海尔三世的亲信马其顿人巴西尔一世，他杀害了米
海尔三世夺取了皇位。在欧洲历史上，除了瑞典的瓦萨王朝，或许
就没有一个朝代能像这一系世袭统治者和他们的军事将领们那

91 样,统治时期长达两个世纪之久。这段时期的帝国疆域最为完整;
而且在长达百年的时间里,这支受到基督教及其文明所鼓舞的战
无不胜的君士坦丁堡军队,将穆斯林军队赶回了库尔德斯坦的要
塞。四个亚洲军区被收复;而在北方,亚美尼亚和格鲁吉亚被迫放
弃穆斯林宗主权而听命于拜占庭,前者最终还在 11 世纪初被完全
并入了拜占庭的版图——不过这种失掉前线缓冲地带的行为马上
就被证明是极为不明智的。在 9 世纪 70 年代,巴西尔一世收复了

92 西里西亚和卡帕多西亚。在 10 世纪,帝国的疆域又拓展至了两河
流域。从此以后,战斗的中心就转移到了塞浦路斯北方的直角形
海岸附近了。在尼基弗鲁斯二世・福卡斯(Nicephorus II Phocas)
和约翰一世・齐米斯西斯(John I Tzimisces)的率领之下,阿勒颇、
安条克、伊德萨、大马士革和贝鲁特被攻占了。961 年,克里特岛的
收复使得希腊人再度获得了爱琴海的控制权。拜占庭军队眼看就
要解放耶路撒冷。

　　在西线,胜利的欢呼声同样响亮。从 889 年至 924 年,保加利
亚沙皇西美昂一世试图称霸巴尔干半岛,他已将战争带到了君士
坦丁堡城下。在他死于 927 年之后,斯拉夫人一直按兵不动,直到
基辅大公斯维亚托斯拉夫(Sviatoslav)的出现才打破了这一局面。
这股势力在 970 年被约翰一世所击败,整个国家直到多瑙河都被
帝国所吞并;直到下一个十年才被撒母耳沙皇夺回。因此,"保加
利亚人屠夫"巴尔二世才开展了一系列著名战役,使得保加利亚
人一败涂地,并在 1014 年灭绝了这一民族的所有男性成员。如
今,整个巴尔干半岛都臣服于帝国的统治之下;而这位皇帝最终在
雅典那已改为基督教教堂的破败残缺的帕台农神庙的金色石柱下
举行了凯旋仪式。同样在意大利,阿拉伯人的入侵为拜占庭的干

93 预提供了借口。从 915 年至 1025 年,从半岛南部,至教皇国边界,
全都承认了帝国的宗主权。

　　东正教与天主教之间的关系最初并不尽人如意。由于米海尔
三世的摄政王凯撒巴尔达斯品行不端,使他招致了伊格纳修斯牧
首(Ignatius)的责备,后者因此而被免职。代替他的是博学的佛条
斯(Photius),此人因其在古典哲学以及从医学到农学等所有的现

存文献上渊博的学识①,而使他在首都上流社会颇有影响力,这也解释了他何以在神职上平步青云。罗马教皇拒绝承认他的地位,再加上一系列争取保加利亚人的秘密阴谋,导致了教会的分裂。佛条斯挑起争执的神学,依据就是谴责罗马教会把"和子说"②(Filioque)加入教条,称此为异端,因为它意味着圣灵不仅出自圣父也出自圣子,这恰恰与希腊人对个人抽象交感的纯洁性的情结相悖。巴西尔一世登基后,罢免了佛条斯,不过 5 年后他又被召回了。直到 898 年,东西教会才得以和解,互相真正认可则是 920 年的事了。这一状态一直持续到了王朝末年。

在国内,商店、贫民窟、澡堂、宫殿、花园、教堂和修道院鳞次栉比,上帝保佑的君士坦丁之城(Κωνσταντίνου Πόλις),臻于繁荣盛世,军人皇帝在国外的武功相映生辉。三大洲的财富,从古罗斯的滚滚江河,从印度和中国途经特拉比仲德,沿着商道涌入了黎凡特和黑海地区,汇聚到这块当时世界上最安全的地方。城市的财富又成就了一种建筑和艺术上的壮丽辉煌,拜占庭人心中神秘主义的悸动——这份对神圣之物的执著——又使其变得更加高情远致。在国外,罗斯人皈依了基督教;而在基辅,在第聂伯河这条商贸干线河畔,对拜占庭文明的有意接受使得一个全新的民族得以形成,这也使其形成了一个带有自身特色的文明。 94

不过,当这座万城之城③的辉煌在旅行者们的故事中传颂并在大西洋至太平洋之间流为传说之时,语言障碍和与日俱增的情感分歧也阻碍了它与比邻而又野蛮的西方的接触。而且在帝国内部正孕育着各派新势力,某些牧首和封臣的独立已让帝国颜面尽失。在帝国之外,塞尔柱突厥人正在东北方集结。而在意大利中部,代表着贪婪掠夺的诺曼人则将要效仿他们的同胞在黑斯廷斯的胜利。

1053 年,狄奥多拉女皇这位巴西尔一世最后一位后裔的逝世, 95

----

① 在他保存下来的图书馆中,人们发现了其许多重要作品,但都难以辨认。
② 和子说(拉丁文:filioque)即表示:"圣灵是由圣父和圣子而出"。——译者注
③ 指君士坦丁堡。——译者注

65

标志着帝国历史上第六段也是最错综复杂的一段时期的开始,而十字军在 1204 年占领君士坦丁堡和尼西亚流亡政府的建立标志着这一时期的结束。拜占庭国家的基本实力已经产生了动摇。马其顿王朝的皇帝们遵循着伊苏利亚王朝的方针,企图继续削弱亚洲权贵的力量,因此而造成了大规模的起义事件,直到"保加利亚人屠夫"巴西尔二世才将其平息。马其顿王朝终结之后,封建家族争夺皇位的斗争就接踵而至。直到 30 年之后,在 1081 年,阿历克塞一世·科穆宁登基,以及其子及其孙的接续统治,才为这个依然是欧洲最强且唯一拥有文明生活,但却如强弩之末的国家,注入了新的活力。与此同时,官僚组织,在封建内战和源远流长的外部入侵的双重夹击下,几乎摇摇欲坠。一种古典文化的复兴也体现在了某种不切实际的政治风云中。一场针对半独立的小亚细亚兵团首领的反军阀运动,致使边防要塞遭到忽视,并且形成了一种青睐使用外国雇佣军而削减当地人部队的倾向,而这些雇佣军本身就善于见风使舵。在海上,通过出卖贸易优惠权而换取军事保护的灾难性政策,破坏了帝国的贸易,而且运送十字军战士来攻打拜占庭帝国的就是这些商船。早在这一时代之初,封建斗争,再加上柏拉图主义者普赛罗斯(Psellos)领导的知识分子派系所引起的恶政,就成为了 1071 年曼奇刻尔特(Manzikert)之战毁灭性失利的原因。这场战役之后,帝国失去了几乎整个小亚细亚,爱琴海沿岸第一次出现了突厥人的踪影。

96

随着 11 世纪历史进程的发展,穆斯林的团结力量,在什叶派异端的侵扰和巴格达哈里发无能统治的破坏下,走向了分裂的边缘。不过穆圣①的传人还有很长一段路要走。1055 年,奥克苏斯河②(Oxus)之外一支新兴民族的首领突格里勒贝格(Toghril Beg)被哈里发立为苏丹。从 1063 年至 1091 年,塞尔柱突厥人在不断地扩张。亚美尼亚首府阿尼城(Ani)连同南方的科尼亚③(Konia)都落入了突厥人之手。前往御敌的拜占庭军队在位于埃尔祖鲁姆

---

① 至伊斯兰教创始人穆罕穆德。——译者注
② 现名为阿姆河(Amu),中国唐代音译为乌浒河。——译者注
③ 位于塞浦路斯岛西南端。——译者注

(Erzerum)和凡湖(Lake Van)之间的曼奇刻尔特被打得溃不成军，皇帝罗曼努斯四世·戴奥吉尼斯(Romanus IV Diogenes)也沦为敌人的阶下囚。10年之后，希腊人对小亚细亚的控制仅仅限制在了黑海和爱琴海狭长的沿海地区。帝国最富饶的省份变得荒无人烟，城镇被毁灭，农田也无人照看。最糟糕的是，帝国就这样永远失去了其最主要的兵员补充地。

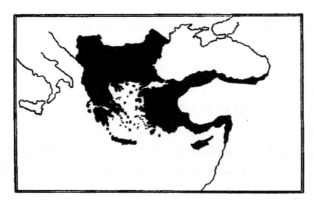

曼努埃尔一世·科穆宁时期的帝国（约 1180 年）

　　在曼奇刻尔特之战同年，突厥人占领了耶路撒冷。这样一来，迄今一直被阿拉伯人和平对待的基督教朝圣者如今也无安宁之日了。于是，西方那诡秘莫测的骑士精神以及对土地的迫切渴望便找到了一条新的发泄渠道。皇帝阿历克塞一世·科穆宁在十字军 97 的帮助下，成功地收复了尼西亚、士麦那和远至安条克的安纳托利亚西岸和南岸全部地区。在对抗如今已分崩离析的塞尔柱帝国时，阿历克塞之子约翰二世·科穆宁继续将拜占庭边界向东推进。但是其继位者曼努埃尔一世虽然在其在位早期小有成功，可最终却于 1176 年在密列奥塞法隆(Myriocephalon)大败于突厥人。而随着萨拉丁在叙利亚建立政权和耶路撒冷王国在 11 年后的覆灭①，穆斯林之潮也卷土重来。

　　这不过是一股势将毁灭半个欧洲文明并将推进到维也纳城下

————————

① 1187 年，萨拉丁俘房耶路撒冷国王和圣殿骑士团团长，重新收复圣城耶路撒冷。——译者注

98　的力量最初的小试牛刀。与此同时，一只更加迫在眉睫的命运之轮正从西方向君士坦丁堡疾驰而来。

在整个马其顿王朝时期，拜占庭在物质上取得的骄人成果也反映在教会的精神领域。牧首的权力相应地有所增加，而罗马教皇的力量却大不如前；若不是克吕尼改革唤醒了教皇的自我独断意识，东正教会实际上独立自主的现状很可能在理论上也能得到承认——只要他们愿意。然而在 1049 年，改革者利奥九世被选上圣座时，正值米海尔一世（Michael I Cerularius）任牧首一职，后者违背了外号"单打独斗者"（Monomach）的君士坦丁九世的意愿，故意挑起了关于意大利南部主教区归属的争端。使节被派去东部首都，将一张充满恶言詈词的诏谕放在了圣索菲亚大教堂的圣坛之上。牧首则受到群众狂热拥护的鼓舞，而经过全面商讨批准了这场由他一手策划的分裂——而且经证明这是一场永恒的分裂。这是历史上一场意义无法估量的事件。从此以后，在天主教教义中，希腊人就再也不是基督徒也非教友了。而在那个年代，天主教和日益西进的封建主义基本上是如影随形的。

第一次十字军东征发起于 1095 年的克莱芒会议（the Council

99　of Clermont）。次年夏天，"隐士"彼得抵达君士坦丁堡。在这一世纪中期，拜占庭人就已经与意大利南方的诺曼人发生接触，而后者通过在 1071 年占领巴里（Bari）将他们从这里驱逐了出去。10 年之后，罗伯特·吉斯卡尔（Robert Guiscard）就已越过亚得里亚海来到伊庇鲁斯，深入到了马其顿和色萨利等内陆地区。因此，阿历克塞一世·科穆宁及其臣民理所当然地会认为，这群举止粗鲁、目不识丁，成天吹嘘着自己那暴发户血统的诺曼人所秉承的神秘的宗教理想，以及这群士兵对圣物匣的这份献身精神，根本无法补偿他们在行军途中以掠夺村庄为生所造成的损失；更何况第一次以及接下来的数次十字军东征的初衷，在这场势将——最终也确实做到了——给爱琴海地区输入一种外来封建主义的政治运动之下，也早已变得暧昧不清了。帝国将仅存的兵力调离了东方。帝国重心首次被西方吸引过来，另半边的欧洲①注定会用这数百万条张牙舞爪

————————

① 指西欧。——译者注

的触角将世界团团围住，"东方问题"①就是在这种情况下诞生的。

　　皇帝阿历克塞一世眼见无法躲避这些入侵者，便决定利用他们。作为对金钱和补给品的回报，十字军国家的首领们答应把从穆斯林手中夺取的之前属于帝国版图内的城市归还给帝国。但是在归还了尼西亚之后，这些诺曼国王们却扣留了安条克、耶路撒冷以及许多小城镇。作为对皇帝反对这项破坏协议行为的报复，安条克的博希蒙德（Bohemond of Antioch）组织了一支针对希腊首都的"十字军"。但他最终还是不敌阿历克塞，只得羞愧求和，隐退于意大利。 100

　　1147 年的第二次十字军东征由霍亨施陶芬家族的康拉德三世和法国国王路易七世领导。他们各自的追随者们在希腊领土上一路奸淫掳掠，最终却在突厥人面前一败涂地，还被他们的领导者抛弃在小亚细亚南岸自生自灭。两者都曾计划在途经君士坦丁堡时对其发动进攻，但最后都不了了之。

　　几年之后，皇帝曼努埃尔一世·科穆宁收复意大利南部部分地区，他受此鼓舞而制定了恢复查士丁尼时期帝国版图的计划。东方的几个拉丁公国被迫承认其宗主权。只有他才有足够财力支付外交贿赂，这使得欧洲半数国家被牢牢地捏在了君士坦丁堡的手中。在这段止于 1204 年首都之围②的风起云涌时期里，12 世纪虽然对希腊人而言似乎是一个萧条的时代，但事实上君士坦丁堡的生活较之从前却更加多姿多彩，人们更加养尊处优。在艺术、建筑乃至文学方面，在大量慈善机构中，在数不尽的财富里，以及在与西方接触后而复兴的新理念中，中世纪希腊帝国的生命力依然毋庸置疑。只是 1180 年曼努埃尔一世的驾崩，以及科穆宁王朝被推 101
翻后随之而来的动荡，才最终让可怕的命运之轮旋转了起来。

　　在这个世纪里，希腊人对拉丁人的仇恨与日俱增。1182 年，诺曼人摄政女王安条克的玛丽（Mary of Antioch）不得民心，导致了一

---

① 近代欧洲列强为争夺奥斯曼帝国及其属国的领土和权益所引起的一系列国际问题。从欧洲来看，奥斯曼帝国地处其东，故统称为"东方问题"。——译者注
② 1204 年，君士坦丁堡之围。第四次十字军东征攻占了君士坦丁堡，并劫城三天。——译者注

场针对君士坦丁堡外国居民的大屠杀。7年后,腓特烈·巴巴罗萨皇帝所领导的第三次十字军东征部队遭到了拜占庭人的公开攻击。与此同时,一支诺曼—西西里人舰队以残暴的方式洗劫了萨洛尼卡。而在1197年,亨利六世皇帝差点就在临死前对拜占庭宣战。① 西方的全部力量正熊熊燃烧着那些敢于抵抗其入侵和否认其教皇的人们。而这时出现了一位流亡的皇位觊觎者②,他四处为其被废黜皇位和沦为阶下囚的父亲寻求帮助,这就足以将原本计划进攻埃及的第四次十字军东征的目标引向君士坦丁堡了。

这次东侵的两位鼓吹者,蒙特菲拉特公爵伯尼法斯和威尼斯总督瞎子恩里科·丹多洛,两者都没有能够活着回到故土。威尼斯为此次东征提供运兵船只。1203年7月,远征军和平地入驻君士坦丁堡,可是当他们帮阿历克塞四世恢复皇位之后就露出了真面目。这群十字军战士一旦立稳脚跟,就开始为他们从未履行过的职责漫天要价。1204年,市民们为统治者屈从于拉丁人而愤怒,将其推翻,取而代之的是"忧郁者"(Mourtzouphlos)阿历克塞五世。拉丁人下定决心要发起第二次进攻。4月12日,这座城市首次被攻破;将近9个世纪的财富,再加上君士坦丁大帝从世界各地收集的艺术品,毁于一旦。土耳其人1453年攻陷此城不过是这次灾难的必然后果。对全人类而言,历史上没有比这次灾难更加不幸的事。一代欧洲文明就这样奄奄一息了。其12世纪的继承者在贵族、民族和崇古的偏见面前束手无策。受其恩泽的民族和土地如今即将步入长达7个世纪之久的贫穷、无知和奴役。

在拜占庭历史的第七段时期里,最突出的就是迁都尼西亚,而在1204年至1261年间统治着君士坦丁堡的则是拉丁皇帝们。在最初的混乱时期,封建主义、商业主义和希腊主义在国家分崩离析

---

① 在1197年5月20日和同年7月18日,亨利六世先将意大利贝雷塔的一座医院、后又把西西里的一座教堂和修道院赠与条顿骑士团。这使1190年成立的"德意志圣马利亚医院骑士团"有了良好的开端,也是亨利准备对拜占庭帝国实行十字军东征的准备。原文为1198年。——译者注
② 指阿历克塞四世。——译者注

的过程中互相竞争。在被推选为皇帝的弗兰德尔伯爵鲍德温（Baldwin of Flanders）的旗号之下建立起众多属国，其中几个最重要的是伯尼法斯建立的萨洛尼卡王国（Kingdom of Salonica）①，雅典公国（6 个世纪之后才回归希腊），以及亚该亚侯国（Principality of Achaea）。威尼斯也从中获利颇多，并希望以此来巩固其贸易。 104 早在皇帝阿历克塞一世·科穆宁统治时期，威尼斯就以海军援助和在意大利提供政治支持而获得了帝国所有商人都要承担的商业税的豁免权。这一特权严重损害了希腊本地商人的利益，非但他们自己没有被免除税务，这还使得帝国损失了大量收入。如今其统治权已经延伸至达尔马提亚沿岸的都拉斯（Durazzo）、伯罗奔尼撒的莫东（Modon）和柯隆（Coron）②、比邻黑海的伊拉克利亚（Heraclea）、遍及几乎所有爱琴海岛屿，以及君士坦丁堡城超过四分之一的地区。而此时独立的希腊人集结地有三处：一处在尼西亚，阿历克塞三世的女婿狄奥多一世·拉斯卡里斯（Theodore I Lascaris）在此处集结了拜占庭残余贵族和官僚，建立流亡政府；一处在特拉比仲德，如今这里也已成为一个追随安德罗尼卡一世·

第四次十字军东征之后黎凡特地区的主要国家

① 即塞萨洛尼基王国（Kingdom of Thessaloniki）。——译者注
② 此二城原为 Methoni 和 Koroni，威尼斯人来到之后将他们称为 Modon 和 Coron。——译者注

科穆宁之孙领导的帝国,统治着从伊拉克利亚至高加索之间的地区;最后一处在伊庇鲁斯专制君主国,由一位安格洛斯王朝的后裔领导①,南起科林斯湾的勒班陀(Lepanto),北至都拉斯。

105　　西方骑士试图在其所征服的废墟上建立起一套政治组织,教皇英诺森三世称其为"上帝的奇迹",但是这一尝试并不成功。这批新的封建领主个个桀骜不驯,威尼斯人和他们的贸易垄断夺走了大量收入。向来与君士坦丁堡力量成反比的巴尔干半岛斯拉夫人潜在的民族意识,此时也被唤醒。尽管这些骑士也努力尝试争取希腊人的友谊,但是卧薪尝胆的希腊人依然对他们怀有敌意。1204年还没结束,伯尼法斯和鲍德温就已经反目成仇,几乎兵戎相见。不到3年,他们都死于对抗保加利亚人的战斗中。鲍德温之弟弗兰德尔的亨利是一位颇有才干的统治者,但是在位仅10年(1206年至1216年)。接任他的是其妹妹尤兰德(Yolande)的子女,其中年龄较小的一位即是鲍德温二世,他在1228年11岁时加冕,一直统治到君士坦丁堡从拉丁人手中易手。与此同时,伊庇鲁斯的君主们已经夺回了都拉斯、科孚,甚至在1222年夺回了萨洛尼卡。渐渐地,拉丁人失去了所有对亚洲的控制。而皇帝鲍德温在把荆棘冠冕②当给了一位威尼斯商人并将其自家屋顶的铅条拿去给铸币厂之后,便启程去往欧洲各国宫廷寻求援助。

　　在尼西亚,于1222年接任狄奥多一世·拉斯卡里斯的是其女婿约翰三世·瓦塔挈斯(John III Vatatzes)。在后者统治的32年里,他收复了希腊人在十字军入侵前所拥有的小亚细亚全部领土;在东部边境成功抵御了突厥人和蒙古人的进攻;并且从伊庇鲁斯专制君主国手中夺回了萨洛尼卡。在这座坐落于阿斯卡尼亚湖(Lake Askania)③畔的舒适宜人、绿树成荫的城市里,拜占庭人的生活欣欣向荣:人们兴建学校和医院,著书修史,并且重新构建了作

---

① 指狄奥多·科穆宁·杜卡斯。他是伊萨克二世·安格洛斯的侄子,因此也与伊庇鲁斯专制君主国的建立者米海尔一世有血缘关系。1210年,他与拉斯卡里斯家族脱离关系,投靠了米海尔三世。后者在1215年被刺杀后,狄奥多就取代了他的地位。——译者注

② 基督教圣物。罗马士兵戏弄耶稣,为其戴上了荆棘编织的冠冕。——译者注

③ 今土耳其境内伊兹尼克湖(Lake Iznik)。——译者注

为罗马遗产的官僚系统。最终,东罗马帝国和神圣罗马帝国的两位皇帝出于对教皇制度的同仇敌忾而联合在一起,前者通过迎娶后者的女儿,霍亨施陶芬的康斯坦斯(Constance of Hohenstaufen),而提高了自己的威望。1254 年,其子狄奥多二世·拉斯卡里斯继位,他于 4 年后去世,仅留下年仅 8 岁的儿子约翰四世。皇帝年幼尚不能掌权,因此大权旁落至米海尔八世·巴列奥略手中,他精明能干,且具有皇族血统[①]。他跨入欧洲,吞并了伊庇鲁斯专制君主国大部分领土,于 1261 年与热那亚人缔结了一项条约,将之前威尼斯人的商业特权,以海军援助为交换准予了他们。同年 7 月 25 日,一支希腊人侦察部队通过一条废弃的水道占领了君士坦丁堡。拉丁皇帝鲍德温二世和威尼斯殖民者闻风而逃。拜占庭帝国的版图虽大不如前,但是却孕育出了一种全新的爱国主义,它在其末代王朝建立者的领导之下展开了最后的殊死一战。

　　人们通常会把拜占庭历史的第八个也是最后一个阶段视作一种不切题的尾声,历史学家们只是出于好意才把它与其名垂青史的前辈们放在一起。不过,人们应当记住,400 年后依然在向维也纳推进的奥斯曼土耳其人在这里被阻挡在欧洲之外长达半个世纪之久;而在另外一个半世纪里,在其后方的君士坦丁堡那固若金汤的城墙拖延了他们的行动、消耗了他们的实力;直到 14 世纪,巴尔干各民族才在被吞没之前,全面吸收了拜占庭文明的要素,而这些要素则替代了民族性成为了使这些民族维持下来的支柱,直到伊斯兰教统治结束;只有在这时,希腊人所播种的绘画之种才在乔托[②](Giotto)的笔下首次开花结果;而和拜占庭绘画有同等高度的文艺复兴艺术尚未到来;希腊文化整体的宝藏——这一被世人称为人文主义的态度——仍旧深藏于君士坦丁堡之内;以及最后一点,希腊人对希腊命运的信念依然需要在帝国最后的厄运中调和,来面对未来更大的厄运。人们应该把这些铭记在心,而且,非常明显

---

①　其祖母为科穆宁和杜卡斯王朝后裔,母亲是安格洛斯王朝公主,因此他集中了三代王朝的血统。——译者注

②　乔托·迪·邦多纳(Giotto di Bondon),意大利画家。——译者注

106
107

的是,拜占庭文明虽然行将就木,但是它并非衰亡于第四次十字军东征,而是与给予它生命的这座城市同生共死。

米海尔八世·巴列奥略统治时期,领土包括了尼西亚和小亚细亚西北角,君士坦丁堡和色雷斯,萨洛尼卡和马其顿部分地区,另外还有一些岛屿。首都本身已经遭到毁灭,人口锐减;贸易被意大利人控制着;保加利亚人、塞尔维亚人和突厥人继续威胁着各处边疆。作为鲍德温二世的权力继承人,安茹的查理(Charles of Anjou)当时正酝酿一场针对异端希腊的十字军东侵计划,不过 1274 年为了促进教会统一,教皇便不再支持这一计划。只是从这时起,君士坦丁堡中的爱国主义就同反拉丁主义画上了等号。不论是贵族、教士还是平民都不承认罗马教皇。1281 年,皇帝和整个东正教会再次被逐出教籍。拜占庭人又动用了其惯用的外交伎俩。3 万盎司的黄金被送到了阿拉贡的彼得三世手中,这导致了西西里晚祷事件的爆发,7000 诺曼人在这次事件中丧生。于是,安茹王朝觊觎帝国的阴谋被粉碎了。

米海尔八世死于 1282 年。他的继位者们才能平庸。在安德罗尼卡二世·巴列奥略和约翰五世·巴列奥略在位期间的长期内战中——拜占庭历史上几乎从未发生过的事情——交战双方都从帝国的敌人那里寻求援助,这使得希腊人的力量在日渐强大的敌对势力面前被大为削弱。在巴尔干民族中,除了保加利亚王国之外,斯特凡·杜尚(Stefan Dushan)的塞尔维亚王国也在 14 世纪中叶崛起,它南至科林斯湾,北至多瑙河,西临亚得里亚海,东至萨洛尼卡城下。对它而言帝国首都唾手可得。色雷斯被征服了,但是杜尚却在离首都不远的地方病死,他的帝国在土耳其人面前也瓦解了。

土耳其人由于一直受到 1242 年以来由成吉思汗领导的蒙古人大迁徙的影响,长期以游牧民族的形式分散在小亚细亚各处。在奥斯曼的领导下,土耳其人国家得以形成,并于之后以他的名字命名。在奥斯曼之孙穆拉德(Murad)统治时期,土耳其人受到一种宗教狂热的影响,使他们充满了一种远远大于世俗野心的激情,而这种激情也将体现在其随后的做所作为中。1306 年,他们穿越了欧洲,渐渐蚕食了整个巴尔干半岛。1385 年,索非亚放弃了抵抗。两年之后,塞尔维亚人在科索沃战役中一败涂地。这时,西方才顿感

大事不妙。教皇伯尼法斯九世发起了一场新的东征计划,却使得
一支泛欧洲军队在多瑙河畔的尼科波利斯被彻底击败。1399 年,
皇帝曼努埃尔二世·巴列奥略出访西欧各国,甚至去到伦敦,以寻
求援助。就在其外出期间,君士坦丁堡已被团团包围。末日似乎
已经迫在眉睫,但是帖木儿的鞑靼大军突然在安卡拉击溃了土耳
其人,这让拜占庭人获得了一个喘息的机会。

110

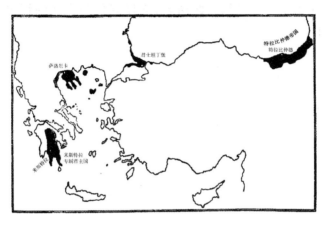

15 世纪初希腊的前哨站

　　双方相安无事了 20 年。而在穆拉德二世的领导下,土耳其人
再度向波斯尼亚、阿尔巴尼亚和伯罗奔尼撒推进。1430 年,萨洛尼
卡失陷。皇帝约翰八世·巴列奥略毅然决定为获取西方同情而做
最后一次努力。在皇帝、教皇和一些东正教会与拉丁教会主要神
学家经过冗长的讨论之后,东西教会于 1439 年在佛罗伦萨又再度
牵手。不过这一努力还是无济于事。君士坦丁堡的人民再次表达
了拒绝接受的意思。1444 年,因这次牵手而组建的援助部队也在
黑海西岸城市瓦尔纳(Varna)遭遇不测。而在 1448 年,另一支西
方援军在第二次科索沃战役中几乎全军覆没。幸而,当欧洲劳师
无功时,希腊人却总能一如既往地凭借其城墙坚守阵地。1451 年,
穆罕默德二世成为了奥斯曼帝国的君主。他立即着手准备对这座
让他如坐针毡的城市发动总攻。他请人制造了一门巨炮。人们从
奥斯曼帝国的四面八方被调集参战。在城内,君士坦丁十一世召
集了 8000 人从海上和陆上防守 14 英里长的城墙。攻城战整整持

111

续了 53 天。1453 年 5 月 29 日①清晨，土耳其人攻陷君士坦丁堡。东罗马帝国的末代皇帝为自己及其臣民的名誉而战死沙场。

不过，在黑海边的特拉比仲德帝国和位于伯罗奔尼撒的米斯特拉专制君主国中，希腊人依然在负隅顽抗。前者在 1461 年被征服。而在后者的教堂壁画上，在埃尔·格列柯笔下趋于成熟的绘画艺术的复兴，业已依稀可辨。但是这个希腊文明的前哨战在 1460 年屈服了。中世纪到此结束，连接现代与古代的拜占庭时代也终结了。

---

① 原文为 4 月。——译者注

第六章　国家的本质

　　每个民族的政治需求或多或少都有相同之处。对任何一个经久不衰的政治有机体——虽然这样的例子也不多——的分析,必定能够在这个不断追求完美国家形态的世界里激起人们的兴趣。作为欧洲人,我们常常被教导要特殊对待某一特定民族的政治抱负,这就是希腊人。人们常常会忘记,这些抱负虽然在古典时代没能实现,但是最终还是达成了;而且一旦达成之后,又通过从不曾试图改变的单一政治形式将其从整个黑暗的中世纪保存了下来。这些成就不仅仅在时间跨度上绝无仅有,而且鲜活的例子至今都为人所见,希腊人是主要受益者,地中海各民族对其尤其熟悉,而最终全人类都将受其影响。其成就至今无人能及,并以其取之不竭的精华满足着人类永恒的需求。

　　当时的西欧国家,它们从建立、衰亡到毁灭,命运完全掌握在几个"中世纪拿破仑"的手中。而希腊帝国则不同,它总是把全体人民的安康作为其最关心的问题。其政策或许会被改变,但是国家的全部资源永远不会像西欧国家那样,被几个国王、主教和攘权夺利的贵族所任意摆布。不管政权如何更迭,哪怕是有人篡位或国家分裂,或是当权者骄奢淫逸,政府行政职能也能不受任何影响;各行省也能得到有效治理;国家税收依然源源不断。由于一时兴起或凭借国家权力而让弄臣或异邦人篡夺权力的事情几乎从未发生过。不论是君主、贵族或人民,都无法撼动拜占庭的国家结构。同时,它的这种凝聚力,并非像我们现在觉得理所当然的那样是建立在一种激进的种族意识之上的。它的爱国主义有一种宗教的、神秘的性质,与希腊命运的绝对性和守护基督教的使命紧紧相连。在后者的领域中,希腊人无时无刻不在使用一种神秘的能力,这种对理论性问题辩论的痴迷,对他们而言就像树叶对树木那样自然。他们的这份痴迷,已不再着迷于必将使其迷途失事的变化多端的政治之路,而转向了那浩瀚无垠且无形无影的个人奇思妙想的海洋。

拜占庭皇帝——"笃信基督的罗马人皇帝(ὁ πιστός ἐν Χριστῷ αὐτοκράῳρ τῶν Ῥωμαίων)"——的绝对统治权,基本上(常常也是直接地)来自于元老院、军队和君士坦丁堡的人民。这个君主制国家也包含了某些选举成分;实际情况是,虽然首都的民意通常有提议权,但是只有当元老院或某支部队答应了地位追求者的要求之后,他才能名正言顺地夺取帝国权力。这些团体中任何一方的任命都需要另一方的批准,人民则是随波逐流。选举活动由元老院登记在案,加冕仪式是整个环节的最后一步。若是有一方持有异议,那就要通过武力来解决问题,这种正当性有待考量的行为就称为篡位。不过一旦权力到手,皇帝就可以在有生之年将其与共事者分享,或者在死后传给其子女、家属或亲信。所有的皇位占有者都有一种杰出的才能。自持高位的皇后和相对人民物质福利更关心他们精神幸福的皇帝,都有各自的军事将领辅佐。而同时,对帝王的爱戴这一普遍存在的政治纽带深深地扎根在人民心中,丝毫不用担心他们会在政治上有所怠慢。在整个帝国的历史中,选举权作为一种防止王朝出现帝王年幼或血脉断嗣等紧急

图4 罗曼努斯二世和他的第一任妻子尤多西亚

情况出现的补救措施,被保存了下来。

不过,尽管有着这套设计如此精妙的平衡机制,依然无人能撼　115
动皇帝绝对皇权和世俗神权的观念。这两种观念将神圣权利赋予
皇帝并且牢牢抓住了其子民以及邻国的情感冲动,直到邻国的统
治者们也心甘情愿地通过故意模仿或供职于拜占庭皇帝手下来彰
显其荣耀。世界是基督的世界,而皇帝则是他在人间的代表,
ίσαπόστολος[①],是一位与使徒地位相当的人,他甚至能够与司铎一同
进入圣殿。与圣餐仪式(Liturgy)一样,为皇帝举办的宗教仪式也
象征着为其授予神权者[②]的生命。12 位客人会与他一同用餐。皇
宫的各殿都配有一间小礼拜堂供其更换法衣。在复活节时,他都
要打扮成耶稣复活时的样子。其居所的富丽堂皇足以让人瞠目结
舌,其权力之大如海之浩瀚无垠。而这些,都是专门用来唬吓异邦
人的障眼法。事实上,即便稳坐皇位,皇帝依然会受到许多限制。
虽然只有他能够颁布法律和实施豁免权,但是他也必须支持这些
法律。作为在任何时候都应接受请愿的正义化身,人民将他视为
保护他们不受贵族和官僚欺压的保护者。更何况,组成官僚系统
的是那些根据罗马传统培养的官员,这些人既不知变通,也厌恶推
陈出新,这也排除了发生独夫之治的可能性。从皇帝的角度而言,
只要这套官僚体系能够防止小亚细亚的权贵们胡作非为,那么它
就是不可或缺的。简而言之,这种权力——当然,或者说,对那些　116
值得被赋予权力的人而言,即这种现状——被其创造者赋予了一个
自命不凡且具有象征意义的专制政府,而这一政府也有足够的能
力将帝国内各自为政的民族和个人统一在一起。与此同时,希腊
人的民主本能却不再躁动了:因为他们的统治者已不是凡人。因
此,这是他们那敏感的想象力第一次也是最后一次被他们对政治
幸福的渴望所遏制。

———————————

① 即英文 Isapostolos,an equal-to-the-apostles,中文译为"亚使徒"或"同使徒",东正
　教某些圣人的头衔。——译者注
② 指基督。——译者注

　　之后的历史告诉我们，拜占庭帝国维持稳定的第二点重要因素，就是其源源不断的生命力，而不断改变罗马法使其顺应公众需求的趋势也加强了这一点。在西方，从 6 世纪至 12 世纪，日耳曼习俗和封建特权所导致的不可避免的混乱打断了人们对公正的追求，而在希腊人的势力范围之内，能够享有一种统一的司法系统则成为了最宝贵的特权。这多亏了查士丁尼大帝。在 527 年他登基之时，一千年的立法行为所积累下的法则、判例和修正案已经开始失去平衡，至少在行省是这样。法律书籍稀缺而且价格不菲。而且用于书写这些书籍的拉丁文也不属于希腊官员教育的范畴。这位皇帝高瞻远瞩地预见了一个新的统一的地中海帝国的崛起，因此便在其统治的第一年就委派他的大臣特里波尼安（Tribonian）及其九名助手①进行现行法律条款的修改工作，旨在囊括新制定的法律并且剔除过时的条文。这项工作耗时 14 个月。法典②颁布后，其副本被送到了帝国各地方长官手中。在随后的三年里，他们③又编纂了《法学汇编》（Pandects），将 300 万行的判例和判决浓缩到了 15 万行。与此同时，为了给法律学习者提供方便并规范法律培训，他们还出版了一本权威的法学入门读本——《法学总论》（Institutes）。不正规的法律学校被责令停办。这些学校主要集中在罗马、君士坦丁堡和贝鲁特。对他们的后代子孙而言，撇开法律教育偶有没落不谈，罗马式公正的基本原则及其所蕴含的幸福感的的确确成为了拜占庭人的宝贵财产。为了纪念查士丁尼天才般的卓识远见及其执行能力，他的子民在圣索菲亚大教堂——他的另一项成就——西南角的立柱顶端树立了一座查士丁尼大帝端坐马背的雕像。他仿佛附身在了这座四倍于真人大小的铜质雕像中，

117

---

① 法学家特里波尼安和狄奥菲鲁斯（Theophilus）等 10 人组成了法律编纂委员会。——译者注
② 即《罗马民法大全》或《查士丁尼法典》（Corpus Juris Civilis）——译者注
③ 查士丁尼再度指示特里波尼安组成 17 名法学家组成《法学汇编》编辑委员会。——译者注

"头顶着形似孔雀尾巴的华丽羽毛",右手①执金色权球(globus cruciger),等待着土耳其军队而使他们叹为观止。② 他的遗体在 1204 年落入了十字军之手,他们从他身上剥去了法衣。但是他的 成就依旧造福着今天的人们。若不是人们在 11 世纪重新重视《罗 马民法大全》,若没有博洛尼亚法学家阿佐(Azo)在 13 世纪协助英 国法律之父布莱克顿(Bracton),那么整个欧洲的司法发展进程必 将无助地淹没在一片梗顽不化的地方习俗的海洋之中。

　　在接下来的几个世纪里,有两段时期由于其颇具建设性的立法 活动而具有突出地位。基督教在日常生活中日益扩大的影响力成 为了《查士丁尼法典》中几点创新改革的主要理由。妻子与子女的 地位,在挥之不去的早期罗马一家之主专制风气面前,得到了显著 的提高。奴隶的命运得到了改善,而异教徒却被剥夺了民事权利。 那些毁坏圣像时代的皇帝们是第一批敢于对查士丁尼法典原本提 出实质性修改的人,在他们的统治之下,这一基督教倾向被逼到了 清教主义的边界,这与他们严厉的精神理念相一致。情妇的地位 不再受到法律承认,离婚也变得更加困难了。与此同时,家庭生活 日渐平等的趋势也有所进步;妇女作为财产拥有者和监护人的地 位几乎与男子相同了,而且每个子女都有权获得一份遗产。凭借 身份地位而被免除法律制裁的情况也停止了:从今往后,就不仅仅 在上帝面前人人平等,在法律面前亦是如此。这是对现代国家基 本原则之一的明确认可。然而,在个人道德领域,改革的成效却昙 花一现。在马其顿王朝的皇帝们开启了第二次重编律法之风,在 这段时期,非法同居(纳妾)又得到了法律承认,而能够提出离婚的 理由又变得和从前一样多了。这部被称作《皇帝法律》(Basilika)的 法典基本上是对《查士丁尼法典》的还原,但是更加简洁易懂。在 被土耳其人征服之前,这部法典在整整 5 个世纪的时间里一直是

118

119

---

① 原文如此,应为左手。——译者注

② 这一描述取自克拉维霍(Clavijo)。一幅 14 世纪的雕像素描曾经——或许至今 也——保存于君士坦丁堡的皇宫(Serai)图书馆。——译者注

从米斯特拉至特拉比仲德的希腊领土上现行的法律。早期罗斯的《真理法》①(Pravda)即是这部法典的复制品。而 4 个世纪之后，在希腊国家重建伊始，它又被作为了现代希腊法的蓝本。

　　如果读者不具备大量的法学专业知识和术语，就很难清楚地理解对拜占庭立法的分析。姑且先记住这几点：成为 20 世纪法国和苏格兰社会基础的公正原则，早已经在希腊帝国的人民心中根深蒂固，当今那些国家的人民依然如此；其中也含有少量的叙利亚传统，这不仅是为了保护合同不受精明的黎凡特当地人算计，而且也反对法律对家庭关系的干涉；如果涉案一方为神职人员，那么还有一套适用于婚姻、遗产和诉讼的教会法规——虽然如此，但除了涉及皇室道德的问题之外，非拜占庭人的托马斯·贝克特(Thomas Becket)就曾经与一个不那么世俗的国家发生过冲突②；而且帝国所享有的社会稳定的局面也能为我们提供一些启示。在各个行省，法律由指定的法官执行；而在首都，则有一所专由该城市长(Eparch)监管的城市法院。政治诉讼案由元老院裁定，这是一个类似英国国会上议院的机构，其中一半是贵族，一半是精明能干之人。它具有顾问团的性质，因此能够提出法案，却无权使其生效。皇帝本人就是最高上诉法院，有时他会亲自出面主持公道，但大多数情况下他都会委派法官和被称为βασιλικόν δικαστήριον的大臣代他出面。刑事案件的判决常常含有断肢酷刑和没收财产。前一项惩罚的残酷性一直以来都为世人所诟病。虽然将其和美洲采用阉刑的作法相比略有不妥，但是我们也可以如此为其开脱：它取代了极刑，使得罪犯至少能够保持灵魂的完整(intact)③；而且对许多拜占

①　即 13 世纪基辅罗斯使用的法典。——译者注
②　托马斯·贝克特(1118—1170 年)是英格兰国王亨利二世的大法官兼上议院议长，他是一个诺曼人且原本跟亨利二世有密切的关系，后来在取得坎特伯雷大主教职务之后与亨利二世反目，贝克特于 1162 年至 1170 年任职坎特伯雷大主教。他与亨利二世因教会在宪法中享有的权限发生冲突，后被 4 位亨利二世的骑士刺杀而殉道。——译者注
③　Intact 有"未经阉割"之意。作者一语双关。——译者注

庭人而言,他那残缺不全的身体,或他那被戳瞎了的双眼再也无法看见的世界,与在其摆脱肉体束缚之后等待着他的荣耀相比,无论如何都不过是稍纵即逝的虚幻。在这个哲学家的国度里,遭受牢狱之灾根本算不上什么痛苦的事。不论这套系统有怎样的缺陷,也不论皇帝的为人如何,统治者的首要责任终归是支持执行公正司法,并使其人民从中获益。从开国皇帝到末代君主,即便是其中品行最恶劣者,人人都坚守这一信条。

然而,查士丁尼所苦心建立的规范化的法学教育却渐渐地偏离 121
了正道;法学这门学科沦为了只为城市行会所操心的事。不过,正如所有学科一样,法学在 11 世纪再度振兴。1045 年,"单打独斗者"君士坦丁九世重建了君士坦丁堡法律学校。这所学校重获新生之后又存在了多久已经无从考证,但是这位皇帝的所作所为,恰恰说明了一种将法律视为一门学科而非仅仅是一套规章制度的观念的复苏。这在西方也产生了巨大反响。在罗马和拉韦纳的学校里,《法学总论》和《法学汇编》已经在一定程度上为人所熟知。但在东方这股新的推动力的影响下,通过研究查士丁尼法典最纯洁如初的形式而一跃成为国际佼佼者的,则当属博洛尼亚。随后整个欧洲都耳濡目染了。而残存下来的那种罗马人对皇帝的崇拜——君权神授和皇权专制的教条——则在宫廷仪式中表现的淋漓尽致,同时也被赋予了法律依据并从法律角度出发加以鼓吹。如今这份崇拜却变成了加强封建效忠和臣属思想的纽带。被路易十六推向顶峰的君主制政体的奇特观念便由此而生,它因东方帝国自顾不暇而获得解放,却没有丝毫效率保证。它所产生的直接影响就是贬低了教皇专制论;而在随后的 2 个世纪里,西欧所有的立法活动都直接或间接地受到过博洛尼亚的启发。布莱克顿的著 122
作《论英格兰王国的法律和习惯》(De Legibus et Consuetudinibus Angliae)介绍了罗马法律和司法程序,为英国的司法系统奠定了基础,而这是对他博洛尼亚的阿佐的论文的模仿之作。也正是由于爱德华一世的副手,弗朗西斯科·阿库尔希(Francesco Accursi),早年在这座城市研习法律,后来才能让他的国王名垂青史。

图 5　大总管狄奥多·梅多奇特

图 6　拜占庭后期的官员：海军
司令阿波考寇斯

　　支撑着前文所述的这种拜占庭主权和法律的观念的，则是庞大
而又精于此道的擎天之神阿特拉斯（Atlas），即拜占庭的官僚行政
系统。在西欧国家里，行政管理的模式在 9 世纪和 12 世纪之前一
直都是变化无常的。相反，在君士坦丁堡，尽管在 7 世纪时曾发生
过一次权力变更和一定的职能再分配①，但是其基本构成却从未发
生过变化。这套体系与罗马时期一脉相承，一直采用了拉丁文官
名并以拉丁语作为官方语言，直到查士丁尼时代的来临才改变了
这一现状。基于这些依据，众多历史学家主张，在 7 世纪之前，拜
占庭帝国用的就是一套罗马的制度；但是如此类推的话，他们岂不
是也能言之凿凿地把从诺曼入侵（1066 年）至亨利三世（1216 年至
1272 年在位）统治时期的英国称为法国了吗？最重要的一场改
革——如果我们能够将其称之为改革的话——当数于 716 年登基
的伊苏利亚王朝的利奥三世的部分中央集权政策。就为数不多的
高级官职——奥古斯都家族的遗物——而言，取而代之的是一批总
长（Logothete），他们人数众多，因而也就更受牵制；而他们所失去

123

————————————
①　指希拉克略时代的军区制改革。——译者注

的实权就转入了皇帝名下。考虑到利奥三世的性格和处境,他理所当然地会认为皇帝就应该对民事和军事活动有一种拿破仑式的热情。从这一刻起,小亚细亚的军事主义者与更加纯粹的希腊文职者之间就产生了分歧,而文治之风则愈演愈烈,最终在11世纪造成了灾难性的后果。[①] 然而,接下来数年的事实表明,皇帝是否能够胜任大权在握的责任受其本人能力高低的影响,而且事实上这种官僚传统的力量几乎没有遭到任何削弱。在君权与官员之间,既没有议会干预,也没有摇摆不定的民意和民众的错误决定来阻挠国家机器日常运转。(在特殊情况下,人民从未缺少过表达意见的渠道:东西教会复合的失败尝试就是最好的例子。)在大皇宫禁地集会的皇帝私人顾问团同时也是政府执行部门。聚集在这里的官员们负责国家各个部门:陆军与海军;通信、驿站、治安和外交事务;财政、公共税收和皇帝私产;每人都配有书记官;各部门(Λογοθεσία)内都有大量经过严格培训的职员。这些高级官员通常——但不是必须——都要通过严格的考试才能上任,而且他们本身都来自于地位显赫的家族,担任公职就是他们的家族传统。他们每人都有两个头衔:一个表示其在古代的地位,理论上并不要求世代相传,这是皇帝授予的一种贵族等级;另一个就是他实际担任的职务。如此一来,出生高贵之人和精明能干之人都能够谋求官职,而官阶高低不同所持有的宝贵特权也不同。每个官员在工作时都受到更大的奖励的激励,于财富而言就是俸禄和犒赏,而且还有能让其同代人尊敬羡慕的荣誉和嘉奖。个人升迁的野心就这样转化为了替国家机器效力的动力。

124

　　在行省管理方面,帝国边境所承受的不间断的压力使得情况逐渐恶化,戴克里先在3世纪的改革成果已经无法顺应时代的需要。民事和军事权力的结合已经无可避免,查士丁尼南征北战导致了这种结合在北非、西班牙和拉韦纳的总督区首次实现。这些总督们能够将自己的职位传给子嗣,而且只对皇帝一人负责。在危机

---

① 拜占庭王朝军事势力逐渐削弱,文官政治使得帝国从军事外交转变成了金钱外交。而在11世纪十字军东征之风兴起,拜占庭的财富让西欧人叹为观止,心生贪念,为拜占庭的衰亡埋下了伏笔。——译者注

四伏的 7 世纪中,当希腊人承受穆斯林扩张的第一次冲击时,这套
制度正式在整个帝国启用,不过却剔除了世袭的成分。之后的伊
苏利亚王朝的皇帝们又对其进行了修改,从而形成了"军区制",这
些被重新划分的行省从此以后就被称为"军区"。每个军区都由一
名将军指挥,这些军人兼行政官员的地位等同于那些颇具势力的
国家官员,其中来自亚洲省份的人尤其如此。这些地区单位中稍
大一点的,都常备一支约 1 万人的独立部队,由当地居民为其承担
开销。与此同时,在君士坦丁堡城内或周边驻扎着一支保有机动
性的中央部队,当初戴克里先这么做的目的就是为了使军队从省
区行政的重担下解放出来。虽然在伊苏利亚王朝重新划分省区之
后,所有的军事、财政和司法权力全都集中在了军区长官(Στρατηγός)
的手中,但是仍然设有一个常驻的公民代表,他独立于军区长官的
权力之外,只与君士坦丁堡皇宫联络。如此一来,这一个个省级
专制政府就必须有所顾虑,因为它们永远是一种潜在的——有时
甚至是明目张胆的——叛乱和篡位的发起者。随着 11 世纪十字
军的到来,以及封建主义思想的渗入,帝国的这种授予大面积土
地的占有权,及其附带的大量私人权限,以换取军事援助和兵源的
做法,势必会破坏政府行政管理,阻碍税金到达国库。就这点而
言,将官僚与军事大地主的身份一分为二才是最明智的做法。

马其顿王朝时期的军区划分(约 975 年)

　　一个受过训练的官僚团体积极反对充满阳刚之气的军人团体的景象，在历史上并不常见。但是对只听说过白厅街上那些举止机械的人①和华盛顿盗用公款的人来说，他们肯定很难设想拜占庭的官僚人员到底是什么模样的。其学校教育的变迁和方法，可以追溯到君士坦丁堡多所皇家大学的建立之初，而建立这些大学主要目的就是培养官员。在学习其他所有学科之前，他们首先要学的就是人文学科；就连在"生于紫室者"君士坦丁七世所著的礼仪巨著②中，人们也能读到许多关于如何塑造这些社会栋梁之才的内容。人们应该承认如下事实：一名文职人员，如果他有着人文情怀的话，就能把工作做得更好，而且全世界都应该对这些古籍抄本心怀感激，因为它们把古人的智慧传给了现代人。哲学、文学、修辞学，和其他所有数学分支如天文学、几何学，这些学科里，教授们都隶属于统治阶级。727 年，伊苏利亚王朝开国皇帝利奥三世关闭了早已存在至今的奥克塔贡大学（University of Octagon），部分是由于其教师皆为修道士，部分是因为他想削弱其影响力。③ 然而一个世纪之后，另一位圣像破坏者皇帝狄奥斐卢斯（Theophilus）却大力推广数学教育。25 年后，摄政王凯撒巴尔达斯在位于大皇宫附近的马格瑙拉宫（Magnaura）设立了一所大学，从而开启了被世人称为拜占庭文艺复兴的时代。他的工作在 10 世纪上半叶被"生于紫室者"君士坦丁七世继承了下来，在其统治时期，不仅教授能拿俸禄，就连学生也有薪水——这明显暗示了他们为什么来这的目的。皇帝对他们了如指掌，法官、公职人员和教会高级神职人员就是从这些人当中选出来的。

　　后来便是"保加利亚人屠夫"巴西尔二世的辉煌统治，但是他对任何形式的学问都嗤之以鼻。但是国家越繁荣、捷报越频传、生

127

128

---

① 白厅街即英国政府所在地。作者戏谑地称英国官员为机器人（automaton）。——译者注

② 指《论拜占庭宫廷礼仪》（De Ceremoniis Aulae Byzantinae）。书中提到了许多宫廷官员应该遵守的礼仪、规矩和办事程序。——译者注

③ 第一道反对圣像崇拜的敕令就是由利奥三世发布的。在其统治时期，大批修道士被迫还俗，修道院在教育方面的特权也被取消，教会的影响力被大大削弱。——译者注

活越安逸,埋头做学问的人就越多。佐伊(她的妹妹是马其顿王朝末代女皇①)的丈夫,学究式皇帝"单打独斗者"君士坦丁九世一登基,就开始按照自己的意志改造因最近受柏拉图思想左右的民意而加强的官僚机构。军事大贵族们被剥夺了权力,取而代之的则是自负的学者,在挑选这些人时根本不用考虑他们的出生和过去的传统。在小亚细亚,实行起了一种兵役免除税制度。借此制度,大地主们将为国家维持兵源的责任转化成了金钱,这虽然削弱了他们的权力,但也使得帝国边境危在旦夕。这一举措造成的不可避免的灾难终于在 1071 年发生了。拜占庭军队险些在亚美尼亚边境全军覆没,皇帝罗曼努斯四世·戴奥吉尼斯被俘,帝国永远失去了小亚细亚那些最富有的省份。直到阿历克塞一世·科穆宁在 1081 年登基并进行军队重组之前,拜占庭帝国几乎没有一支可供调遣的军队。不过倘若人们非要将此怪罪于反军事主义的一方,那么想到这点或许可以缓解一下情绪:即便是像巴西尔二世这样独揽大权的君主,也曾受过大贵族叛乱的严重威胁。

129

上文详尽地讲述了曼奇刻尔特战役失利的背景,这些背景展示了拜占庭行政部门微妙的平衡点:一群受文科教育的公职人员与一群军事贵族共事。由于失去了内陆军区,后者的权力也荡然无存。而且,尽管皇位现在成了大家族的特权,但是国家的支柱却一如既往是官僚系统。直到 14 世纪中叶,这套系统才正式就此中断。在当时,由于土耳其人、诺曼人、意大利人和西班牙人不间断的侵犯,以及由此导致的首都孤立于各行省之外的局面,因此有必要建立一个个较小的、由皇族统治者管理的主权国家——即专制君主国。这样一来,分裂中的帝国就带有了一丝封建主义的特征。而君士坦丁堡仅存的、为数不多的财政收入,也被夺走了。

首都中央政府的一项截然不同的重要功能,就是治理刚刚被征服和顺从的民族。在这一方面,拜占庭人所考虑的不仅仅是对其进行融合,还要激发那些野蛮民族的敬仰之情,让他们对其文明和制度心悦诚服,并尽其所能地折射出这座万城之城的荣耀。在"生

130

---

① 狄奥多拉女皇(1042—1056 年在位)。——译者注

于紫室者"君士坦丁七世的著作中也写道,作为一项确定的原则,所有臣服的民族都要尽量保持其特有的法律和习俗。利用当地贵族为当地政府效命也是希腊人的政策之一。正是由于这一政策,早期的威尼斯总督才能够收到与出自君士坦丁堡皇帝之手的花纹相似的长袍。即使是在"保加利亚人屠夫"巴西尔二世的野蛮战役之后,保加利亚贵族依然能够在君士坦丁堡得到接见,并且被授予拜占庭军阶勋章。其中有些民族——以威尼斯人首当其冲——还迎娶了希腊贵族家庭的女子。这是一种与邻国当权者维持良好关系的常见做法,因为首都人民对公主嫁给鞑靼首领或穆斯林酋长没有丝毫的偏见。遍布全国的东正教修道院以及巡游四方的传教士和商人,也为传播统一信仰和文化做出了贡献。事实上,拜占庭帝国的目的,不是通过强迫他们接受虚情假意的民族主义,而是希望通过其壮丽的文明来吸引那些飞蛾般的部落簇拥在自己的光辉周围,以此赢得其臣民的忠诚及其邻国的臣服。

　　因此,对拜占庭人而言,政治稳定,作为其文明的第一个条件,体现在三个方面:皇权、法律和一群受过训练的行政人员。20世纪131的政治理念不允许议会制度有任何改变。但是自从它被引入各个地中海国家以来,毫不满足地钟情于立宪制却没有给任何地方带来一个高效的政府。而对常年被政治冲动熏陶的希腊人而言,他们可以问问自己:一个看似专制的政府是如何维持拜占庭国家高效运转,同时又不损害其民主感情的呢?这个奥秘就在于其精彩绝伦的力量制衡,这一点尚待地中海民族来重新发掘。

第七章 贸易与货币①

　　人们在回味过去的光荣岁月时,常常会对现在粗陋的生活环境百般指责。一想到凡尔赛宫的阶梯被磨损如斯,太阳王②的光辉顿时暗淡了不少。单单亨利八世的一件细麻布衬衣,就要比血腥玛丽的处决令③更煞英国文艺复兴的风景。而当富足地生活在它们脚边的人民还只能住在泥坯垒的房子和石头砌的卧室里时,帕台农神庙和罗马大角斗场又有何用呢?纵观整个欧洲历史,只有君士坦丁堡这座城市,才不会使人产生这些令人神经紧张的质疑。生活的舒适性与帝国的富有度几乎成正比。没有一项证据能比拜占庭的财政预算——在当今时代来临之前,单算其数百万计的黄金储量就可谓前所未有——更能言之凿凿地证明中世纪希腊文明在历史中的地位。帝国的财政是维持其稳定的重要辅助条件。这笔财富到底从何而来,它的数目究竟有多少,它在国际上又产生了何种影响,这些问题尚待人们来解答。

　　有人曾说,罗马帝国迁都君士坦丁堡,在打通东方之路的意义

---

① 此处"货币"的原文为比赞忒(Bezant),指拜占庭金币。中世纪早期的西欧国家通常不铸造金币,银币和铜币使他们主要流通币种。但是产自拜占庭帝国的金币也在西欧国家有少量流通。因此他们将这种金币取名为"比赞忒"。——译者注

② 指路易十四。——译者注

③ 玛丽一世是极其虔诚的天主教徒,即位后在英格兰复辟罗马天主教,取代她父亲亨利八世提倡的英国新教。为此,她下令烧死约300名反对人士。于是玛丽一世被称为"血腥玛丽"(Bloody Mary)。——译者注

图7　君士坦丁堡、金角湾和加拉塔

上，堪比哥伦布发现新大陆。① 不论这种说法多么夸张，但确确实实就是在这里，在这个两片大陆互相亲吻的地方，欧洲、亚洲和非洲最富有国度的贸易，从此以后就源源不断地涌入了金角湾的双唇之间。原先途经安条克和亚历山大里亚，在穆斯林将其占领之后，再改道萨洛尼卡、特拉比仲德和赫尔松（Cherson），贸易往来川流不息。从匈牙利、德国和中欧，从亚得里亚海途经都拉斯，从基辅和古罗斯公国，沿着第聂伯河和顿河，来到黑海；从撒马尔罕（Samarcand）②、布哈拉（Bokhara）和里海，从波斯、印度和中国，从锡兰，从阿比西尼亚③和非洲腹地至红海；总而言之，从罗盘上每一条刻度所指的方向，都有商队和船队前来此地，他们充盈着帝国的关税，把他们的货物倾泻在君士坦丁堡——这个号称三大洲"中间人"——的交易中心里。除此之外，对三个大洲而言，或者说对包含在黎凡特地区之内的周边地区而言，这座城市在这个纷乱错杂的世界中，俨然是一个安全稳定的象征。在整整9个世纪里，拜占庭政府从未入不敷出过；在整整9个世纪里，它的城墙经受了穆斯

---

① 哥伦布之所以远航寻找新大陆，是因为通往东方的商路被奥斯曼帝国所占，而马可·波罗等旅行家对遥远东方之富有描述又让欧洲人望洋兴叹。——译者注
② 位于丝绸之路沿线，现为乌兹别克斯坦第二大城市。——译者注
③ 今埃塞俄比亚。——译者注

林世界的兴衰起伏和北方野蛮人的试探,却依然固若金汤。在整
个欧洲乃至黎凡特地区之内,没有一座城市能够如此安全。全世
界都把不计其数的财富托付给了它。而对穆斯林而言,这里就是
一个能够让他提取其信仰所禁止的利息①的存款处。在各种刺激
的推动下,财富从世界各地汇聚于此。优越的地理位置和良好的
声誉就是它的金字招牌。这两点为君士坦丁堡和其他金融机构确
立了商业繁荣的基础。希腊人自己就经常会说,单在这座城内就
聚集了全世界三分之二的财富。

　　这些运抵首都的商品大多数是原材料,其中又有相当部分销往
西欧。所有中世纪生活中稀松平常之处,诸如那些宝贵的香料和
药品,早在 13 世纪之前就已经从拜占庭的市场中引进至这里。胡
椒、麝香、丁香、肉豆蔻、肉桂还有樟脑从印度而来;糖从波斯而来;
生姜、大黄从中国而来。随之而来的还有芦荟、香膏、果脯、药用果
仁以及阿拉伯熏香。为了制造某些做工精巧的艺术品——例如传
入西欧的书籍封面和圣骨盒,其中有些至今还保留在阿索斯的圣
所中——商人们带来了象牙、琥珀、珍珠和宝石;为了给珐琅、镶嵌
画装饰、手稿插画上色,便有了藏红花、靛蓝、明矾和树胶。在贸易
全盛时期,在奥克苏斯河之外的蒙古人发动入侵之前,人们会将现
成的中国瓷器和美索不达米亚的玻璃运抵此处。拜占庭的织布机
上有从埃及运来的亚麻与从叙利亚和亚美尼亚运来的棉花;而软
棉布(Muslin)、塔夫绸(Taffeta)和锦锻(Damask)等这些东西的命
名②就说明与东方的纺织品成品的交易是多么地频繁。罗斯人划
着他们的小船沿着黑海海岸来到这里,献上了他们的金银、蜂蜜、
蜂蜡、毛皮、玉米、水果和奴隶。每一个抵达君士坦丁堡的外国商
人都有义务向政府当局报告。他可以在此逗留 3 个月;而且如果

---

① 《古兰经》禁止放贷取利。但是银行利息究竟算不算收利行为,伊斯兰学术界至
今对此争论不许。——译者注
② Muslin 源自伊拉克城市 Mosul;Taffeta 原为波斯语,意为"平纹";Damask 因主要
出产自大马士革而获名。——译者注

期满之后他的商品没有卖完，政府还会代其销售。

在城内，各行各业的工匠归属于各个行会，由市长（Eparch）统一监管。消费者和生产者都受到中间人保护；工资与工时是固定的；任何形式的商业竞争或者少数资本家的行业垄断都是不可能实现的。每个行会都以国家规定的价格为其成员购买原材料。其商品只能在指定地点销售，而那些商品比较贵重的行业，如金匠和银匠、漆器和玻璃制品，则主要集中在大皇宫的入口，受到皇室的惠顾。艺术家同样受到保护，尤其是身为画家的狄奥多西二世和君士坦丁七世特别乐于此道。不过，在所有行业中，最受重视、最让人嫉妒的，就是丝织品制造业，拜占庭人对其的热爱远胜珠宝，甚至明令禁止出口丝织品。有一则脍炙人口的故事恰恰能证明这点：那是公元 10 世纪，在神圣罗马帝国大使利乌特普兰德（Liuprand）第二次出使君士坦丁堡时，狂热的官员们夺去了他在首都被正式赠予的礼物。 136

直到查士丁尼时代，所有生产此类商品所需的生丝都从中国运抵锡兰，然后走海路来到波斯湾，再从那里走陆路。波斯人因此扼守运输要道，他们对赚拜占庭人的钱丝毫不会犹豫。然而故事发生了转折，大约在 550 年，一群聂斯脱利教派的传教士成功地将一批蚕卵偷偷带出了中国。可以确信的是，在不到十年的时间里，君士坦丁堡附近就建立起了相当健全的丝织品产业。从那时起，它就成了最受帝国扶植的买卖；古代希腊和摩里亚的繁荣也因其而复兴；在罗杰·吉斯卡尔将这一秘密和这种昆虫从底比斯与科林斯传入了巴勒莫之前，欧洲人对其的垄断一直持续到了 11 世纪。第四次十字军东征之后，尼西亚政权的皇帝们依旧对其实行保护政策，约翰三世·瓦塔翠斯甚至强迫其臣民穿希腊人自己生产而不是从西欧进口的布料。希腊工人恪守传统工艺，即使被土耳其人征服之后，依然能够生产处精美绝伦的丝织品，由此可见这一行业生命力之旺盛。不过这种织物之所以被赋予了近乎神圣的属性，却不仅仅是因为它的艺术价值和固有价格，虽然两者都对这种看法贡献颇多。从绣于皇室专用的紫色——或者说事实上是猩红 137

色——底料上的环状金色鹰徽,到不计其数的柠檬黄、玫瑰红和苹果绿的图案,再到数不胜数的常春藤叶、玫瑰、藤蔓等花纹,每一个品种都象征着不同的军衔和官阶。每当皇帝出行时,他都要随身携带此类物品数箱,用来分发给地方长官和外交使节;而到访的外国君主——例如1171年的耶路撒冷国王阿马尔里克一世(Amaury I of Jerusalem)——也要携带大量同样的礼物。半数皇帝的法衣都是丝质绸缎做的。如果那些野蛮人酋长或诺曼人新贵随随便便就能换到这些衣服,那帝国颜面何在?只有那些其貌不扬者才能被出口国外。况且它在帝国内部就已经供不应求了。君士坦丁堡的来访者们能够证实其居民的阔绰生活,图德拉的本杰明①(Benjamin of Tudela)就曾于12世纪后半叶说过,那里的每个人穿得都像皇宫贵族。

138　　　如此一来,作为一个被快速运输所连接的世界的一项财富,商业贸易为中世纪的希腊人带来了让其他民族叹为观止的生活福利设施。一种金融现象便从此普及开来——这就是拜占庭的金币铸造。时至今日,在英格兰,“比赞式”作为纹章学中金币的同义词,依旧为人熟知。在第四次十字军东征之前,它占了欧洲可携带财富中的大部分。而在19世纪,英军在击败了印度王公②之后,发现他们的财宝中堆满了刻有希腊皇帝印章的金币。

　　和现代方式一样,拜占庭每年都要进行财政预算工作。他们的次要收入主要来自于土地使用税和专利税,矿产和军火以及大量皇室领地。诸如降低货币成色或出售官职等权宜之计只有在帝国绝望的最后几年才时有发生,皇帝阿历克塞一世·科穆宁在11世纪末尝试了第一种办法,但也只是暂时的。国家的主要收入还是来自于关税和土地税。前者数额巨大,且主要收集于首都和

---

① 图德拉的本杰明(1130—1173年),犹太学者兼旅行作家,曾于12世纪时游历欧洲、亚洲和非洲。——译者注
② 指莫卧儿帝国末代皇帝巴哈杜尔·沙二世的三位皇子。——译者注

所有边境地区。后者——由于土地是一项重要资本——与如今的
所得税相仿,是根据具体价值来衡量的。房产倒没有特别分类。
在农业上,理论上的税收单位指的是能够养活一个人的自然资
源,即:5 亩葡萄园、20 亩耕地、20 亩橄榄林或 225 亩树林。这一
制度是有瑕疵的:修道院和军事地主常常获得免税权;贵族们会
逃税;如此一来,小农就要承担更多的赋税。为了对这一情况进
行补救,并保证估算与收入相符,各税区成为了一个集体,收税所
依据的产出总额由整个集体承担。① 然而,尽管富人们不再那么
容易逃税,但是由于必须在歉收之年出售他们的土地保有权以换
取资助,越来越多的独立小农开始被大地主兼并。伊苏利亚王朝
和马其顿王朝的皇帝们通过立法在一定程度上制止了这一趋势。
对中央政府而言,确保税吏的诚实也是一项永恒而又迫在眉睫的
难题。通常来说,一位有才干的统治者一上台就会针对这点推行
改革措施。

　　尽管由于缺乏资料,已经不可能对拜占庭财政进行精确分析,
但是人们仍然可以根据一组组孤立的数据②来确证旅行者的传言
是否属实,并证明那些仅存的艺术瑰宝当年是如何巧夺天工。当
涉及巨额数目时,人们通常采用金镑作为货币单位:其金条价值略
低于 43 英镑。人们经计算得出,中世纪时期贵重金属的购买力五
倍于当今时代。虽然如此比较略有不妥,但是当年拜占庭皇帝狄
奥斐卢斯曾为一匹马花了 85 英镑的金条(2 磅黄金),而与他同时
代的爱格伯特③(Egbert)却只用花三分之二磅白银就能得到一匹,
这一事实至少能够说明与首都之外的其他地方相比,拜占庭黄金
的购买力是多么巨大。从另一方面来说,花 85 英镑买一匹马似乎
表明首都内的物价高得惊人;不过拜占庭贵族们确实十分热衷于

① 即"连报税",若税区中有人弃田而逃或因经营不善无法交够税额,则由税区内
　的其他住户分担其缺失的部分,因此国库就不会承担损失。——译者注
② 以下数据仅为估算。若需要详细数据,请参见安德里阿德斯(Andreades)所著的
　《拜占庭帝国的预算总额》(*Le montant du budget de l'Empire Byzantin*)一书。
③ 为 8 世纪时不列颠岛韦塞克斯(Wessex)王国的国王。——译者注

养马,特别是马球用马;而如今要是花 425 英镑(85 英镑的 5 倍)买一匹上好品种的小型马,这个价格也是可以让人接受的。事实上,铸造比赞式的金属[1]之所以是现代黄金价值的 5 倍似乎是有根据的。在发现美洲大陆之前,西欧常常被货币短缺所导致的种种问题所困扰。如果要问在君士坦丁堡一磅黄金是否一直都值 215 英镑(43 英镑的 5 倍),那么我们也可以推测地说,在首都之外,黄金的购买力甚至还要大于 5 倍。

图德拉的本杰明和威尼斯人都曾有过记录,称科穆宁王朝的皇帝们每年单单从君士坦丁堡就要提取出价值 400 万至 500 万英镑的硬币:这就意味着每年的收入将达到 2 千万英镑。在同一时代,科孚岛每年上缴 1500 磅黄金,相当于当时 64000 英镑的黄金和如今 32 万英镑的购买力。1204 年首都遭到洗劫之后,十字军贵族们在查阅了现存的账目之后,承诺给皇帝鲍德温一世约 630 万英镑[2]的硬币作为其年收入。而这只不过是取自帝国总收入的四分之一。于是,人们就此推算出,在科穆宁时代,以购买力计算年收入总数——要知道,从马其顿王朝开始这一数目已经大大减少了——可达到 12600 万英镑。[3] 虽然这只是个推测,不过把这个数字和 1883 年至 1884 年、1913 年至 1914 年从英国财政部获得的数字——分别是 86999564 英镑和 195640000 英镑——相比,还是颇耐人寻味的。在皇帝狄奥斐卢斯(829—842 年在位)和"保加利亚人屠夫"巴西尔二世(962—1025 年在位)时期,帝国国库的黄金储备分别是 550 万英镑和 1000 万英镑(以购买力计算为 2750 万英镑和 5000 万英镑)。相比之下,英国国王亨利八世于 500 年之后辛辛苦苦积攒下来的,让其臣民在瞠目之余心怀感激的 200 万英

141

---

[1] 指黄金。——译者注
[2] 根据帕帕利格布洛斯(Paparrigopoulos)的算法推断,译者认为此处原著可能多写了一个 0,应为 63 万英镑(购买力)。详见 N. H. Baynes 主编,陈志强等译,《拜占庭:东罗马帝国文明概论》(大象出版社,2012 年)第 63 页。——译者注
[3] 如按鲍德温一世收入为 63 万,其收入为帝国收入的四分之一计算,630000×4×43＝135450000≈126000000。——译者注

镑,顿时逊色不少。935 年,伯罗奔尼撒的 2000 位男性居民为抵除
兵役总共支付了 4280 英镑硬币——以购买力计算平均每人只支付
了 10 英镑。从这一事实中,人们就能了解在稍微偏远的地区中财
富的减少程度了。

财富在维持拜占庭帝国稳定中所扮演的角色与西欧国家的情
况形成了鲜明的对比。在西欧国家,诸如一支常备的军队、舰队和
官僚体系等永久性职务根本无法实现,因为要为他们的粮饷筹集
足够的资金实在是太难了。通常,国王能够赠予其拥护者的唯一
奖赏就是土地和世袭特权。因此才会导致封建主义的长期扩张以
及随之而来的长期内战。而在东方,这个政治有机体在它的财富
上坐享其成,可最终却祸从财生。在中央,把全部拜占庭皇权集中
于帝国机关的开销是巨大的。那些大量由皇室出资建设的公共设
施,如要塞、城墙和引水渠;那些或朴实或豪华的私人住宅;数千名
公职人员每天的宣誓仪式;冗长的赠礼典礼;那些救助站、医院和
宗教机构;所有这些铺张浪费、公私两济的慷慨挥霍,常被人说成
是漫无目的且品味庸俗,不过这些都是传统习惯和实际情况使然。
再来看看皇宫周围,各部门的总长及其手下的官员们都需要大笔
费用来维持,尤其是那些掌管外交和蛮族事务的希腊官员。在这
方面的档案中,人们可以找到与帝国有来往的每个民族的特点的
记录,其中有他们的强项与弱点,主要家族,以及最喜欢的某种礼
物。毋庸置疑,关于最后一点,绝大多数民族最喜欢的必然是黄
金,所有的民族在这些补助金之下都成了帝国的采邑,而历史学家
们还偏要把这些补助金称为"贡金"。在与巴巴罗萨斗争期间,为
重建米兰①出资的是皇帝曼努埃尔一世·科穆宁;在 1282 年的诺
曼人遭屠杀的西西里晚祷事件中,背后的金主则是米海尔八世·
巴列奥略。而早在 4 个半世纪前,当皇帝狄奥斐卢斯派语法学家
约翰(John the Grammarian)出使巴格达时,他共携带了购买力价值

142

143

① 1154 年,由于意大利北部城邦对神圣罗马帝国的不满,组织起了以米兰为首反
德皇城邦集团。腓特烈遂无情摧毁了米兰。——译者注

近 9 万英镑的钱财,而他却把这些钱"像大海中的沙子"一样四处散发。

在朝廷和中央政府部门的支持下,财政部的主要职责就是负责陆军、海军和行省管理。就连一般士兵的工资都显得很高。809年,保加利亚国王克鲁姆(Kroum)攫取了 11000 磅黄金,相当于 47 万英镑硬币,实际价值约合 235 万英镑,作为其军饷。而在 949 年,"生于紫室者"君士坦丁七世记录道,派往克里特岛的一支 14459 人的远征队要花费 3706 磅黄金,换句话说就是 159000 英镑硬币或实际价值 795000 英镑。我们将这位皇帝在 10 世纪中记录下的薪俸转换成购买力价值,再与当今大英帝国在第一次世界大战爆发前的薪俸比较,列出如下图标,就不难发现其中令人好奇的相似性:

拜占庭帝国		大英帝国	
下士	4 英镑/周	下士(没有津贴的步兵)	1.5 英镑/周
中尉(配有随行勤务人员等)	440 英镑/年	中尉	122 英镑/年
队长	600 英镑/年	上尉	210 英镑/年
五等军区长官(边境地区)	1070 英镑/年	福克兰群岛总督	1500 英镑/年
四等军区长官(海岛地区)	2140 英镑/年	纽芬兰、巴哈马和塔斯马尼亚总督	2000—2750 英镑不等/年
三等军区长官	4280 英镑/年	新南威尔士、维多利亚①、牙买加和海峡殖民地②总督	5000 英镑/年
二等军区长官	6420 英镑/年	新西兰和锡兰总督	7000 英镑/年

---

① 英属哥伦比亚省首府。——译者注
② 英国在 1826—1946 年间位于马来半岛的三个重要港口和马来群岛的各殖民地。——译者注

续　表

拜占庭帝国		大英帝国	
一等军区长官	8560 英镑/年	马德拉斯、孟买和孟加拉总督	8000 英镑/年
		加拿大、澳大利亚和南非总督	10000 英镑/年

　　以新西兰为例，民事和军事管辖权是合二为一的，这和拜占庭军区长官（Στρατηγός）所代表的权力一样。顺便值得一提的是，在"单打独斗者"君士坦丁九世于 11 世纪中叶创办的大学里，一个哲学教授职位的薪俸为每年 856 英镑，这还没包括生活用品和各种头衔权力。第一次世界大战前，牛津大学的哲学教授职位有三人，每人年薪 800 英镑，配有大学提供的住房。相比之下，前者似乎更有吸引力。

　　这种固定的奖励机制并不会对国家利益造成损害，反而能确保官员们个个尽心尽责。

　　虽然现代世界在处理事务时几乎全部使用书面文件，然而在拜占庭帝国范围内进行各种交易时还需要将实体黄金运来运去；事实上中世纪希腊人所管理的财政规模堪比当今世界，但是他们却没有现代信用制度的帮助。往这方面想的话，就会发现这其实是一件非常了不起的事情。随着拜占庭贸易的发展，比赞式金币应运而生，并融入到了帝国社会和政治福利的方方面面。不过拜占庭富人（Dive）拥有的金币可要比普通家庭多得多。国际上对此产生了巨大反响。欧洲和亚洲的乞丐们（lazzaroni）①禁不住这一金光闪闪的诱惑，纷纷乞求帝国政府给予贸易优惠待遇。正如欧洲第一套外交程序形成于君士坦丁堡那样，同样是在这里，外交使节的治外法权以及外国居民处理办法的原则首次被正式提出。除了基督教异端之外，其他种族和宗教上的差异都被给予了极大容忍。

144

145

---

①　典故出自《路加福音》，即"富人和穷人"（Dives and Lazzarus）。之后还有同名圣诞颂歌。此处的"乞丐"当然指的是拜占庭周边的小国家。——译者注

就连满世界被人驱赶的犹太人也在加拉塔的城墙之下找到了安身之处。十字军战士们义愤填膺地发现，这座城市里居然堂而皇之地建有一座萨拉森清真寺，而这里的穆斯林居民竟然能在光天化日之下进行礼拜。这种具有希腊文明特征和强大吸引力的世界主义，必然是经过精心构思的，而从 10 世纪起，它就对西方的政策制定产生了越来越深的影响。

146　　　　与帝国通商最早同时也是最顽固的商人似乎当属罗斯人。第一批罗斯城邦是建立在一种当地商业权威而非领土权威之上的，它们将与拜占庭通商视为其存在下去的必要条件。至于它们与君士坦丁堡之间的来往受到了何种威胁，已经无法考证了。但是不论在何种形势之下，它们都不惜以武力将这种关系保持下去；曾有数支舰队在城墙下被希腊军队和希腊火击退。然而在 911 年，它们达成了一项协定，其中包括有史以来第一份著名的"治外法权条款"（Capitulations）以及治外法权原则的首次登台亮相。协定条文非常苛刻。罗斯商人被分配到了一块专属区域；但是除了一扇门外，不得从其他城门进城；他们要解除武装；人数不得超过 50；且过完冬就要离开。另外，和他们一起来到这里的，正是那些斯堪的纳维亚的冒险者，这些人就是之后伴随皇帝左右的瓦兰吉亚卫队[①]（Varangian Guard）的核心成员。这个组织还成为了英国国王哈罗德的无数追随者在 1066 年因诺曼征服而遭到流放之后的庇护所，关于这群人的身世第四次十字军东征时的记史者曾有提及。政府当局对他们并没有严加管束，因此这些撒克逊人在许多年里都保留着他们自己的语言、着装和武器。根据传统，他们还建立了一所

147　献给圣尼古拉斯和坎特伯雷的奥古斯丁[②]的小型长方形教堂，这座教堂至今依然保存在斯坦布尔[③]（Stambul）后花园内的菜地和瓜

---

① 瓦兰吉亚人是希腊人和斯拉夫人对维京人的称呼。这个皇帝贴身卫队主要有斯堪的纳维亚人和盎格鲁-撒克逊人组成。——译者注

② 第一位坎特伯雷大主教。——译者注

③ 即伊斯坦布尔。在 19 世纪，欧洲人曾把整座城市成为君士坦丁堡，而把城墙内的半岛称为"斯坦布尔"。——译者注

地里。①

　　不过，是意大利人的出现，才让君士坦丁堡变成了它流传至今的模样。具体的日期已经无从考证了，阿马尔菲人②（Amalfitan）似乎是 11 世纪中叶第一批在金角湾获得码头停靠权的商人。1082年，威尼斯人也步其后尘来到了这里，皇帝阿历克塞一世·科穆宁特别授予他们帝国所有港口的关税豁免权，以报答他们为抵抗都拉斯的诺曼人所提供的舰队。关税是国家收入的主要来源，就连他们自己的希腊商人都有义务缴纳。在这个世纪结束之前，热那亚人也在这里安顿了下来。而在 1110 年，为了与第一次十字军东征的舰队相抗衡，比萨人获得了一个专用码头，并且得到了大竞技场和圣索菲亚大教堂的专属席位，这从侧面显示了拜占庭人的热情好客。每一片侨民聚居地都有自己的市场（bazaar），自己的法院（土耳其人在 1923 年才将其废除），和他们的区长（baily）——身兼民事和军事权力。他们的商业冒险行为获得了巨大成功。威尼斯人在黎凡特地区的利益已经变得如此重要，以至于在拉丁帝国时期其总督③也没有被派往君士坦丁堡。到 12 世纪末，据说有超过 6 万意大利人定居在了加拉塔这边的金角湾附近。图德拉的本杰明在灾难性的第四次十字军东征前夕曾罗列出了不同的商人群体：巴比伦和巴勒斯坦的叙利亚人，波斯人和埃及人，罗斯人和匈牙利人，佩切涅格人和保加利亚人，伦巴第人和西班牙人，格鲁吉亚人、亚美尼亚人和土耳其人，基督徒和伊斯兰教徒，拉丁人和希腊人，他们在

148

---

①　这座教堂现在被称为摩尔达维亚宫（Bogdan Serai）。直到 1865 年，其附近的一座塔楼上仍有瓦兰吉亚人的墓碑。是年，英国大使要求将这些墓碑转移到位于斯屈达尔（Scutari）的英国公墓，这却促使土耳其人把它们用作了建筑材料。复刻下来的碑文也不慎于 1870 年被付之一炬。任何可能有关的转手记录都被英国外交部莫名其妙地托管给了剑桥的一所监狱。这就成了历史研究难以逾越的障碍。

②　阿马尔菲（Amalfi），是意大利坎帕尼亚大区的一个市镇，位于萨莱诺湾湾畔。这里曾是阿马尔菲航海共和国的首都，是公元 839 年至大约 1200 年间在地中海的一股重要的贸易势力。——译者注

③　指恩里科·丹多洛，他志在发展母邦威尼斯，因此没有参与拉丁帝国王位的竞争。——译者注

狭窄的街道上摩肩接踵。而如今同样是这些人，再加上后来加入到他们行列中的人，却已经能够在同一片街道上搭乘有轨电车或享受豪华轿车的舒适了。至于治外法权，它和其他拜占庭制度一样，也被土耳其人所效仿以弥补其游牧民族发展中的不足。热那亚人和威尼斯人在1453年获得了这项特权，同时被征服的希腊人和亚美尼亚居民也在各自教会的控制下获得了同样的权力。接着在1536年，与苏丹①结盟联合对抗查理五世的法国人也获得了这项特权。之后英国人也得到了这一待遇。西方人再度卷土重来。

149 意大利人正试图绕过君士坦丁堡发现通往东方的新商路。在这点上，他们得的越多，希腊人就失的越多。拜占庭人的进取心早已被极度繁荣所钝化，如今阿历克塞一世·科穆宁对威尼斯人的盲目偏爱更让他们无所适从。黎凡特地区的对外贸易遂落入了外人之手。与意大利人不同，富有的希腊人太过谨慎，不可能把他们的钱投资在高风险的商船上。直到威尼斯人获得特权68年后的1150年，贸易及其所带来的收入据说下降了一半。君士坦丁堡的拉丁人，在其他人日渐困顿时却大肆敛财；他们还背负着其西方同伴——早期十字军战士——的烧杀抢掠的恶名；并且作为令人厌恶的异端教会的先行者，自然会成为日益普遍的仇恨的发泄目标。拜占庭人在达尔马提亚的胜利②使得他们与威尼斯总督的政治关系紧张了起来。1171年，曼努埃尔一世·科穆宁逮捕了城内所有威尼斯人，没收了他们的财产并且剥夺了他们的特权。1175年，正常关系才得以恢复。但是7年后，在安德罗尼卡一世·科穆宁登基之后的混乱③中，支持其对手"上等贵族"阿历克塞·科穆宁（Protosebastos

① 即苏莱曼一世。——译者注
② 指拜占庭帝国争取到了克罗地亚王国。克罗地亚王国曾与威尼斯有领土冲突。——译者注
③ 安德罗尼卡一世处死了14岁的小皇帝阿历克塞二世。暴力屠杀似乎是他唯一懂得的统治手段。虽然在其执政时期遏制了腐败风气、强调了东正教会的独立地位，但是因为他的血腥统治最后还是被人民推翻。历史上对他的评价褒贬不一。——译者注

Alexius Comnenus)和摄政女皇安条克的玛丽的拉丁人则成为了暴民手中的牺牲品。教士、妇女、儿童，甚至是病人，都惨遭屠戮。除了那些在停靠于港口的船只上找到藏身之所的意大利人以外，几乎无人幸免。西欧各国的参议室里早已堆满了各种对这座富甲天下的城市发动进攻的方案，此时他们更是加快了准备工作的进行。 150
1185 年，诺曼人洗劫了萨洛尼卡；1189 年，巴巴罗萨赐予了亚得里亚堡相同的命运。科穆宁王朝终结之后的混乱局面，为十字军战士们提供了一个唾手可得的机会。这回，他们的领导者是威尼斯人。吸引威尼斯人进军东方的不是它的土地，而是其贸易和财富。这群发起十字军东征的西方人在抵达君士坦丁堡时的惊愕之情是溢于言表的。罗伯特·德·克拉里曾说，全世界最富有的 50 座城市的财富加在一起，也无法超越它。用维尔阿杜安①（Villehardouin）的话说，"人们不难想象，那些从未来过此地的人定会目不转睛地注视着君士坦丁堡，因为他们根本无法想象世界上居然还有如此富有的城市，当他们注视着这些包围着这座城市的高大城墙和华丽塔楼，还有这些雄伟的皇宫和巍峨的教堂，如果不是亲眼所见，这些都是令人难以置信的……"而关于被洗劫后的大皇宫，他如此写道："宫中的金银财宝更是让人目瞪口呆；因为其数量是如此之大，根本数不胜数。"②

　　要一口气讲完"第四次十字军东征的来龙去脉"是不可能的。帝国社会秩序的瓦解，首都的毁灭，以及斯拉夫人和土耳其人在各自边境上的崛起，关于这些统统都可大书特书。但是其中有一点格外引人注目，它预示着希腊人的财运一去不复返。这便是帝国 151
永远失去了对黎凡特地区的贸易控制权。1204 年，在瓜分拜占庭领土时，威尼斯人得到了所有主要岛屿和港口，作为其码头和仓库

---

① 乔佛瑞·德·维尔阿杜安，历史学家，曾作为骑士参与第四次十字军东征。最著名的作品为《论君士坦丁堡的征服》（De la Conquête de Constantinople）。——译者注
② 原文为法语。

的前哨地；即便在希腊人光复了君士坦丁堡之后，仍有大部分岛屿和港口在他们的控制之下。此外，之前为威尼斯人所拥有的关税豁免权如今则落入热那亚人之手，皇帝米海尔八世·巴列奥略在1261年授予了他们这项特权以换取其海军援助。结果，在帝国苟延残喘的最后两个世纪里，其财政状况颇令人堪忧。帝国根本没有船只可供调遣，而且原本从金角湾北部热那亚人的关税中可抽取的年收入是南部希腊人的7倍之多。皇帝们已经无力回天了。14世纪中叶，皇帝约翰六世·坎塔库泽努斯（John VI Cantacuzene）在其挽歌中写道："我们已经一贫如洗。所有的储备金都已花光；皇室的金银首饰业已变卖一空；税收只是一纸空文；这个国家彻底破产了。"在约翰五世·巴列奥略的婚宴上，人们在餐桌上找不到一副餐具，不管是金的还是银的。大约20年后，这位皇帝还因拖欠债务被拘禁在了威尼斯。1423年，帝国第二大城市萨洛尼卡，这个曾像诺夫哥罗德①那样吸引着三大洲的商人前来一睹其芳容的雏鬟，也以50000杜卡特②（Ducat）的价格卖给了威尼斯人。不过，建筑、镶嵌画、绘画，以及各种金质、银质，或镶有珠宝、或漆有珐琅的宝物，得以从14、15世纪流传至今。它们的极致奢华对可悲的当代人而言未必是一种夸大其辞，不妨说它是那些巨大财富的基本标准。这笔本可创造出更辉煌价值的财富，曾一度是拜占庭政治稳定最有力的补充说明。

152

---

① 诺夫哥罗德建立于公元9世纪，历史上是贸易、文化和宗教中心，现为诺夫哥罗德州首府。——译者注
② 威尼斯金币。——译者注

第八章　追寻真实之旅

艺术和宗教的区别就在于，前者追求的是表达人类与真实交流的过程——换句话说，就是情感——而后者追求的则是真实本身，它要将其捕获在手，剥去其掺杂了情感的肉体的假象，并使其为人类精神升华的促进及其最终实现而服务。如果说宗教追寻的是真实，可到底什么才是真实呢？全世界的思想轨迹在这块顽礁面前殊分。但是至少现代人认识到了它的一项不曾为前人所发现的属性。真实——或者更贴切地说，是每个人与生俱来的，且被古典教育自然而然地根植于潜意识中的那种模糊而又直觉的概念——提供了一种能够决定和协调所有事物、行动和理论的基本含义的标准。我们可以在五旬节（Whit-Sunday）纪念基督教的功绩，我们可以保留高高在上的天父的概念。但是 20 世纪，在精神升华之路上，人类那一刻不停的徐徐前行，使我们的旅途摆脱了上帝使者的咒语（他们的真实性毋庸置疑），并将带领我们在物质上被神圣化
的、有形的圣礼中寻求神的恩典。在文艺复兴初兴时，在法国大革命中，在工业革命的曙光下，则另有一些人，他们刚进入这些时代就摆出一副超然物外的态度。超然物外？他们这种态度根本称不上超然物外。他们还在吮吸着理性之神的乳汁，这位自命不凡的女神长着罗马人的鼻子，热衷于刨根问底。十字架遇见了古典主义，它们对抗、融合，如今却在互相作用之下趋于毁灭。在当今时代，改变着历史潮流的我们，如果有这份自觉的话，应当踏上追寻真实的征途；在智人（homo sapiens）向前迈进的道路上，投石问路。所有的事物、行动和理论，都应服务于我们的宗教——如果我们能

称之为宗教的话。在科学的帮助下,我们告别了哺乳期。之后,我们又将何去何从?

　　在3世纪和4世纪,希腊化的罗马帝国中的希腊人和其他居民也身处同样境况。处理完了理性主义问题(见原书第30—32页和第53—61页)之后,他们也在翘足而待。基督教来了,并且由于他们之后不知从何而来的哲学热情,被传至了整个欧洲。东方希腊的知识分子、保罗①、亚他那修②(Athanasius)和早期普教会议,他们合力铸就了一套如钢铁般经得起考验的,能够抵挡住南方阴险的逻辑崇拜的教义。这个新宗教被帝国接纳了;而帝国所做的第一件事就是迁都希腊地区。君士坦丁之城(Κωνσταντίνον Πόλις)君士坦丁堡,成为了第一个基督教帝国的基督教之都。正是在这一年,公元330年——而不是公元前1年——基督教时代才正式开始。而希腊人则成了它的监护人。构成了帝国的遗产,并给予希腊人传统和民族自豪感的,正是基督教。在其生活的方方面面,都能看到十字架的影子。他们就像现代英国人浸淫在绅士准则中那样,时时刻刻都接受着基督教的耳濡目染。

　　根据维多利亚时期理性主义者的观点,中世纪精神指的就是认为日常生活中充满不可思议之事,或者反过来说,就是在日常生活的点点滴滴中追寻上帝神迹,他们认为这不过是一个离奇的玩笑,是哥特式心理和骑士时代浪漫精神的一个阶段,但却受到了错觉、迷信和智力缺陷的束缚。有人曾说,奇迹从未——也不可能——发生。身处君士坦丁堡,与拜占庭人在一起时,你会发现中世纪精神心系的天国并没有被西方天主教的物质主义所遮蔽,请君牢记奇迹确实发生了。他们的奇迹就是各种最为普通的力量。因为,在拜占庭人眼中,人生不过是一场迷宫探险。这场探险受种种神力

---

① 指使徒保罗,对早期基督教教义发展贡献最大的使徒,称得上是基督教第一位神学家。——译者注
② 亚他那修(约前297—373年),亚历山大里亚主教。著名基督教神学家,反对阿里乌斯教派。——译者注

所左右,时而是来自恶魔,时而来自神灵,他被这些力量团团围住,既无法逃脱,也不能反抗。在恶魔加害于他、诱惑他、给他带来不幸时,除了坚信上帝会出谋献策、出手相助的奇迹外,还有其他与之对抗的更好办法吗? 除非认识到在中世纪希腊,神力干预是稀松平常的事,不然根本无法了解拜占庭人的心态。若是称拜占庭社会为神权社会,似乎有些夸张;但是如果认为它是世俗的,那就言不符实了。

在这个充满怪力乱神的环境里,宗教成了拜占庭人生活中的必需品。但是千万不能把这两样东西等同起来。奇迹就是奇迹,在拜占庭世界里,它们和自然现象——正如树木和雷雨——一样。而神学、基督徒的责任以及肉身的升华,这些则处于更高的一个平面,每个人对其都会有各种各样的解释。对农民而言,奇迹或许就是构成其精神信仰的最有力因素。但是对大多数人来说,思考宗教问题才是真正有创意的事情。后人没有这项能力,而历史学家们也耻笑它。但对陶醉在与不可知力量交感中的人来说,这项能力却可以唤醒他们所有的艺术才能为其倾尽一生。分析和定义基督教三位一体神性的东正教,正是这个受其语言中细微语义差别影响而在解决精妙的逻辑问题上颇有造诣的民族的特权。它是教父们的特权。上至宫廷里的皇帝,下至作坊里的工匠,在这些教父之下的人看来,这也是他们的特权。在中世纪,以修道士为职不过是实现人生了终极目标,即探寻上帝的奥秘和人类的命运。这种全民宗教热情类似于16、17世纪的清教徒狂热。试想一下,如果拜占庭文明和希腊智慧在帝国的政治繁荣下得以保存并形成一个大东欧文明的基础,那么必然将发生一场东欧宗教改革,它会与北方的改革力量联手,与毁人心智的反改革的罗马教会相抗衡。

这种由全民性格引起的对超验性的执著,是以两大组织机构为中心的。从官方角度来说两者是联合统一的,但是在它们的影响范围则截然不同。其中一个是修道院,另一个则是教会。一成不变地延续至今的两者,都对黎凡特地区的历史产生了深远的影响。

156

157

如果没有它们，就很难说希腊民族现在是否依然会存在于世。

　　要理解希腊修道院制度——它虽为两者中地位较低的一个，但却与人民有着更加直接的人际关系——的重要性，就必须探究基督教苦行主义的根源。在基督之后最初的 2 个世纪里，对所有公开基督教信仰的人来说，基督教生活就意味着一场苦行之战，一场对抗世俗和肉体的鏖战。但是，随着这个新兴兄弟会组织从一个排外的少数派逐渐转型成为一个随处可见的多数派时，越来越多的狂热信徒就觉得有必要拉开他们自己与凡夫俗子之间的距离。在埃及和叙利亚，他们靠隐居来实现这一冲动。遁居荒野的隐士们，口中念叨着神的启示，散居在沙漠里的无数洞穴中。在他们之中，3 世纪末的圣安东尼变卖了所有财产，只身与恶魔奋战了 20 载，心怀敬畏的人们在其居所外还能听到他同恶魔战斗时所发出的呐喊声。最终他重返俗世，为隐修士团体开创了先河。他的生平事迹被亚他那修记录了下来，并被翻译成拉丁文在西方传播开来，造成了巨大反响。在整个欧洲范围内，修道士和奇迹的发生成了能够被世人接受的正常现象。从此以后，黑暗的中世纪便戴上了一层古怪的虚幻面纱，让我们这些后人觉得如此不可思议。

158

　　历史上圣安东尼的早期生活所代表的独居理念就是修道院制度的第一阶段，而这一点深深吸引着希腊人。在公众看来，单单是克服肉欲的功绩就能让他们对生活于圆柱顶部的苦行者①和死后被昆虫吞噬的隐士顶礼膜拜。而且这些圣人实际上又是人们的神父。任由疾病和灾难侵扰：我们自有圣人陪伴。任由地主压迫或官吏强取：穷苦百姓的捍卫者②给出审判。权贵们能伤害隐修者吗？俗世已不能使他失去任何东西了。而他则宁可戴上殉教者的王冠。

　　修道院理念发展的第二阶段，始于圣安东尼，并在其同时代人

---

① 拜占庭帝国早期的苦行者，他们生活于没有遮盖物的圆柱之上。代表人物为苦行者圣西美昂，据说他在圆柱上生活了整整 37 年。——译者注
② 指基督。——译者注

帕科缪①(St Pachomius)手中得以完善。这就是以崇拜和经济支持为目的的组织松散的团体修道生活。不过独居的自我沉思做法并没有被舍弃。而且对于时不时会见到其他修行同伴的集体生活而言,不间断的自我隔离被视为是一种更高层次的生活。在 4 世纪中叶,第一个拒绝接受这种东方完美生活模式观念的人是圣巴西流②(St Basil),他相反制定了一套严格的公社主义③(communism)戒律。圣本笃(St Benedict)正是受他的启发,在一个世纪之后将这一做法移植到了西方拉丁世界。

　　圣巴西流在第三阶段的成就可分为两部分。首先,他使得普通人也能够接触到修道主义。在他看来,隐士们那种互相竞争而又做作的禁欲行为,与基督教真正的生活模式并不一致。事实上,他认为,这种生活模式存在于一种修道式兄弟会之中,它不需要人们有坚忍不拔的毅力,只要求每一位修道院成员都享有在财产、舒适度和虔诚度上的绝对平等。在这里,就连弱者也能找到栖身之所,尽管他们并没有体验过隐修士们那种强烈的人神交感。其次,修道院制度已经确确实实地与教会和国家建立起了关系。修道士们也参与到了国家经济活动中。从此,为一般信徒提供慈善和教育活动也成了其职能的一部分。到查士丁尼时代,他们在世俗和教会的法律中确立了自己的地位。原先他们还险些沦为一群群狂热的苦行僧,如今却逐渐在正统集团(教会和政府)中获得了重要地位。女修道院也在同样基础上以几乎同样的速度发展壮大。

----

① 帕科缪(292—348 年),团体修道生活创始人。他于 315—320 年间,在埃及中部的底比斯(Tabennisi)建立基督教第一所修道院,并撰写团修式修道生活的规则。——译者注

② 该撒利亚的巴西流(330—379 年),该撒利亚牧首,4 世纪教会领袖。——译者注

③ 巴西流在经历独居苦修之后,其身边已经聚集了一批门徒(358 年)。他对隐修一直没有太大的兴趣,而把注意力集中在建立公社式的宗教团体中。随后,他与其门徒在其位于安尼西(Annesi)的家族地产附近建立了一个宗教社区。故此处 communism 译为"公社主义"而不是"共产主义"。——译者注

160　　　　圣巴西流的戒律绝不是一种生活准则。直至 8 世纪,修道士中普遍存在的懒惰心理和文盲率已经使第一批圣像毁坏者皇帝们对他们产生了清教徒式的愤怒,这些严厉的现实主义者绝不可能轻易容忍修道院机构毫无意义地吸收国家的财富和人力。斯图迪奥的狄奥多的出现改变了这一状况。身为斯图迪奥圣约翰修道院的院长,他为其院内的修道士们制定了一套详细的指导章程,从而开启了一个对宗教产生热情的全新时代,另外他还提倡抄写书籍等对全社会都有益的活动。加洛林王朝时期在西方教会中重新兴起的一股宗教热情,在王朝建立一个世纪之后的克吕尼改革中达到了高潮,从某种意义上说,这无疑也受到了他的启发。同样,这也为阿索斯的圣亚他那修①(St Athanasius of Athos)的新社区提供了先例,这个社区后来成为了整个斯拉夫世界修道院的原型。

　　　　这便是第四阶段。从此之后就再也没有任何东西能够限制修道院的发展了。甚至是为圣亚他那修提出建议并使其计划成形的神秘主义者尼基弗鲁斯二世·福卡斯,也不得不通过制定一条与英国的《没收法》(the Statute of Mortmain)类似的法律来限制修道院敛财,即《宗教法》(de Religiosis)②。但是"保加利亚人屠夫"巴西尔二世迫于民意不得不在几年后废除了这条禁令。有一座能够见

161　证修道院制度独一无二的丰碑完好无损地被保存至今,它通过其财富、绘画和建筑,向人们展示了一幅拜占庭世外桃源田园牧歌般的画面。这就是位于爱琴海北部银蓝色海水之上的,山花烂漫、郁郁葱葱的阿索斯山。在这里,人们可以看见与雄鹰和大海为伴栖身于悬崖峭壁的隐士,在建造于礁石之上隐修士建筑群,以及镇守在岸边的雄伟修道院。总之,修道院制度发展的所有阶段都存在于此。望着这片绿意盎然的峡谷和巨石林立的峭壁,心中不免浮

---

① 阿索斯的圣亚他那修(约 920—约 1003 年),拜占庭修道士,阿索斯山修道士社区的建立者。——译者注

② 该法律规定之后不准再开设新的修道院。——译者注

现出一个古怪的念头。这里真的是我们所熟知的世界吗？抑或这里仍然是立于天堂与尘世之间，弥漫着陌生灵魂的拜占庭世界？

第二个与帝国宗教生活息息相关的组织机构自然是东正教会，相比之下修道院制度不过是其在普通百姓中的附属品。其组织结构的形成源自最初的基督教传教时期。对其历史的兴趣不仅仅限于学术界。在土耳其人统治的 4 个世纪里，希腊人把政治认同感和民族认同感融入了他们的教会组织。这两条故事主线并没有在 1923 年①圆满完结，而是达到了一个影响故事发展的重要章节。

在基督教存在之初的 300 年里，它基本上还是一个城市宗教。只有在希腊化的罗马帝国城镇里，才能找到有足够想象力接受这一宗教的居民。因此，其最初组织结构与当时政治和商业中心相一致。如此一来，在 325 年的尼西亚会议上，帝国才会划分为三大教区：罗马、亚历山大里亚和安条克。君士坦丁之城当时尚未建成，而老拜占庭城则处于伊拉克利亚教区管辖之下。但是在 381 年的第二次普教会议上，就有人宣称，"君士坦丁堡牧首应享有仅次于罗马主教的荣誉特权，因为她就是新罗马。"尽管在讨论基督教历史上最具争议的问题②这一节骨眼上说这个有点不太明智，但是值得注意的是，在 70 年后的卡尔西顿会议上，"平等特权"（τα ἴσα πρεσβεῖα）一词被特别指明用来定义新、旧罗马之间在教会上的关系。圣彼得建立的教会③依然在所有平等的教会中列居首位；但任何独揽大权的想法，如果确实有过的话，都会遭到批判。588 年，君士坦丁堡牧首"禁食者"约翰（John the Faster）获得了普世总主教（Œcumenical/Universal Archbishop）头衔。对这种某一主教高人一等的现象，教皇格里高利一世提出了严正抗议。在格里高利

162

① 希腊与土耳其在 1923 年就希土战争签订《洛桑和约》，并于同年根据宗教信仰进行了一场大规模的人口互换。——译者注
② 即在卡尔西顿会议上讨论的圣父、圣子和圣灵的神性问题。——译者注
③ 指罗马教会。——译者注

之后的政策中,他对这种现象也给予了措词最严厉的谴责。

与此同时,一个实力相当的对手也在东方及亚历山大里亚崛起。以修道院制度诞生之地埃及为例,这个帝国行省在基督教的影响下俨然已经变成了一个由牧首统治的神权国家。在将"新罗马"提升至平等地位而引起的持续了半个世纪的矛盾之后,君士坦丁堡牧首聂斯脱利,因其在 431 年的第三次普教会议上提出的主张被亚历山大里亚的西里尔(Cyril of Alexandra)判为异端而遭免职,这让事情变得颇为棘手。但是君士坦丁堡再次发起了进攻。如果聂斯脱利不能将基督的神人二性分离,那么埃及的神秘主义者也休想把它们混为一谈。第二种理论的支持者修士欧迪奇①(Eutyches)遭到了抨击。449 年,君士坦丁堡牧首弗拉维安(Flavian)在以弗所会议上受伤而亡②,尽管如此,在罗马教会的支持下,亚历山大教派最终还是在卡尔西顿会议上被击败,不过这已经是两年后的事情了。分歧造成的后果是永久性的。由于失去了争夺基督教世界最高地位的机会,埃及教会的当地信众毅然决定另立门户;而君士坦丁堡的宗教政策则常常因意大利和南黎凡特地区的政治利益而被束之高阁(见原文 pp. 84、85)。但容忍一性论者就意味着与罗马决裂。这一尴尬处境直到 7 世纪才得以化解。因为那时,安条克、亚历山大里亚和耶路撒冷——后者按照会议意见被提升为牧首区——已经被伊斯兰教的海洋所淹没。从此以后,君士坦丁堡牧首一职无疑成为了东方权力中心,就和罗马在西方一样。不过,在这座城市历代主教的记忆里,普世牧首的权杖从古至今都是由伊拉克利亚都主教(Metropolitan of Heraclea)或其代表在牧首就任仪式上授予他的。

无论那些牧首和皇帝曾如何自作主张,纵观其历史,希腊东正

---

① 欧迪奇(约 380—456 年),原是一位君士坦丁堡的修士,属于亚历山太派学说的主张者。他主张基督道成肉身的过程,但在"他结合之前具有神人二性,但在两性结合之后的结果,只有一性的存在"。——译者注
② 攻击弗拉维安的就是欧迪奇。——译者注

教会依然忠诚于"同侪之首"①（primus inter pares）的原则，此乃普教会议下的教会组织的基本原则。实际情况根本就是由于意大利人否定了这一原则，执著于独揽"宗教大权"，才导致了1054年与罗马教会的分裂，并且让之后企图修复关系的尝试都化为泡影。从那时起，君士坦丁堡牧首，在安条克、亚历山大里亚、耶路撒冷、塞浦路斯、西奈山、雅典等独立自主的东正教会和由各地区贫富不均的斯拉夫人成立的教会之中的地位，堪比坎特伯雷大主教在大英帝国的地位。同等教会可以自主发展，但是必须与普世牧首的思想保持一致。全体教会的最高行政会议是普教会议。在1439年的佛罗伦萨会议上人们绝望地试图通过教会统一来拯救帝国，在此之后，就再也没有成功召开过普教会议，就算他们想这么做，想必到场代表也是寥寥无几。

　　上述的地方独立原则和审时度势原则支配着希腊教会的内部组织。都主教（Metropolitan）一如既往的居于牧首（Patriarch）之下。这些都主教——其中有相当一部分人拥有总主教（Archbishop）头衔——居住在各行省的主要城市中，他们的品级高于小城镇的主教（Bishop）。每一位都主教或总主教都可以召集手下的主教召开宗教会议。比主教品级更低的则是教区教士（parish priest）。高级神职人员应具备读写能力和神学知识的传统从未间断过。而且从6世纪起，这些神职人员通常是从——但也不尽然——修道院招募而来的。授予圣职之后，教士便不得结婚。那些已经有家室的，将不能被授予主教或更高的职位。165

　　以一种宗教共和国（commonwealth）的精神——而不是宗教专制主义——而建立起来的东正教会，特别是拜占庭时期的教会，受到了来自国家至上主义（Erastianism）和先服从政治利益后考虑人民精神需求的想法的责难。虽然召集普教会议的主动权掌握在皇

① 即英语 first among equals。在这一原则之下选出的领导者只作为整个组织的对外发言人或精神代表，对组织内部其他部门没有直接管辖权。因此普世牧首只作为精神领袖，没有干涉其他教区内部事务的权力。——译者注

帝手中;而且事实上牧首的选拔常常靠的是皇帝的个人好恶,但是这并不意味着教会和被选上的牧首就必然会听命于他。多少教士和主教不惜舍去生命和地位也要坚守原则,拜占庭历史上不乏这些舍生取义的例子:可曾记得斯图迪奥的狄奥多是如何反对毁坏圣像的君士坦丁五世而坚持罗马的最高权力的吗? 可曾记得牧首尼古拉斯(Nicolas Mysticus)如何在"贤者"利奥六世第四次婚礼之后禁止他在圣诞日进入圣索菲亚大教堂的吗? 可曾记得牧首帛琉克塔(Polyeuctes)如何以同样的理由将尼基弗鲁斯二世·福卡斯逐出教门? 可曾记得阿历克塞一世·科穆宁和他的母亲安娜·达拉西娜①(Anna Dalassena)及其全家,为了替其洗劫教堂的士兵赎罪,是如何禁食 40 日而这期间晚上只能席地而睡的吗? 又可曾记得,为了自己刺瞎并囚禁小皇帝约翰四世·拉斯卡里斯的行为而赎罪的米海尔八世·巴列奥略,在被逐出教籍多年后,是如何卑尊屈膝地跪在新任牧首跟前请求宽恕的吗? 教会——当然是在民众支持下的——对独立原则紧抓不放的例子不胜枚举。若不是因为教皇与霍亨施陶芬家族之间的争吵②和斯图亚特王朝的分裂③等喧宾夺主的事件,想必人们就会记得,拜占庭国家本身既是一个政治机构,同样也是一个宗教机构。当出征的约翰二世·科穆宁胜利归来时,被战车抬着驶过君士坦丁堡街道的正是圣母像;这位凯旋的君主则手执一副十字架走在其后。在烈日炎炎的 8 月的一天,把这座城市从 57 年的拉丁帝国统治中解放出来的米海尔八世·巴列奥略,也是在同样一个展现宗教威严的游行队伍中跨入城门的。正如朗博④(Alfred Nicolas Rambaud)所言:"教会和国家之间没有冲突,反而和睦共处,让人分不清谁是谁。大教主由皇帝任命,教

① 她是一个专横的女人,曾在宫廷中规定早餐的菜肴。
② 霍亨施陶芬王朝的三位皇帝都与教皇有过多多少少的矛盾。——译者注
③ 指 1642 年至 1651 年在英国议会派与保皇派之间发生的英国内战。斯图亚特王朝的天主教背景和克伦威尔的清教徒背景也为这场战争增添了一分宗教色彩。——译者注
④ 朗博(1842—1905 年),法国历史学家。——译者注

会服从于国家,这些都不是什么可耻的事,因为这个国家本来就不是世俗的。"这个国家本来就不是世俗的",单单这一句话,就道清了拜占庭历史中半数不解之谜。

前文叙述了宗教在拜占庭社会的重要性。他们追寻真实的渠道、他们的默祷生活以及他们的教会延续至今。但是受其恩泽的后人不仅仅局限于黎凡特地区和斯拉夫人中。对全世界而言,先把基督教变得如此具有吸引力,然后再为其制定规则的,正是希腊人。即使在 8 世纪攻击东正教会的毁坏圣像运动之下,我们依然可以看到存在于人们心中的一丝精神上的渴望。这不仅为了解后世的新教,也为理解拜占庭时期和 20 世纪的文化理念,提供了关键线索。 167

在基督在世时和使徒时期,希腊语,在贸易和思想交流方面,就已经是地中海地区的通用语了。而正是那些书写《新约》的希腊语作家,率先挑起了把理性哲学与基督教伦理和犹太人的上帝相调和的重任。直到 3 世纪之前,所有的宗教著作用的都是希腊语;而且这还只是为了方便那些明显没有受过什么教育的人的。在其最初的教义系统化的 6 个世纪里,基督教享受着人们目前词汇最丰富、语义最精确的语言的协助。若没有它,4、5 世纪的基督教神学争论根本不可能得到解决,这一点使得拜占庭人颇为自豪。而东正教会因此获得的殊荣,与其称之为教义的创立者,确切地说更应该是神学释义的佼佼者。

摆在对抗各种偏见和固有迷信的早期教会面前的一大难题,就是如何在神学释义上设计出一套既能吸收之前的所有道德和神学思考之裨益,又不会产生可能颠覆三位一体平衡性漏洞的折衷方案。它必须面面俱到且无懈可击。就在君士坦丁以罗马人务实的眼光用基督教统一世界之后没多久,阿里乌(Arius)就带来了一场巨大的分裂,他剥去了基督的神性,使他成为悬于天地之间的半神。这些对皇帝来说根本"微不足道的问题"——对无从了解那个时代的心理特征的我们而言,或许也是如此认为的——所产生的影响,却让皇帝有所警觉,因此他便于 325 年在尼西亚召开了第一次 168

普教会议。他亲自主持了这场会议,为其支付开销,确定并颁布了《尼西亚信经》。正统基督教信仰最初的信条,正如其所支撑的帝国,就这样作为罗马理性和希腊智慧的产物而诞生了。这一宣言虽篇幅短小,却确立了基督具有完整神性和完整人性这一基督教三位一体的核心要素。

169 　　但是,关于神人二性之间究竟是什么关系的问题却依然没有得到解答。虽然神人二性究竟孰高孰低完全取决于个人选择,但是5世纪的教派斗争却加剧了异端之风的形成。在小亚细亚和叙利亚,由摩普绥提亚的狄奥多若①(Theodore of Mopsuestia)代言的宗教思想,倾向于强调剥离了神性的基督人间一生的历史价值;虽然承认其神性完美无缺,却倾向于否认耶稣神性由玛利亚所赋予,换句话说,就是否认上帝为女人所生。另一方面,非洲的亚历山大教派过度强调基督神性而牺牲人性的观点也让人有所警觉。曾在安条克修过道的君士坦丁堡牧首聂斯脱利是前一种观点的支持者;他坚持认为,尽管表面上似乎统一于一体,但事实上基督的二性包含于两种位格②,因此于428年③被革职并遭流放。然而,得志之后的亚历山大教派④,却狂热地把两种位格,甚至是神人二性,都混为一谈⑤。他们认为,身为人的基督如何耍弄木工刨,与身为神的基督如何指引全世界的命运,其实是一样的。这回,轮到这种学说在451年的卡尔西顿会议上被定为异端了。

　　这两份裁决使得大量基督徒脱离了中央教会。卡尔西顿裁决导致了一性论派的形成,其中包括至今依然存在的埃及科普特(Copt)教会、叙利亚安条克的雅各派(Jacobite of Antioch)教会以及阿比西尼亚教会。而在整个亚欧大陆上,就没有一个故事能比聂

① 摩普绥提亚的狄奥多若(约350—428年),摩普绥提亚主教。——译者注
② 即"二性二位说"(Dyophysitism)。——译者注
③ 此处作者笔误,聂斯脱利教派被以弗所会议判为异端之年实为431年。428年是他就任牧首之年。——译者注
④ 抨击聂斯脱利主张的正是亚历山大里亚的西里尔。——译者注
⑤ 即一性论(monophysitism)。——译者注

斯脱利教会^①的佳话更让人荡气回肠，这个教会迄今为止一直忠于这位在 431 年被革职的牧首以及他所捍卫的摩普绥提亚的狄奥多若的教义。这个教团威胁到了波斯占星家们的至尊地位，与穆罕默德本人建立了联系，并让阿拉伯人了解了早在文艺复兴之前就传入西班牙和西欧的希腊知识；它的传教士将其文明传播到了阿拉伯半岛、印度、锡兰、鞑靼地区、阿富汗、西伯利亚和中国东部地区，他们甚至还为藏传佛教提供了最初的启示；还有一位出生于北京的中国人主持了英国国王爱德华一世在加斯科涅^②（Gascony）的圣餐礼；1560 年的天主教迪安帕^③会议（Synod of Diamper）将这个曾经盛极一时的兄弟会在印度的参与烧杀殆尽；1812 年，葡萄牙摄政王^④在里约热内卢下令废除了果阿宗教裁判所。这一段段历史的来龙去脉已有人著述^⑤，此处便不再赘言。能够回想起那些弱小盟国在巴黎和会上的境遇的人，就不会对聂斯脱利派信徒们近来的境遇以及他们在大战中的付出和所得感到惊讶了^⑥。

　　虽然这些早期的神学论战导致了大分裂，但是也确保了更大程度上的统一。虽然这些论战在当时事关重大，但是现代人却无法理解这一点。不过毁坏圣像运动是个例外。因为这场运动的根本原因，与现代人内心心理和艺术的骚动有着千丝万缕的联系。

　　毁坏圣像运动是一场旨在摧毁写实艺术、摧毁所有具有实体的

---

① 即从东西方教会分裂出来的东方亚述教会。因其源自 431 年的聂斯脱利派的分裂，故被西方人称为"聂斯脱利教会"。——译者注

② 加斯科涅，法国西南部的一个地区。——译者注

③ 迪安帕，印度西南部沿海小镇。——译者注

④ 指约翰六世（João VI）。——译者注

⑤ 详见 H. C. Luke 著《摩苏尔及其少数民族》（*Mosul and its minorities*）和 E. A. Wallis Budge 著《忽必烈的僧人们》（*The Monks of Kublai Khan*）。

⑥ 亚述教会在 1915 年被奥斯曼帝国彻底毁灭，亚述人惨遭种族灭绝。大屠杀的幸存者们逃亡至伊拉克和伊朗向英国人寻求保护。一战后，英国曾招募亚述人镇压土耳其人和库尔德人叛乱，因此，他们在之后的哈希姆统治时期频遭迫害。其中许多人逃亡至美国芝加哥。如今他们已在芝加哥形成了一个独立的亚述人社区。——译者注

171　肖像艺术的运动。这场运动的根本问题,同样困扰着我们这个时代的现代主义者,并把他们引向了一种知识界流连忘返却被某位上校视为病态的骄奢之风。艺术的作用,就是把艺术家被具体事物的内涵所唤起的思想感情,转化成可见的且最终可理解的形式。不过这条自明之理却并非一直被人认可。古人自然不知道这点,而18、19世纪的人也完全将其抛诸脑后。但是在早期基督教和早期伊斯兰教各自的时代中,正如在20世纪时那样,这一公理却普遍为人们所接受。虽然中世纪和现代这两个时代的差异显而易见,但是这种差异也体现了这种相似性。所有的"内涵"——艺术的作用就是解读"内涵"——都是为个人而存在的,它所引起的反应是因人而异的,而这种反应则就是人们常说的情感。于今天不同的是,从4世纪到文艺复兴时期,人类的情感一直都披着一件宗教的外衣。这个在心理真实和利用艺术更加毫无保留地表现情感反应的立场上困扰着现代艺术家的问题,在当时则只是依附于一种对基督教所阐释的个人真实的追求。但是不论过去还是现在,

172　这个问题的本质都是一样的——写实艺术究竟能够在何种程度上实现艺术的作用:即表现某种抽象价值? 单纯从美学角度而言,答案就是,人类的眼睛和人类的感官只习惯于接受熟悉的对象,以至于除非该情感是借由这些为人熟知的物体所表达出来的,不然他们会对被表达的情感无动于衷。但是从宗教角度而言,当这些情感聚焦于一位万能至尊之神身上时,与描绘肖像对神灵圣人所产生的侮辱相比,人类的感官和他们的反映又有何意义呢? 以易逝的、世俗的对象来粉饰真实,本身就是贬低真实。虽然无法摒弃借用熟悉对象的表达方式,但是现代的艺术家们正想方设法地降低其重要性,而更专注所要表达的内涵本身,纯写实的倾向日渐式微。事实上,他们想要走的这条路,是拜占庭人——埃尔·格列柯首当其冲——领先于世界上所有人曾经涉足过的一条路。拜占庭人之所以能在这方面有所成功,应归功于毁坏圣像运动的影响。如此一来,从十诫第二条到克伦威尔清教徒们的破坏行径等所有

反对偶像崇拜的运动,其背后的驱动力,同样鼓舞着约翰①、艾普斯坦②(Epstein)和后生们前赴后继,使他们不拘泥于精确刻画模特的形准,而是把注意力放在后者的整个存在——身体上的以及其他方面的——通过感官传达给艺术家的那种反应。虽然只举了这两位颇具影响力的画家和雕塑家的例子,但这两个例子很有说服力。

图8　基督,世界的主宰

173

不过这个反对纯粹写实艺术的本能是来自东方的。"不可为自己雕刻偶像、也不可作什么形象仿佛上天、下地和地底下、水中的百物。"犹太人就这样保住了他们的真实,而希腊人却创造了易逝的艺术。最终一种新宗教应运而生。在基督教方面,黎凡特地区和欧洲的民众则主要是通过写实艺术这一媒介,通过描绘耶稣生平事迹以及展现天国各种骇人的赏罚,来初识宗教的。伊斯兰教最初也是如此,配有插图的原稿以及清真寺里描绘先知生平事迹的镶嵌画。但是在7世纪,禁止偶像崇拜的之风愈演愈烈。在波斯,写实艺术从远古以来就一直是一种民族传统,此风势必不能成气候。然而在其他伊斯兰教盛行的地方,写实艺术从此以后便成了一种禁忌。于是艺术家的灵魂就只得在几何图案中寻找慰藉了。尽管现在——以后如何就不得而知了——我们认为,对熟悉的对象进行创新的改变是表达情感最佳方式,但是这种通过纯粹的图案进行抽象表达的理念也能博得人们的欣赏。

在此期间,基督教中间歇性的运动也预示着即将到来的斗争。

---

① 指威尔士画家奥古斯都·约翰(Augustus John)。——译者注
② 指美籍英裔现代雕塑家雅各·艾普斯坦(Jacob Epstein)。——译者注

174 早在 4 世纪，一些赫赫有名的教士就已经开始抨击基督画像；而在
599 年，教皇格里高利一世遏制了一场在马赛爆发的毁坏圣像运
动。此外，在亚美尼亚南部地区，保罗派信徒（Paulician）践行了一
种形式超前的新教思想①。该教派反对圣母崇拜，反对圣人、蜡烛、
十字架、熏香、炼狱说、婴儿洗礼以及任何神职等级划分。716 年在
君士坦丁堡即位的皇帝伊苏利亚王朝的利奥三世就有着亚美尼亚
血统。726 年，他颁布了第一条禁止所有东正教教堂崇拜圣像的敕
令。所有的欧洲艺术，不论是过去的雕塑还是未来的绘画，都危在
旦夕。因为在当时，要把宗教和世俗事务完全分开，在理论上和实
际情形下都是不可能的。

　　然而，除了驱使人们攻击圣像的神秘主义观点和或许是存在于
潜意识中的观念外，拜占庭社会的宗教生活中也确实存在诸多弊
端，这也是毁坏圣像主义者希望改革的原因。随着时间的推移，图
像，或者说圣像，实际上已经变成了顶礼膜拜的对象；正如大马士
革的圣约翰②所言，考虑到它们创造出的奇迹，这一点都不令人感
到惊讶。此外，在财富和人数上不断增加的教士及其支持者，却不
再潜心修学、一心向神了。该运动的发展经过可分为两段时期，一
段为 726 年至 787 年，另一段为 815 年至 842 年，在中间的间隔时
175 期，伊琳娜女皇恢复了圣像崇拜。第一条敕令的颁布引发了惊人
的后果：首都君士坦丁堡发生多起暴动，希腊地区的一场叛乱过早
流产，而意大利南部则造反成功。随着在才能和性格上堪比克伦
威尔的君士坦丁五世在 740 年即位，使徒圣物、圣母崇拜和圣人代
祷都遭到了抨击，教士遭到迫害，艺术品也毁于一旦。但是在 780
年，利奥四世的遗孀雅典人伊琳娜独揽大权。当时仍为摄政王的

————————

①　新教（Protestantism）原意即反抗正统教会。保罗派信徒不承认彼得所创立的基
　　督教会，认为只有使徒保罗的福音才是上帝的真言，《圣经》其余书卷皆为邪神
　　启示。——译者注
②　大马士革的圣约翰（约 676—749 年），生于大马士革的基督教神学家，曾著书反
　　对利奥三世的毁坏圣像敕令。——译者注

她,为了在废黜她的儿子①之前获得民众支持,于787年的尼西亚会议上恢复了圣像崇拜。与此同时,教士们受到斯图迪奥的狄奥多启发,也开始着手进行自我改革。斯图迪奥改革的部分内容,就是要通过更全面地承认教皇的权威,使东正教会得以独立于拜占庭政府之外。但是,如日中天的圣像破坏者君主们,在招募于亚洲的军团的强力支持下,为帝国增添了不少荣耀,而他们的对手——圣像崇拜者们——却荏弱难持,一败涂地。813年,在保加利亚人的入侵威胁之下,爆发了一场军事政变。另一位亚美尼亚人利奥五世因此次政变而获得皇位。尼西亚会议上的决议被宣告无效,教士们又再次遭到了迫害。在利奥五世之后,身为艺术家的皇帝狄奥斐卢斯试图将他们的才华往世俗方向引导。但是斯图迪奥派过于强势,而且偶像崇拜深深根植于每个希腊人心中,因此东方的精神纯粹主义根本无法长久得势。随着另一位摄政女皇②在842 176年即位,圣像崇拜最终得以恢复。

　　总而言之,这场争论究竟产生了何种积极影响?已在君士坦丁堡深根发芽的欧洲绘画艺术幸存了下来。而且从今往后,拜占庭艺术的那份简洁朴素,就使其成为了情感表达上的至尊成就之一。东正教会也受到了同样的影响:它与新教的相似性不在于教义,而在于精神上的感受。要说这份与东方的关系源远流长的感受,究竟为罗拉德派③(Lollards)和胡斯派(Hussites)摆脱罗马控制产生了何种程度的影响,这就和揣测清洁派(Cathars)和波格米勒派④(Bogomiles)为何会成为异端一样困难。但是人们应该记得,威克里夫的24种道理被多明我会于1382年在黑衣修士桥会议(Synod of Blackfriars)上判为异端,其中第9条提倡"以希腊人的方式"改组教会;而胡斯派(之后的马丁·路德也接受了他们的教义)在1450

————————

① 即君士坦丁六世。——译者注
② 即狄奥斐卢斯的妻子,狄奥多拉皇后。——译者注
③ 指英国宗教改革先驱约翰·威克里夫的追随者。——译者注
④ 两者皆为中世纪异端教派。——译者注

年的佛罗伦萨会议上被逐出教籍后所采取的第一步行动,就是向君士坦丁堡派出代表团,希望东正教会接纳他们。根据历史推断,毁坏圣像运动的显著成果就在于此。虽然教士们在圣像问题上取得了胜利,但是他们却失去了建立教会权威的机会。从此,君士坦177丁堡便和罗马分道扬镳。随着一种超出拉丁物质主义理解之外的精神上的简单俭朴的开花结果,基督教的历史便从成形期步入了对比期。

　　试想一下,当一千年后的历史学家们要分析如今已经风靡全球的欧洲人思考和生活的模式时,他们必然会考虑到基督教对构建欧洲文明所产生的有利影响。他们会理清各种教派之间的关系,会把宗教改革视为转折点。然后经过三十几代人客观公正的深思熟虑,他们还会注意到这支依然效忠于罗马教皇的宗派中的新奇现象所产生的结果。17世纪以来反改革的拉丁教会在追求治愈灵魂的方法上所取得的成功,其神职人员的尽忠尽责,甚至他们在精神上所取得的大量成就,这些都能让他们沾沾自喜。但是让大批天主教信徒从此便无缘与圣灵——基督教三位一体中的重要一环,对未来而言也是唯一的永恒要素——交流的做法;再加上,从梵蒂冈至身处最偏远地区的传教士对基督教伦理的背道而驰,这些却只能令人大惊失色。作为现代人,我们能给罗马教会其应得的评价:对心存困惑和内心动摇之人来说,它确实能为他们带来别的地178方无处可寻的心灵安宁。但是在理解一个促进人类追求真实的组织所做出的贡献时,历史却忽视了其中的细节。之后人们便开始猜测,形成这些传统的始作俑者到底是意大利人自己还是西班牙人的渗入。可是,人们依然能够预见我们这些不受教派偏见影响的人会下何种结论。此种观点认为,宗教改革后的天主教好似一个从基督教母体中脱落的私生子,一种地中海民族过时的物质主义的产物。自那时起,它在基督教帮助人类发现真实这点上就没有起到任何作用。它用一套自创的救赎方式玷污了它神圣的灵魂,在其强大的势力范围内扼杀了所有知识和物质上的进步,并最终逐一触犯了每一条保证人类能够和睦共处的行事准则。

针对这些公认的指控,希腊人的东正教会有着自己的看法。拜占庭教会历史的后半段揭示了罗马方面在与东正教会的来往中所表现出来的这些倾向,甚至在 20 世纪,它们依然会让人觉得罗马教廷及其所有政治行为是如此令人厌恶。这段历史还使人们能够从对比中更好地理解这两个组织,而且这一阶段双方也没有特别严重的教义分歧。这是一种气质上的对比。而揭开历史之谜的关键就在于气质。因为要解释东西教会大分裂——乍看起来,希腊方面要比罗马这边承担更多责任——的根本原因,必须从这方面入手。

179

东西教会在心理上的差异在于他们对现世的看法。对于生性就是活在当下的希腊人而言,未来的重生和来世的概念自然艰深晦涩。而罗马人却对其了如指掌。结果就是,对罗马人而言,驱使人们产生宗教信仰的冲动本质上就是来世论,其中还夹杂着对生后的期望,而对希腊人而言,这一冲动则源自一种寻求现世——而不是未来——升华(transfiguration)的希望。在罗马人的一生之中,他会把注意力放在罪孽与宽恕等问题上:他只关注下界;另一个世界尽管是其活着的最终目标,但却远在天边。对希腊人来说,另一个世界则近在眼前。他虽同时活在两个世界之中,但却着眼于上界;与其说圣餐礼是一种祷告的手段,不如说它是一种"永生的神药"(φάρμακον ἀθανασίας)。罗马人认为,神变成了人,所以着眼于未来永生的话,人的罪孽是可以被宽恕的。而希腊人则认为,人性在现世——而不是来世——就可以被神化。于是,宗教信仰对于罗马人的主要功能就是道德约束,是行事准则。而对希腊人来说,它则是一根刺破感官屏障的针,是将人类心中神性的火花与天界的上帝相连接的纽带。

这些对宗教信仰、物质和精神灵魂的截然不同的理解,体现在了不同的教会组织方式上。对气质上丧失了精神指导的罗马人来说,教会的裁判权成为了其宗教实践的基础。希腊人却相当排斥这种想法。因此,东正教会对个人宗教理解——至少就东正教内部

180

来说——态度还是相当宽大的,而天主教对此则无法容忍。东正教内部有诸多全国性的独立教会,他们在做礼拜和读《圣经》时用的都是当地方言,东正教会也容忍了这点,因此它才不会像罗马教会那样政治纷争不断。甚至在对待其他教派时,它也总能承认对方多多少少道出了一些基督教的真理,并一视同仁。

正是这些在毁坏圣像运动中暴露出来的针锋相对的观点,让东正教会和天主教会走向了分裂。但是,导致随后双方矛盾愈演愈烈罪魁祸首则是罗马方面,它一意孤行地搞起了中央集权,并且还以一种非道德的态度对待那些不能认同它这种做法的宗教人士。

首次严重分歧就发生在毁坏圣像时期。当时的教皇迫于伦巴第人进犯,而君士坦丁堡未能出手相助,只得向法兰克国王丕平寻求保护。从此以后拜占庭皇帝的名字就不曾在官方文件上出现过。另一位西方人,却莫名其妙地被戴上皇冠,在 800 年变成了教皇的保护人,他就是查理曼大帝。这使得双方之间更加疏远了。而在 843 年,当狄奥多拉女皇终于恢复圣像之时,教皇在意大利南部的地产和管辖权却没有回到她手中。此后,天主教会还试图争取刚刚皈依基督教的保加利亚王国,让他们使用拉丁语。虽然他们这么做是徒劳的——因为教皇无法给予他们教会独立,但是牧首却可以——但却点燃了拜占庭人心中的怨恨。最终,因谴责凯撒巴尔达斯道德败坏的牧首伊格纳修斯被佛条斯所取代,教皇出面支持伊格纳修斯,以及佛条斯从教义上找到了反击的切入点,这一连串事件导致了 858 年的第一次教会分裂。40 年之后,在马其顿王朝统治时期,双方才恢复了正常关系。由于牧首一职的重要性随着帝国越发强盛而水涨船高,教皇的影响力则日渐式微。但是,此时克吕尼改革的时代已经指日可待。一行携有重礼的使节来到了罗马,要求获得教会的完全独立,而整个西欧顿时躁动不安,试图将这一想法扼杀于摇篮之中。但在 1049 年,新思想的追随者利奥九世当选为教皇。他在君士坦丁堡的对手,牧首米海尔·塞鲁拉利乌斯(Michael Cerularius),是一个与之有同样魄力的人。他曾受过牢狱之灾,为人直率,而且长期受到官场中自由之风的熏陶,这

181

也使他的命运早已注定。

随之而来的东西教会大分裂，就是这位牧首为了一劳永逸地解
决这一长期矛盾①而一手操纵的。佛条斯时期教会所认同的这种
全国性的排他思想也为其助了一臂之力。意大利南部依然受教皇
控制的问题又被提了出来。拉丁人曾将"和子说"引入了教条，声
称圣灵不仅出自上帝，也出自圣子，而不是由圣子领受。佛条斯便
以此为切入点，展开神学上的进攻。而为了向皇帝和人民证明反
对牧首才是明智之举，教皇特使专程来到圣索菲亚大教堂的圣坛
之上，对那些分裂分子施下了诅咒："主啊！就让他们同买卖圣职
者、瓦勒良②派、阿里乌斯派、多纳图斯派③(Donatist)、尼哥拉派、塞
维鲁派(Severian)、反圣神派(Pneumatomachi)、摩尼教徒、拿撒勒派
以及所有的异端一起被革出教门吧！愿他们与魔鬼同在。阿门，
阿门，阿门。"在人民心中颇有威望的牧首也批准了这次分裂，违背
了远见卓识的君士坦丁九世的预期。④ 虽然之后的多位皇帝，以及
双方各自阵营中的有识之士，在数个世纪里都不曾放弃统一教会
的努力，但是这道伤疤实在太深，已经难以愈合。拜占庭人的宗教
荣誉感受到了严重的侮辱。而在其教会的蛊惑下，拉丁人对这些
被革出教门的东方人的厌恶之情与日俱增。

在4个多世纪中，双方的矛盾焦点摇摆于精神与政治之间。然
而不久之后，十字军东征的时代便来临了。教皇帕斯卡二世答应
帮助安条克的博希蒙德摧毁这个持分裂论的帝国，西西里的罗杰
二世也曾收到过类似的鼓动。作为报复，科穆宁家族企图在圣彼

---

① 在从330年君士坦丁大帝迁都君士坦丁堡至858年佛条斯分裂这段时间里，官
   方关系已经断绝了超过203年。
② 瓦勒良(200—约260年)，罗马皇帝，曾迫害基督徒。——译者注
③ 多纳图斯派信徒为宗教严格主义者，主张分裂的基督教派，受到圣·奥古斯丁
   强烈反对，公元4世纪于北非兴起，认为圣洁是成为教会成员和圣事的施行的
   必需条件。——译者注
④ 君士坦丁九世企图介入这次事件，因为他需要利用教皇来共同对付诺曼人，后
   者对帝国在南意大利的领土形成了严重威胁。——译者注

得大教堂获得加冕的野心也是人尽皆知。最终,第四次十字军东征进入了筹备阶段。教皇英诺森三世——在英国历史上,他曾以开除国王约翰的教籍而闻名——认为,教皇统治全欧洲的权力没有精神与世俗之分。他直言不讳地反对以君士坦丁堡作为进攻目标。即便事已至此,他也不曾三缄其口。①"你们拔剑相向的不是萨拉森人,而是基督徒……,"他对侵略发起者写道,"你们喜爱俗世的财富更胜过天国的财富……你们作恶多端,不分男女老幼,统统赶尽杀绝;你们的荒淫堕落让你们在世人面前颜面扫地……你们不仅把兽欲发泄在有夫之妇与寡妇身上,就连为救世主献身的修女们也不放过;你们洗劫教堂……盗取十字、圣像和圣物,这只会让遭到迫害的希腊教会愈发抗拒罗马教廷,因为他们只会认为拉丁人都是背信弃义、卑鄙愚昧之徒,并且发自内心地厌恶他们。"然而,正是这个写下这段义愤填膺之言,口口声声地斥责威尼斯大主教莫罗西尼(Morosini),和佛条斯一样自命不凡,并且承认希腊人的礼拜仪式的人,尽然能够面不改色地用同一张嘴,把攻陷君士坦丁堡比作"上帝为其荣耀之名、为罗马教会和基督教世界利益而行使的奇迹。"1215 年的拉特兰会议,宣布了东西教会被迫合并的结果。但是教皇特使在黎凡特地区的放肆行为甚至让拉丁皇帝都无法置若罔闻了。到 1245 年,在拉丁主教区的 30 个主教职位中,只有 3 位副主教留了下来。威尼斯人则觉得,与尼西亚流亡政府做买卖比维持这个假想的神迹要有利可图得多。而在希腊人光复君士坦丁堡 13 年后的 1274 年,安茹的意大利人②使得人心惶惶,教皇和皇帝③不得不宣布再度结成"统一阵线"。但这不过是又一次失败的尝试。对希腊人的憎恨已经到了无法挽回的地步。

184

---

① 有人认为他之所以对起初十字军入侵者大为恼火是因为他在瓜分君士坦丁堡时没有获得一点好处。——译者注
② 指安茹的查理。——译者注
③ 指米海尔八世·巴列奥略。——译者注

　　但是帝国已经到了最后垂死挣扎的阶段。而西方的援助是建立在宗教协议的条件之上的。约翰五世·巴列奥略在圣彼得大教堂的台阶上皈依了天主教，最终却无功而返。其继承人曼努埃尔走遍西欧，他璀璨夺目的服装让巴黎人目不暇接，他还在艾尔森①(Eltham)度过了一个圣诞节以寻求援助，但这也是徒劳之举。不过，在帖木儿击败了巴耶济德之

图9　皇帝约翰七世·巴列奥略

后，土耳其人的进攻在1402年进入了间歇期，和平似乎指日可待。　185
罗马教会在巴塞尔(Basle)召开了一场宗教会议，会议的首项议案就是指责教皇尤金四世。教皇和会议的特使双双来到君士坦丁堡，这使得苏丹穆拉德二世也派了一位使者前来，这或许是在暗示，在这种局势下，与苏丹结交友谊或许比对西方基督教世界的念念不忘要更加可靠。不过，在1437年皇帝及其代表团最终还是在教皇的劝说下踏上了西去之路。一行人在威尼斯对从他们自己首都掠夺来的宝藏赞赏有加，然后抵达费拉拉。但由于爆发了一场瘟疫，会址只得迁至佛罗伦萨。双方在此达成共识，并在大教堂握手言和，用希腊语唱出的赞美诗也在教堂内久久回荡。君士坦丁堡和莫斯科也都为此举行了庆典，但是人民对此却嘘声一片，枢机主教伊西多尔(Isidore)还差点在莫斯科丧命；而叙利亚和埃及的牧首则一致认为这是一场有违神意的和约。与此同时，教皇也力所能及地派出了援军。但是，不论他和约翰八世·巴列奥略是多么的情真意切，他们的努力都化为了泡影。海军司令诺塔拉斯(Notaras)曾说过这么一句广为流传的话，他宁愿"在首都见到一块

---

① 伦敦东南地区。——译者注

穆斯林头巾,也不愿看见拉丁主教的法冠"①。这句话虽然使他遭到世人唾骂,却也真实地反映了希腊人无可厚非的公众舆论。3个世纪以来,拉丁人借着十字军的幌子,摧残了整个帝国,他们不仅夺去了它的繁荣,推翻了它的政府,甚至还亵渎了它最宝贵的圣地与教会。穆罕默德二世在 1453 年占领这座城市之后,在这里重新设立牧首区,东西教会的联合便到此为止了。自那以后,维护宗教统一的尝试就开始朝着其他方向发展了。

186

---

① 虽然这句话会让人们以为诺塔拉斯是佛罗伦萨会议结果的坚定反对者,但事实却不然。在会议期间,他曾协助约翰八世从教皇那里获得援军,并且平息了东正教徒的暴动。——译者注

第九章 文 化

在使用"艺术"（art）和"艺术感"（artistic）这两个词时，人们常常会特别举棋不定。后者与各种文化活动都有关联，而前者常被用来将其中一种与其他的区分开。一般来说，"艺术"意味着创造一种形式，不论是二维的还是三维的。而诸如音乐、写作等具有"艺术感"的表达方式则与之相反。拜占庭人的智慧恰恰体现在了艺术之中，他们有惟妙惟肖的肖像画和精美的图案设计，还有宏伟的建筑和技艺精湛的工匠，并通过大大小小的纪念碑和形象化了的情感，将这些遗产传给了后世子孙。对于后人来说，拜占庭艺术却忍受着双重的不幸：人们在摆脱了古典主义的桎梏，具有了欣赏其魅力的眼光之后，对它的共鸣才在这个世纪被唤醒。即便在如今这个交通如此发达的时代，人们依然难以寻觅能够纪念其辉煌过去的东西，它们不是藏匿在驱车无法到达的东地中海沿岸的山区之中，就是坐落于君士坦丁堡和基辅等地，使得普通旅行者既没时间也无财力去探访它们。能够为旅行者提供足够便利的意大利着实是个例外，但这里却只能使人对这种艺术产生片面印象。只有去一趟西班牙，才能目睹埃尔·格列柯那无与伦比的拜占庭晚期绘画。否则人们便很难在西欧找到中世纪希腊文化物证了。即便如此，一旦了解其重要性，就再也难以释怀。荷兰的小酒馆和翁布里亚的小山丘，就像恋恋不舍却已然劳燕分飞的恋人那般，渐渐地淡出了人们的记忆。人们揭开了使其艺术之美看上去扑朔迷离的面纱。

然而新人们总是在不断摸索。在整整 12 个世纪的时间里，总会有一些里程碑式的成就和风格上的改变。而关于拜占庭艺术的指南却十分珍稀,且常常有失偏颇。因此,就有理由在这里根据一些公认杰出的作品和事实,对拜占庭艺术发展的三个历史阶段做一下概括。

  第一段时期,从 330 年君士坦丁堡建立,至查士丁尼统治的黄金时代。从东方引进的镶嵌画艺术——用有色玻璃片镶嵌而成的绘画——的技艺已经达到了炉火纯青的地步,而其所使用的整体布局却没有太大变化。不过,在 5 世纪中期位于拉韦纳的加拉·普拉西提阿皇后的陵墓中,拱顶的蓝宝石图案衬托着失真的罗马—希腊式人物,彰显了拜占庭早期艺术作品的独特之美。这段时期的镶嵌画,尽管大多都像拉韦纳的圣维塔教堂(St Vitale)中的查士丁尼和狄奥多拉的画像那样,缺少拜占庭后期艺术的那种情感内涵——但即便如此,成型之后的画作依然是当时人类世界前所未见的杰作。当时的布局形式,有的直接源自罗马,例如装饰于萨洛尼卡的圣乔治教堂内的天盖结构;有的则像见于上述教堂内副拱上的飞鸟图案,其灵感源自东方。坐落于拉韦纳的圣阿波利纳雷教堂(St Apollinare-in-Classe)的半圆形后殿,表现了一种将希腊形式融入东方那种不自然的图案组合的尝试。但是最后的效果却缺乏协调感,而且象征手法过于突兀。同样,当时的用色也没有体现出日后的绘画和镶嵌画所遵循的色彩互补原则,这些原则后来成为了拜占庭人艺术创作时经久不衰的准则。另一方面,当时的象牙和石棺雕刻早已展现出了精湛的技艺和简洁的样式,它们也在 12 个世纪中基本保持不变。

  这一时期所解决的主要问题就是教堂的建筑样式。继承了古典神庙样式的长方形会堂(basilica)成为了一贯的样式,它有着方形的正厅或前厅,圆形的后殿,和两边竖有双排或四排立柱的中殿。在意大利之外,残存于萨洛尼卡的圣德米特里厄斯大教堂(St Demetrius)和圣帕拉斯科维大教堂(Paraskevi)亦为此样式,人们还可以在叙利亚的沙漠中找到这一样式的教堂。与此同时,在叙利

189

190

亚和安纳托利亚两地,八边
形和圆形的老式陵墓也在蓬
勃发展,这是人们追求比墨
守成规的古典样式更加具有
宗教内涵和建造难度的设计
的结果。直至查士丁尼登基
之时,诸如罗马的圣康斯坦
齐亚大教堂(St Constanza)和
萨洛尼卡的圣乔治教堂等圆
形教堂已经为人熟知,而诸
如拉韦纳的圣维塔教堂以及
君士坦丁堡的圣瑟古斯和圣
巴楚斯教堂(SS. Sergius and

图 10　有着土耳其尖塔的圣索菲亚大教堂

Bacchus)等八边形教堂还处于推广阶段。虽然萨洛尼卡的圣使徒
教堂已经向人们展示了常见的顶部建有五座小穹顶的十字形建筑
结构,但是随着人们引进了安纳托利亚的砖结构穹隅①——一种能
够在正方形基座上搭建穹顶的方法——正方形会堂就和八边形或
圆形样式产生一种相互融合的趋势,并最终发展成为了一种家喻
户晓且用途广泛的希腊式十字架②形。532 年的尼卡暴动摧毁了
君士坦丁堡的许多旧教堂,这便使查士丁尼获得了天赐良机。他
建造的新圣索菲亚大教堂,是一座上有穹顶的方形底座建筑,它呈
现了拜占庭建筑的所有特点。而且不论它在建筑材料上的甄选如
何考究,也无法超越其对人们心灵造成的震撼。

　　在 7 世纪,随之而来的是一个动荡不安的时代。而在 8、9 世　　191
纪,在毁坏圣像的皇帝们的统治下,尽管盛行着一股来自巴格达哈

---

①　穹隅(Pendentive)是指拱顶之间形成的三角形球面。在穹隅的发展前,建筑师常
　　采用叠涩拱或内角拱于四角以支撑建筑。穹隅的发明使得方形基座上可以搭
　　建巨大的圆形穹顶。这是一个古罗马建筑师没有解决的问题,是建筑史上的伟
　　大发明。——译者注
②　希腊式十字架为四臂等长的正方形十字架。——译者注

里发宫廷华丽世俗的装饰之风,但是真正的艺术发展却止步不前。

因此,第二段时期就始于凯撒巴尔达斯在 9 世纪摄政时期的反清教式运动。由其所致的科学和人文学科研究的复兴,以及"马其顿人"巴西尔一世——他使得帝国走上了繁荣富强的道路,直到 13 世纪初的十字军入侵才使其国力一落千丈——在 867 年的即位。

如今的拜占庭艺术既富有精神意义也颇具人情味。首都汇聚了大量财富,当时建筑都表现出极致奢华、富丽堂皇的特点。如果在这片金碧辉煌的镶嵌画和价格不菲的大理石的海洋里,建筑艺术正越来越摈弃纯粹单一的设计样式——正如已经不复存在的巴西尔一世大教堂,始建于 1063 年的威尼斯圣马可大教堂就是仿造其样式而建——那么在绘画艺术中,人们也圆满完成了感情象征与表现象征的结合,至少在教堂里是这样。从此以后,其内部每一处空着的地方都必定会有一副肖像画用以装饰。当时遍布皇宫周围的世俗艺术,虽在史书中有所记载,却都已失传。这就是拜占庭文化的全盛时期。从希腊人在 11 世纪完成的至今仍保存于基辅圣索菲亚大教堂的镶嵌画,到建于 12 世纪的蒙雷阿莱(Monreale)的哥特式教堂中的耶稣巨像,欧洲整个东南部地区到处都是希腊帝国繁荣昌盛的见证。而其中的不朽杰作还当属希腊地区的建筑:位于雅典附近的达芙尼(Daphni)修道院教堂,以及位于里瓦几亚(Livadia)的佛基斯(Phocis)的圣路加教堂。后者的大理石和镶嵌画虽无人修复,却都整块整块地完好地保存至今,它们毫无保留地向人们赞美着帝国中期的辉煌,并且告诉着人们,君士坦丁堡的光辉是如何照耀至穷苦庄稼汉和山区牧羊人的。

最后十字军的铁蹄纷沓而至,随着第四次东侵,拜占庭的辉煌走向了终点。14 和 15 世纪的教堂都很小,零星铺有几块大理石,而且大部分都没有原本应有的镶嵌画。不过尼西亚王朝在 1261 年一收复君士坦丁堡,一场绘画艺术的复兴就接踵而至。这场绘画艺术的繁荣复兴一直持续到帝国困兽犹斗的最后一个世纪,甚至在被土耳其人征服 2 个世纪之后,它依然没有沦落至彻底成为之后俄罗斯和巴尔干半岛农夫的家中装饰的田地。

自从毁坏圣像者向拜占庭人的大脑中灌输了他们的思想时起，人们就从未中断过对被表现事物的类别进行细分，然而表现技巧却濒临失传。而之后在意大利发生的一场古典人文主义的复兴，使它们起死回生。早在 11 世纪，"单打独斗者"君士坦丁九世就下令重建君士坦丁堡大学，这兴起了一场柏拉图研究的热潮，并试探性地让理性在基督教崇拜中占有一席之地。多亏了教会传统的力量，正如在意大利所发生的那样，其结果并非只是换汤不换药的希腊自然主义和皮相之谈；而是一种对虽属二流的写实技巧也能帮助艺术家表达情感的见证。除了米斯特拉的潘塔纳萨教堂（Pantanassa）中的绘画之外，最早的一个，也是拜占庭艺术的第三和最后一段时期中最美轮美奂的作品，便是现存于君士坦丁堡的卡里耶清真寺①。绘制于 1310 至 1320 年间的内部镶嵌画表现了一种平易近人的高贵和优雅的构图，让人不禁联想起同时代乔托的作品，在色彩上甚至有过之而无不及。不过，正如在意大利这种不太富有的地方，绘画则成为了主流。随着帝国的瓦解，它也形成了两个主要发展中心——摩里亚专制君主国首都米斯特拉城和阿索斯山僧侣自治共和国。至少，迄今为止留下的壁画能够作为我们推测的依据。与此同时，希腊人的艺术手法也传入了塞尔维亚，并以更加通俗的形式逐渐传遍整个巴尔干半岛。已成气候的克里特画派和马其顿画派是最知名的两个肖像画派，其现存的作品可追溯至 13 世纪。后者虽独成一派，但在着色和光影表现上却更加接近乔托画派的壁画家。其情感立意更加高远，但在技巧上则略逊一筹。另一方面，克里特画派的艺术家们自始至终都保持着东西方艺术的差异；他们的色调互补及其对依靠内在光影表现外形的感觉，在同一艺术领域里无人能及。要不是因为被土耳其人征服，欧洲绘画如果能摆脱 17 和 18 世纪意大利自然主义的影响，那

① 又名科拉教堂或卡里耶博物馆，被认为是君士坦丁堡最美的教堂之一。16 世纪被奥斯曼帝国改建成清真寺。——译者注

么明显靠的也是埃尔·格列柯的作品。他是这一画派最具影响力的代表人物，同时也是拜占庭智慧中最后一朵奇葩。在大众艺术倾向上，很难想象"不朽的奎多"①与他几乎是同时代人。

　　于是，从 4 世纪中叶至 16 世纪中叶，生根发芽于君士坦丁堡并且游走在溢于言表的神秘主义和希腊人代代相传的简洁明快这两个极端的美学传统，便形成了一股具有创造性的力量，其作品至今仍是世界文化史上的里程碑。在抽象图案和背景构图上；在让本已价值连城的材料更加光彩夺目的本领上，以及在所描绘之物与所表达之情的折衷上，拜占庭艺术家们的造诣迄今令人难望项背。

195

　　这种折衷就是艺术家利用熟悉的形式来表达他所认知的内在含义，只要人类还是通过所见来思考，它将一直会是艺术的目的。本书第 170 页至 173 页②已经阐述了毁坏圣像运动是如何以同样的方法在拜占庭绘画和镶嵌画艺术中维持了这一平衡。但是除了肖像艺术外，拜占庭的所有艺术都在亚美尼亚的纯化论者到达之前的合三为一时期③就已成型。在萌芽阶段，其存在与基督教的存在相一致。而基督教的特征也反映了艺术的特征。基督教源自世界大同主义，它需要世人的接受并且允许人们进行复杂而又理性的思考。同样，拜占庭艺术也绝非单一民族和精神气质的产物，它是一股心理巨浪留下的浪花，不分国界，超越种族障碍，并且海纳百川、融会贯通。在理性方面，拜占庭艺术与西方中世纪艺术有着显著的差异。由于长期受到根深蒂固的古典人文主义的耳濡目染和启发，它能够毫无芥蒂地借用东方的形式。而且，基督教目的明确，矢志不渝。拜占庭艺术也如出一辙。事实上，基督教试图领会
196　的对真实的表达，不掺杂任何讨好他人的装腔作势。所有东西都

----

①　奎多·雷尼（1575—1642 年），意大利画家。——译者注
②　原书页码。——译者注
③　见本书第四章。——译者注

以简洁至上,挑兵选将是为了达成某个目标,而且还要万无一失地达成这个既定目标。易于理解的形式被降至最低限度(因此不肖之辈才会把它们当成附赘悬疣),且从不迁就视觉惰性。两者的目的都是让人类对更伟大的东西产生精神共鸣,宗教靠的是心智,而艺术靠的则是眼观。对富有创造力的拜占庭人来说,艺术就是其表达追寻真实的一种方式;对观看者来说,则是一种促进他们追寻真实的动力。源自东方的基督教把东方的情感象征法一道带入了西方。即便如此,在拜占庭艺术的所有抽象作品和困扰着它的宗教催眠效应之下,依然一直保存着希腊人的理智,天生的平衡感、布局感,以及对纯粹形式的直觉。

　　在令人不胜枚举的满足感之中,拜占庭式图案的精髓和表现提供了一种视觉上的享受。外形轮廓的精巧雕饰使石料和象牙的材质表现得淋漓尽致,它那无可挑剔的比例分配和多样的形式,不仅没有减少其充满象征含义的神秘感,反而通过精雕细琢将纹理效果表现到了极致。语言描述却只能表达其中的大概原理。但是当这些原理从纯粹的图案被运用至简化了的具体事物——人、动物和风景——时,早期基督教艺术中令人心神不安的象征符号——蔓生的棕榈树和惊魂未定的羊群——却不见了踪影。取而代之的,是一197种在帷幔和自然景观——例如树木和石头——中显而易见的立体主义,一种突出脸部和四肢的明暗对比和一种并非人们所熟知的中世纪家庭生活、文艺复兴时期或巴洛克风潮中的处理方式,而是以几何形式形成一个个小区块,它就像艺术家心中一间间界限分明的封闭式小隔间。色彩使得这一形式主义肖像艺术的骨架更加血肉丰满,它不单单只是突显立体感的附属品,还有着自己无拘无束的生命之火,因此所谓的光影效果并非来自假想的外部光源,而是拜其本身的色彩相互作用所赐。这种组合散发出一种令现代人不知所措的神秘情感。对拜占庭人而言,这一传统的内涵随着一代代人而不断加强。而对我们来说,则必须舍弃因我们的教育而导致的先入之见才能理解它。诚如斯特雷高斯基[①](Strzygowski)所言,在 17 和 18 世纪里,"艺术已经不再触及人们的日常生活。时至今日,我们已经很难理解它究竟对一个人有何意义了。"

198 如果当时再把色彩斑斓得足以让那些前来做交易的蛮族心驰神往的宝石、金属、镶嵌图案等元素加入这种令人难以理解的形式主义的话,就不难想象什么才是真正的光彩夺目。这并不是一种挥霍无度,而是一种合理利用这些材料制成拜占庭艺术品时能够轻松自如地张弛有度。在君士坦丁堡,这是历史上第一次也是最后一次,一种简朴知性的品味邂逅了数不尽的财富,却未因其诱惑而无法自拔。拜占庭的富丽堂皇与遥远的东方的那种金玉其表的不同,就好比贵族与土豪的区别,前者泰然自若、内在充实,而后者则浮躁不安、俗不可耐。

我们可以根据样式、规模、建筑理念或建造工艺将留存下来的拜占庭文化的遗迹分门别类。其绘画——作为欧洲绘画艺术的鼻祖——自然在历史发展进程中享有特殊地位。而其他的艺术形式——若不是因为土耳其人抹去了屋顶镶嵌画[②],绘画艺术本应也在其中——则统统囊括在一座建筑中。这座建筑就是圣索菲亚大教堂。尽管这些镶嵌画——其中大多数都是毁坏圣像运动之后的作品,因此并不能代表教堂建设之初的模样——已经无处可寻;尽管读经台和圣像屏帏已被撤走,挂毯正面都朝向了麦加,并且写满土耳其经文,但是凭借想象力我们依然能够重现原来的内部装饰,因为这里曾是拜占庭世纪中心。圣索菲亚大教堂是第一次大融合时期最实实在在的产物:它包含了罗马的庄严,希腊的理智,东方的神秘,以及基督教的世界性。这绝不只是一座根据设计师的图

---

① 约瑟夫·斯特雷高斯基(1862—1941 年),波兰裔奥地利籍艺术史学家。——译者注

② 1935 年,土耳其国父凯末尔将教堂改建成博物馆,并令人擦去了覆盖在镶嵌画上的石膏。——译者注

纸一砖一瓦建造而成的建筑。它是一座从天而降的庞然大物,一 199
个永恒的梦想。虽然这个庞然大物看上去并不那么孔武有力,但
是样样都那么轮廓清晰,有板有眼。华丽的词句也仿佛印在了这
片砖石之中。如今穆斯林在这里诵经赞圣,而基督徒则只能在席
子上蹑手蹑脚地迈步。但如果真实就是神①(God)的话,那么执著
于腐朽的教条又有何意义呢?

　　君士坦丁大帝的旧教堂在 532 年 1 月 15 日被焚毁。② 到 2 月
23 日,新教堂已经破土动工。5 年又 10 个月之后,在 537 年的圣
诞节上,查士丁尼大帝参与了它的落成典礼。建筑师米利都人伊
西多尔(Isidore the Milesian)和特拉勒斯的安提莫斯(Anthemius of
Tralles),以经后世一位权威人士估计达到 1284 万磅黄金——相当
于 6400 万英镑的购买力——的成本,树立起了一座长 241 英尺宽
224 英尺的教堂。其顶部的大穹隆直径 104 英尺。在 21 年后的地
震之后竣工时,穹顶距地面 174 英尺。整座建筑如今依然伫立在
一座蓄水池之上。③ 根据拜占庭人的估计,这座蓄水池能够同时容
纳一百艘桨帆船(galley)。这位皇帝当时曾意味深长地说道,"啊,
所罗门! 我已将你超越!"显然他完全无视了后人。但是后人又能
拿什么与之相比呢? 在否定宗教神启和树立教皇权威上登峰造极
的圣彼得大教堂,处处散发着一种无可救药的古典主义气息。不 200
过也只能拿它来比较一番。两者之间充分说明了东正教欧洲和
天主教欧洲之间的区别。圣索菲亚大教堂是一种充满艺术气息的
形而上的存在;而圣彼得大教堂则是一种过分物质化了的存在。
一个是献给上帝的教堂,另一个则是其代理人的沙龙。一个供奉
的是真实,另一个供奉的是幻象。事实上,圣索菲亚大教堂更加大
气磅礴,相比之下圣彼得大教堂则可悲地渺小不堪。

---

① 基督教的上帝和伊斯兰教的真主的英文都是 God。——译者注
② 君士坦丁大帝的教堂实际上是在 404 年的暴乱中被毁坏的。毁于尼卡暴动的
　实为狄奥多西下令建造的第二所教堂。——译者注
③ 这座建筑不仅经受了数次地震,还经历了 1755 年的城市大火。当时大穹顶上
　的铅制品被烧化之后沿着檐槽流了下来。

图 11　圣索菲亚大教堂：面向西门

在首次落成典礼上共宰杀烹制了 6000 只羊以及牛、猪和家禽各 1000 只。这座铭刻着希腊人爱国精神的东方之地上的奇迹就此诞生了。让我们再来看看那在它遭受十字军毁坏和被改建为清真寺之前一直让早期拜占庭人及其子子孙孙竭诚尽节的内部装饰。

步入挂着织有动物图案挂毯的长方形大门，映入眼帘的是一大片嵌着暗绿色条纹的烟熏色大理石。环绕四周的是规则镶嵌在墙上的大理石板，据我们所知，内墙为木质结构。所有的石板都经过精雕细琢，只有这样每块石板的纹理才能与比邻石块呈均匀对称状，而且每两块相邻石板摆放的角度也恰到好处。如今，岁月的风化和人为的弃置使原本缤纷的色彩蒙上一层单一的色调。然而对有幸参加了第二次落成典礼①的诗人"示默者"保罗（Paul the Silentiary）而言，大自然的美景全都浮现在他面前："在卡律司托斯②（Carystus），赤红色与银白色的花朵闪耀着夺目的光芒；紫红色的斑岩如星辰般点缀着大地；番红花像金子般闪闪发光；白色的乳汁在黝黑的肌肤上流淌；蓝色的矢车菊钻出厚厚的积雪茁壮成长。别忘了还有来自弗里吉亚的奇珍异宝。"③实际上他这是在列举大理石的花色纹理。接下来是支撑着第二层走廊及其之上的墙体的数排立柱、斑岩和蛇纹

201

---

① 553 年、557 年及 558 年的三次地震对教堂造成了巨大损坏，这使皇帝不得不下令对其进行修复。修复工程于 562 年结束，落成典礼于同年 12 月 23 日举行。——译者注
② 位于希腊优卑亚岛，是古代有名的大理石采石场。——译者注
③ 原文采用莱瑟比（Lethaby）与斯文森（Swainson）的英文译文。略有改动。——译者注

石墙体以及各式各样的大理石。竖立在曲面部分的立柱上安有镶金柱头，这并不是为了喧宾夺主，而是起到从内部支撑的作用。柱头之上的半圆形墙体也同样经过精心雕饰，上面还嵌有斑岩制成的石板。接着，四块三角形穹隅以一定倾角逐渐向内延伸，每块上都有一幅六翼智天使的镶嵌画，它们支撑着穹顶檐口。全能天主像（Christ Pantocrator）从顶部威严地俯视着大地，就好似时刻准备对世人进行审判。位于圣像下方的读经台专门用于诸如加冕典礼等重大仪式。它是一个由八根立柱撑起的巨大玉制讲道坛，上面镶着象牙与银饰。在其前方和后方各有两道阶梯通往被围栏包裹住的上层平台，上面还有两根半圆的玫瑰色铜质圆柱。在高高在上的蓝色与金色的横梁之上，摆放着形似凯乐符号①（Chi-Rho）的十字架和锥形大烛台。

在读经台的另一头，一条有蛇纹石扶栏的通道将人们引向圣像屏帏，这是一块能够遮蔽整个东后殿的巨型屏风。在这块镀银的　202
屏帏上，由一根根刻有带翼天使的银质立柱隔开的嵌板上展示着镌刻的圆形图案，还有用使徒名字以及查士丁尼和狄奥多拉名字的起首字母组成的花押字。在屏风之后，则是一座银光闪闪的圣殿，墙上还挂着描绘上述两位统治者臣服在基督面前的红色挂毯，顶部竖有一座八角锥形的银质小塔。其内部放置着被称为"万世之宝"的由金漆包裹的神坛，不过后来被十字军敲碎之后掳走了。神坛四周摆放着历代皇帝的祈愿皇冠，尽显珠光宝气。在神坛上方的嵌花式拱顶之上，一座呈蓝、白、金三色的圣母像端坐于底座为绿色的红色宝座之上，成沉思状。

不过，让这个地方显得平静和谐的，是不知从何而来的无形之光——我们甚至可以说是光让这里的美提升至了一个全新的高度。在一座哥特式教堂里，人们只能看到强烈的明暗对比；而在一座古

---

① 凯乐符号是早期基督教符号，即希腊文 ΧΡΙΣΤΟΣ（Christ）的前两个字母。
　　——译者注

典式教堂①里,采光又过于明亮。但是在圣索菲亚大教堂里,从开在穹顶檐口和墙体其他部位的窗口中摄入的光线让整座教堂看上去就像沐浴在一片朦胧的雾光之中。这里没有阴影,只有深邃。这座建筑就以这样的方式向人们诉说着其最引以为傲的地方。在拜占庭时代,即便是在夜里也是一样的。一串串长短不一的锁链垂挂在穹顶的巨大圆形檐口上,其末端挂着巨型银盘和十字形灯架。人们为这些银盘和灯架钉上无数的钉环以悬挂灯芯摇曳的油灯。碗型和船型的壁突式烛台②让大理石板的色泽再度呈现在人们眼前。横跨后殿的圣像屏帏在烛光下忽明忽暗。穹顶的上基督像也在隐蔽于檐口内的油灯照耀下闪闪发光。于外,不论春夏还是秋冬,人们永远都能从海上看到教堂外部的灯光,它就像是一座指引着拜占庭水手们的灯塔,"不仅指引着商船,还告诉人们上帝在此"。

要理解拜占庭艺术的后期发展,即其独具特色的绘画艺术的出现和希腊绘画的最后一次全盛期,就先要了解同时期文化传播的大致情况。如果撇开其文化来看其艺术的话,它的那些独到之处势必就会沦为只是带有民族特色的装饰品,这样的例子在历史上并不少见。

识字读书并不是教士或贵族的特权。在各个军区,大众教育在都主教们的资助下有条不紊地进行着,直到 1923 年,安纳托利亚地区的希腊人依旧维持着这一传统,而神职或非神职教师的工资则由学生家长承担。在首都,学校享受官方补助;不过,出生高贵——或者更准确地说,官僚子弟——则会选择位于皇宫附近不限性别的学院。狄奥多西二世建立的奥克塔贡大学也办得红红火

① 即罗马式教堂。——译者注
② 人们可以在佛罗伦萨的乌菲兹美术馆看到一盏帆船形的铜灯,其制造年代可追溯至塞维鲁二世时期。罗伯特·德·克拉里(1204)曾数过,那里有 100 块银盘,每块上挂有 25 盏灯。

火。人们沿袭了古人的方式，在这里学习语法、修辞法、辩证法和古典文学。但是它的存在却让毁坏圣像者咬牙切齿。于是在727年，伊苏利亚王朝开国皇帝利奥三世责令停办了这所学校。

没受过教育的希腊人就如冬季的蜜蜂那样稀少。而且，正如朗博所言，"在希腊帝国里，人文学科似乎是培养官员队伍时一样必不可少的东西，而且他们在这方面也受到了充分的教育。"在超过一个世纪的时间里，人文学科的学习曾被束之高阁。不仅仅是官员个人，就连整个政府部门都因此蒙受了巨大损失。因为，在君士坦丁堡，就像在如今的英格兰一样，最广泛的心智训练被视为是最终获得行政成功的关键。为了让官僚机构恢复效率（如边页码第127和第128页所示），中止毁坏圣像运动带来的荒废，作为摄政女王狄奥多拉的哥哥以及在856至866年掌握帝国实权之人，摄政王凯撒巴尔达斯创办了君士坦丁堡大学。这是他个人心系已久的事情，同时也是民心所向。这位摄政王知书达理、放荡不羁、执政高效且为人公正，这种典型的"文艺复兴式"的人格使他结交了不少名垂千古的人物：佛条斯，第一次分裂时期的牧首，有时也被誉为中世纪最博学的人；君士坦丁①，他正是受到佛条斯和这位摄政王的启发才踏上了向斯拉夫人传教的征途；美多迪乌斯②（Methodius），多亏了他才有了现代捷克；数学家利奥，萨洛尼卡主教，他受委托照料这所新大学。 ·205·

首先复课的是古典文学。我们不能说拜占庭人——全人类的图书管理员——只是在被动地保存古籍。他们曾经拥有过的许多书籍，到我们这一代已经失传。这些书并不是像历史学家所坚称的那样在书架上自生自灭，而是由抄写员日以继夜地誊抄，然后再发放到学生和爱好者手中。有人曾估计单单皇家图书馆就曾有3万册藏书。在上层社会中，妇女常常会和男性一样受到良好的教育。

与此同时，应用科技也在9世纪突飞猛进。这时人们已经发明

---

① 即圣西里尔（Cyril）的本名。——译者注
② 美多迪乌斯与西里尔两人为兄弟关系。——译者注

了希腊火。在最后一位毁坏圣像皇帝狄奥斐卢斯手下,萨洛尼卡的利奥①为皇帝密室发明了可以记录亚洲烽火信号的刻度盘,他还制造了皇帝宝座上的宝石群鸟和黄金狮子。事实上,君士坦丁堡在科技方面早已名声在外,就连巴格达哈里发在与希腊人签订条约时都指明要派三位数学家到其宫廷,利奥便是其中之一。曾有史料记载,在 12 世纪初,被刺瞎双眼的谋反者尼基弗鲁斯·狄奥吉尼斯②(Nicephorus Diogenes)在研究几何学时曾获得过雄厚的资助。在拉丁征服之后,特拉比仲德接过了科学与数学研究的接力棒,来自黎凡特地区各个角落的学生不远万里赶往此处求学。但拜占庭教育的黄金时期却是 11 世纪。普赛罗斯在 25 岁时所学习的科目,让后人们了解了其教育内容是多么的宽泛:修辞学、哲学、音乐、法律、几何学、天文学、医学、巫术,以及通过新柏拉图主义来学习的柏拉图主义。

音乐虽然是文化中的上层领域,却在中世纪时鲜被提及。不幸的是,我们已经很难重现拜占庭人在这方面所获得的成就了。音乐在军事和宫廷仪式上至关重要。只要皇帝离开大皇宫,随行的一定是一支鼓号队,在出征时,士兵们随着笛声齐步前行,军队指令通过号声传达,而且西欧历史上有记载的第一支军乐队据说就是效仿土耳其人而建立的,而他们则是拜占庭人的继承者。几台机械风琴让女皇在沐浴时喜笑颜开,一台金色的风琴被安装在了画满了群鸟和狮子的王座室,它能在外国使节抵达时以奇妙的声音迎接他们。每个马戏团都用自己的银质风琴在皇家花园的木质露台上演奏乐曲。教堂音乐通过乐谱手稿的形式保存了下来;但是人们至今仍无法完全读懂它们。这些歌曲听上去类似于格里高利圣歌,而且很可能就是受其启发而成。米海尔一世朗加比

---

① 即数学家利奥。——译者注

② 罗曼努斯四世之子,罗曼努斯四世时期曾被封为共治皇帝。他在父王死后受到阿历克塞一世·科穆宁厚待,但却密谋暗杀皇帝,后遭到阿历克塞的手下刺瞎双眼。晚年在皇帝的保护下潜心研究历史和科学。——译者注

(Michael I Rhangabe)的使团的歌曲表演让查理曼大帝陶醉不已，
而这些歌曲在某种程度上都是以当时希腊民谣的传统曲调所演绎
的。它们还为俄罗斯教堂音乐奠定了基础，并以此让俄罗斯曲调
和他们的作曲家拥有了与西欧音乐完全不同的风格，还让斯拉夫
农民哼上了千篇一律的小曲。它们与现代希腊教堂所使用的克里
桑梭①(Chrysanthos)音符没有任何关系，后者纯粹是东方的舶
来品。

　　在语言和文学上，11世纪见证了希腊民族的损益遗产
(damnosa hereditas)的进一步发展，这一遗产一直保留至现代，很可
能还会对未来数年产生影响。这就是口语和书面语之间的分歧。
当时和现在的教师们都喜欢卖弄阿提卡希腊语②，他们忍受着不幸
的希腊语已经混乱不堪的事实，却不曾想过阿提卡方言也曾是它
的一部分。甚至连书写地方语字母都被认为是品味低俗的。而当
西方的法语、西班牙语和意大利语正在逐渐从拉丁语分化出来时，
君士坦丁堡的青年们依旧不得不完全根据空洞的古典范文来进行
写作。随着11世纪人文学科——特别是柏拉图研究——的复兴，
这一分歧就成了板上钉钉的事。人们从来不用日常用语来表达风
花雪月的美好事物，而是将其与粗俗不堪联系起来。用库伦巴彻③
(Krumbacher)的话来说，这就好像意大利文艺复兴用西塞罗式的
拉丁语代替了但丁所使用的语言。词语虽然得到了发展，却没人
将其付之于纸。文风简直就成了各种从句的堆砌。高度发达的拜
占庭文化居然在一千年里没有成就过任何值得大书特书的文学作
品，这足以证明崇古心理是一件多么危险的事情。后人或许会对
拜占庭人没有执著于模仿普拉克西特列斯和菲狄亚斯④的作品而

208

---

① 　马季托斯的克里桑梭(Chrysanthos of Madytos)，19世纪希腊诗人、音乐家。曾
　　担任过大主教和修道院长。——译者注
② 　又称雅典希腊语。——译者注
③ 　卡尔·库伦巴彻(1856—1909年)，德国学者，专门从事拜占庭语言、文学、历史
　　和文化研究。——译者注
④ 　普拉克西特列斯和菲狄亚斯都是古希腊雅典著名雕塑家。——译者注

感到欣慰,因为它们抑制了后世西欧艺术的发展。

　　当然,拜占庭人还是留下了大量文学作品。其中最重要的当属神学作品,不过由于专业性太强而很难吸引后世读者。希腊人一直是修史的佼佼者。王族、教士、商人,每个人都肩负起了记史家的职责。尽管形式单调乏味,但是他们有着真知灼见和对人性的深刻理解。从 8 世纪起,人们开始创作大量的赞美诗,但不幸的是,不论在当时还是现在,一旦被翻译成其他语言,人们就无法领略它们的美妙之处。除了如本书篇末引用的这首悼念君士坦丁堡陷落的挽歌的歌曲之外,中世纪希腊文学中最出类拔萃的当属史诗《边境混血英雄传》(Digenis Akritas)。这部叙事诗可追溯至 10 至 11 世纪,它讲述的是一段发生在安纳托利亚边境的冒险故事,时期是在曼奇刻尔特战役之前,当时拜占庭统治的疆域几乎延伸至幼发拉底河。这部作品不仅有拥护君士坦丁堡圣君的希腊爱国主义熊熊燃烧的火焰,还有波斯人那种使人忍俊不禁的懒散,以及军队大队长的那种带有骑士精神的喜怒无常。令人分不清到底是史实还是传奇故事的主人公英勇事迹,也出现在了俄罗斯民间传说之中。如果帝国没有灭亡,如果阿提卡语在人们对通俗的语言表达产生需求之前就已失传——事实上最后它也确实失传了——那么这部叙事诗在希腊语中的地位或许就会像《罗兰之歌》和《坎特伯雷故事集》在法语和英语中的地位一样了。

　　除了艺术方面,拜占庭文明以欣赏的眼光参与到文化领域之中,却缺乏创新意识。这一文明的巅峰时期从查理曼大帝时代一直延续至十字军东征。西方依然处于蒙昧野蛮的状态,而在君士坦丁堡城内,古典的人文主义精神虽时涨时落,却也从未消失殆尽。只有在这里,生活才变得越来越舒适。东方偶尔也会在建筑形式上对西方产生影响,例如艾克斯(Aix)和佩里格①(Périgueux);但在大多数情况下,受影响最大的还是在工艺品上,例如珠宝匠和金匠制造的圣物箱,以及人们后来在查理曼大帝之墓中发现的玻

---

① 皆为法国地名。——译者注

璃制品、珐琅器和织物。然而这些东西只不过是敲响了时代之音的辉煌艺术所产生的余响。至今人们还能从达芙尼修道院的镶嵌画上找到这一艺术的影子，而建筑形式本身的简朴至极更让其引人注目。不过最杰出的作品还当属斯提里斯（Stiris）的圣路加修道院大教堂。这里的镶嵌画虽不如达芙尼修道院的显得那么特色明　210
显，但是人们却可以从位于暗彩色大理石板上方的每一个拱顶中感受到一股如初春般清爽宜人的才气。只要看看这座位于渺无人烟的帕尔纳索斯（Parnassus）长满夹竹桃的山嘴上的教堂，就能了解帝国中期建筑物内饰的精髓。它给人的印象无与伦比，因为世上无出其右者。

　　这份辉煌再加上其意味着的物质财富，为发生于 11 世纪的拜占庭文艺复兴提供了有力保证。对于凡夫俗子而言，"文艺复兴"这个词会让他们联想到许多截然不同的东西：异教时期的意大利和马丁·路德；兜售抄本的学者和哥特风格的盛行；乔托所播下的绘画之种；立于划艇上的哥伦布和印刷厂里的卡克斯顿①（Caxton）。但是事实上文艺复兴是一股由这几个人所代表并做出贡献的力量的合力。这是一股知识倾向，反对迂腐的亚里士多德式的百科全书式人物以及与人类进步背道而驰的神秘主义则是它的原动力。单枪匹马地追寻真实的时代已经过去了，人们需要寻找各种辅助渠道。人们必须重新拾起古人那套追寻合理人生意义的老办法。

　　早在西方人尚未意识到要开始摸索之前，在君士坦丁堡，希腊人就有了希腊人该有的样子。他们不负众望地运用人文主义的思维方式，将生活的基本目的与有机世界那美妙绝伦的外在表现联　211

---

① 威廉·卡克斯顿（1422—1491 年），英国第一位印刷商。到 1491 年去世时，他出版了约 100 本书，其中有 24 本是他自己的译作。他印刷的书中也包括《坎特伯雷故事集》、《特洛伊勒斯与克里希达》、《罗宾汉故事小唱》和马洛里的《亚瑟王之死》。——译者注

系起来。正是拜占庭人自己及其所保存的古典著作触动了西方文艺复兴的脉搏。不过东方在重新认识柏拉图时,却没有像之后西方那样产生如此巨大的变革。因为要使其发挥最大功效的话,撼动整个帝国的可能性太大,而战胜柏拉图的对手——东正教会——淫威的可能又微乎其微。因此,希腊人播下的种子才会在意大利生根发芽。而两者只有在绘画方面才能平分秋色。

尽管拜占庭人的创造能力是受神秘的事物和灵感所启发,然而正是由于它紧扣希腊人对感官价值的理性理解才让拜占庭文化得以如此与众不同。尽管最初教会一直对自由地运用理性为每个人找到命运与责任的真谛抱着谨慎的态度;尽管 5 世纪的新柏拉图主义者希帕蒂娅①(Hypatia)在亚历山大里亚街头惨遭毒手;尽管雅典的哲学学院在 531 年被查士丁尼下令停办,君士坦丁堡大学在两百年后被毁坏圣像者所关闭;但总有些人——虽然并不是个个都像 4 世纪的皇帝"背教者"尤里安(Julian the Apostate)那样,不论基督教知识分子们曾对社会做出过何种贡献,都对他们抱以极其轻蔑的态度——坚持认为除了宗教以外,物质现象(material phenomenon)也能成为人类追寻永恒目标的途径。凯撒巴尔达斯便是其中之一,他是 9 世纪反清教主义运动的领导者,与同时代学识渊博的牧首佛条斯同为一场在 11 世纪达到高潮的运动②的先驱。而拜占庭文艺复兴则始于 11 世纪。当时最为博学的,同时也是帝国大臣的普赛罗斯就十分推崇柏拉图。

不过现在严重而又令人困扰的问题来了,拒绝接受具有宗教观点和传统方法的柏拉图主义的,正是一个长期认同亚里士多德纯粹唯物主义的基督教组织。用一句话来说,两者之间的区别就在于一种当时根本无法妥协的假设上的不同。照这么看来,首先,对

① 希帕蒂娅(约 370—415 年),古希腊著名数学家、天文学家、哲学家。因新柏拉图学说被基督教判为异端而惨死在野蛮狂热的基督教暴徒手中。暴徒们曾用锐利的蚌壳割她的皮肉,还砍去她的手脚,实为科学界一大悲剧。——译者注
② 即东西教会大分裂。——译者注

亚里士多德而言,不受人类主观意识所左右,但却对其具有亲和力的绝对真实(Absolute Reality)的概念根本就是未知的。在寻找这种真实时,他发现它其实由多种根本无法实现的要素组成,例如正义与美,每种都具有其内在含义,而这种含义正是古典梦魇最具效力的诅咒。其次,对他来说,有限而又离散的真理只限于能够被感官所感知的事物之中。事实上,他的任务就是分析。另一方面,柏拉图则发现了神。"不受人类主观意识所左右,但却对其具有亲和力的绝对真实"的概念就是其思想的出发点;在这一概念之中"正义与美"是等同的;物质现象的内在含义显然就是由此而来。物质现象之于亚里士多德就如事物的内在之于分析师;而对柏拉图来说,它们则是他凭直觉确定的这些要素的附属物。他所追寻的真实,是一种独立于事物目的和缘由之外的真实,这使他构想出了理念(ideal)这一概念,并且对他而言追寻真实就应该是人的理想。而理性则是这场追逐中人类最得力的猎犬。正是由于它的这一功能,柏拉图才将理性的重要性大大提升,不过这却让人搞不清它到底是手段还是目的了——理性成了他的金牛犊①,与神同义。因此,虽然基督教教条主义者们手中握有像化学家一样于糟粕中提取精华的百科全书式作家亚里士多德这张温顺的王牌,但是,不论理性将人们带向何方都对其赞颂有加的柏拉图却开启了异端林立的局面。这么说来,若追本溯源的话,宗教改革的原始冲动就是源自柏拉图的国家应由知识分子统治的理念。人必须独立思考,追寻真实实际上等同于合乎逻辑的独立思考。但是真实又是绝对的,不受人的思维所左右。改革后的教会通过接受这一学说,又不至于对理性产生盲目崇拜,而在一定程度上重新返回了前人所迷失的道路。但是东正教会与罗马教会的情况又完全不同。东正教会的"绝对"离不受人的思维所左右相差甚远,它不过是一个富于创造力且专注政治的统治集团的产物。不过东正教会却从未偏离

213

---

① 即《圣经》中记载的又亚伦所造的金牛像,指受崇拜的偶像。——译者注

214　　过这条道路。① 如果拜占庭文明没有衰亡,那么之后的新教中所蕴含的柏拉图主义成分或许会以难以察觉的思想交流,而不是社会剧变的方式渗透至西北欧地区。东欧与西北欧或许就会统一,而罗马教会就会变得孤立无援,被排斥于南欧。

　　普赛罗斯曾是这一场场数不清的运动的先驱人物。在皇帝"单打独斗者"君士坦丁九世(1042—1054年)任命下,他开始在一所新近成立的哲学学校担任教职,并通过宣布柏拉图勉强称得上是早期教父而避免了来自教会的怀疑。起初普世牧首为这一新学说送去了祝福。随着它的名声越来越大,整个黎凡特地区——就像4个世纪之后的意大利那样——群情激昂,不能自已;阿拉伯人和波斯人都蜂拥至君士坦丁堡。但是被胜利冲昏头脑,无法克制内心冲动的普赛罗斯转而对教会发起攻击,指控牧首从事占星术和巫术活动,造成了不小的混乱。最终皇帝迫于压力不得不责令停办该校。由于一场反对运动,致使在11世纪最后25年里官方下令驱逐这些古典派哲学家。但是事已至此,他们已经无法消除普赛罗斯及其友人的影响力了。这些人已经受到了人们的普遍尊敬,

215　　这使得他们能够在政府中担任重要职位。他们曾试图通过裁军来削弱小亚细亚大地主阶级的实力,因此必须对曼奇刻尔特之战的失利以及帝国损失半壁江山(见边页码第96和第128页)而负责。普赛罗斯是一个复杂的人。他既是希腊人,也是拜占庭人。他曾写道,"我本当只听从上帝的旨意,但是我的本性和我的灵魂却对所有知识产生了无法抗拒的欲望,迫使我向科学靠拢。"这一可怜的道歉,看上去有些做作,但之后发生的事却应验了他的话。人们开始阅读柏拉图。他的作品广为流传,并有先见之明地出现了意大利语版本。而他的人文精神则反映在了一种艺术自然主义之中,突出了拜占庭肖像艺术平简单朴素的风格。普赛罗斯还多次致信身在希腊的官员,求他们为自己寄几尊雕像。他是第一个满

---

①　可以说虽然东正教会对柏拉图学说时褒时贬,但并未对其中所产生并且在新人中颇有影响的理智态度多加干预。

腹经纶的亲希腊者。他就曾写过这段为人熟知的话:"就算孩子们不一定和父母长得一模一样,难道我们不该看在父母的份上而爱他们吗?"①雅典地方长官由于觉得这个地方的风土人情过于乏味而受到了他的斥责。不过在这些随着时间流逝而变得让人反感的劝解之下,却燃烧着为这个民族指引前行之路的神圣的爱国主义之火。"拜占庭帝国,"他写道,"就是希腊帝国。"

于是,经历了拉丁征服而幸存下来的拜占庭艺术的最后一个传统就此登场。不过早在拉丁征服之前,这一传统就已在意大利根深蒂固。它在这个国家有两处中心:罗马以南诸省,这里的偏远村庄的人们直到 20 世纪都还在使用希腊语,而且在 12 世纪之前这里都归希腊人统治;再一个就是威尼斯,这座城市原本就是仿造君士坦丁堡而建的,而且在它的圣马可大教堂中,人们还能看到令人激动的拜占庭艺术样式,不过都略有意大利的风格。一门技术从这些地方传入整个半岛,并由于缺乏与君士坦丁堡的交流而变得缺乏创新且止步不前,这就是意大利绘画。作为最早的意大利艺术史学家,瓦萨里②(Vasari)就认为意大利绘画是由 13 世纪的希腊人引进的。就锡耶纳(Siena)原初主义画家③和契马布埃④(Cimabue)的画作来看,他们对拜占庭肖像画的模仿是毋庸置疑的。然而在乔托及其直接继承人那里,这种相似性就没有了。不过只有在参观了君士坦丁堡的卡里耶清真寺或者米斯特拉和阿索斯山的教堂之后,才能发现形式、布局和建筑学套路上确实存在的相似性。从此以后,由于帝国遭到孤立并且逐渐衰落,希腊和意大

216

---

① "父母"指古代希腊人。"孩子"指当时的希腊人。——译者注
② 乔尔乔·瓦萨里(1511—1574 年),意大利画家、建筑师、作家及历史学家,师从米开朗基罗。——译者注
③ 原初主义画家是属于或关于中世纪后期或文艺复兴之前的欧洲画家。——译者注
④ 吉欧瓦尼·契马布埃(1240—1302 年),生于佛罗伦萨,卒于比萨。意大利佛罗伦萨最早的画家之一,后来的乔托和杜乔都直接受其影响。——译者注

利的绘画彻底与之分道扬镳。帝国的遗产仅被威尼斯继承了下来。尽管上色之处有所不同,但是人们还是可以在那里看到拜占庭人常用的冷蓝和酒红等色彩。而且,丁托列托①(Tintoretto)的大部分作品,他的印象主义画风及其刻意拉长人物形体的倾向,只可能源自这个已经绝迹的东欧文明在他家乡所留下的烙印。

217　　有人曾反过来说拜占庭文艺复兴的绘画源自它与意大利的接触。在 16 和 17 世纪,当时东方已经没有文化中心,而且克里特岛上也有威尼斯人。除了离群索居的肖像画家之外,希腊艺术家确实沾染了一些意大利人毫无章法的风格,然而这两种结果似乎都不尽如人意。在拜占庭文艺复兴的最初阶段,使拜占庭艺术的最后阶段独具特色的自然主义开始抬头,而自然主义的进步在当时就等同于重新发现人文主义,君士坦丁堡在这方面可要比意大利早好几个世纪。此外,在君士坦丁堡,希腊人长期浸淫于从前的宗教表达方式,自然主义是慢慢渗透进来的,而不像西方那样是彻底取而代之。在拉丁征服之后,希腊人就很少会到处旅行了。而且除了东西方教会之间因仇恨而树起的隔阂之外,国力衰退的帝国也没有什么东西能够吸引意大利艺术家前来取经了。从西方来的人们不是为了经商就是为了征服。这种文化交流只是单向的自东而西。

　　晚期拜占庭绘画现存的作品可分为两大流派:马其顿画派和克里特画派。两者之间的差异最初并不明显。卡里耶清真寺里的镶嵌画则不属于两派之中的任何一派:不仅仅是因为这些都是在物资匮乏的年代极为稀缺的镶嵌画;而且还因为它们有着巧妙,甚至
218　近乎完美的构图,以及安详和朴素的人物造型。这与几乎同时代乔托的画作极为相似。如果日期推测无误,那么根据时间顺序接下来登场的是米斯特拉的布隆多基昂(Brontochion)修道院和佩里博勒托(Peribleptos)修道院里的绘画作品。在这两所修道院中,货

---

① 丁托列托(1518—1594 年),出生于威尼斯,意大利威尼斯画派著名画家。
　　——译者注

真价实的拜占庭对比色画法——之后的克里特画派与其如出一辙——似乎还结合了马其顿画派在人物造型上的那份庄严肃穆。潘塔纳萨教堂的壁画绘制于 15 世纪上半叶君士坦丁堡陷落之前，只有这些壁画才强烈地展现克里特画派的特点，即别具一格的用色。但是在阿索斯山，两个画派差异就显而易见了。马其顿画派于 14 世纪初到达这里，比克里特画派早两个世纪，他们运用了一种独特的肖像画法以及一种更加西方式的上色技巧。这里的壁画处处散发出一种虔诚、安详的气息，再加上令人肃然起敬的光影效果，就算有时看上去缺乏力量感，却也庄严地表现出了一种精神上的平静，以及一种在沧海横流中毫不动摇的信仰。克里特画派的表现方法则与这些相去甚远。这座希腊世界最南端的岛屿非常特立独行。20 世纪初的政治家们不会忘记这座岛屿后期历史中 700 年无休止的反抗。而这其实也是其艺术的主题。各方势力之间的战争以及乱世之中人类灵魂之间的缠斗，孕育出了线条与色彩的碰撞。所有能够将拜占庭艺术区别于西方艺术的东西，都失去了　219　那份宗教式的静谧，使它变成了一个充满愤怒、灵光，堪称巧夺天工的浓墨重彩的世界。有一种说不清道不明的东西占据着这些艺术家们的心灵，这是一种与他们的肉体相抗争的灵魂，也正是我们现代人所没有的东西。君士坦丁堡陷落 88 年后，克里特画派中又出了一位名叫多米尼克斯·希奥托科普罗斯[①]（Domenicos Theotocopoulos）的画家。他出生于克里特岛，在性格上也是一个地地道道的克里特人。就是他把拜占庭文化推向了最后的高潮。

　　16 世纪后半叶，当埃尔·格列柯来到意大利时，文艺复兴——这首人文主义之歌中的哥特精神之桥段——已渐渐淡去。而乐队仍继续演奏着一首沉闷而又空洞的交响乐，此时巴洛克风格之乐师正吹奏着微弱的旋律。这位希腊人借用了自然主义的手法来征服自然主义。在成功做到这点之后，他便冲破了作为千年成就的

---

① 即埃尔·格列柯。——译者注

肖像画的牢笼。他所定居的托莱多①(Toledo)是一片连绵起伏的贫瘠山丘,这与克里特岛的景致相似。他自己则有着半东方文化的早年回忆。鉴于这两点,他为其祖先的艺术所带来的并不是一种拘泥形式的传统自然主义,而是其炉火纯青的绘画技法所表现出的绝对自由。只有他用尽毕生向那些能够听懂他母语的人诉说着这一民族的不谬性(infallibility),只有他一个人做到了。他是最伟大的希腊人;或许对那些见过《圣莫里斯殉难》这幅画的人而言,他也是全世界最伟大的艺术家。然而如今的希腊人对他们的古代雕刻家吹捧至极,却很少有人认识他。此时,欧洲艺术也走上了另一条道路。在他死后,只有委拉斯凯兹稍许继承了他的用色。后代们甚至怀疑他是不是有视力偏差。令人惋惜的是,正是这一偏差,让30代拜占庭艺术家饱受折磨,难以确定何为真实。4个世纪之后的我们,难道不也同样为此而困扰吗?

220

---

① 西班牙中部省份。——译者注

第十章 安逸的生活

在叙述了一段历史之后，我们对拜占庭文明的剖析深入到了帝国的结构，其贸易与财富，其宗教理念，其学术与艺术创新，稳定、超验和文化三要素。但是文明就像一座房屋一样，不仅意味着一堆建筑材料，光有砖头、图纸和涂料是不够的。它是一种统一，一种氛围，不是用声声祝福营造，而是生活的自然常态。对于它的观赏，不能根据周末的舒缓，而是根据平时的劳作。既然脑海中已经有了大致的概念，那么接下来就要让读者感受一下拜占庭人多彩的生活。对那些希望对此有所了解的人来说，这种生活的色彩浮现于爱琴海沿岸的海湾之中，它让安纳托利亚如高墙般褐色的山脉也显得更加柔和。它隐藏在那没有一棵树木的威尼斯城中，人们在阿索斯山漫花丛中的修道院也能瞥见它。人们宛如透过一层有色玻璃，望着它在整个君士坦丁堡上空熠熠生辉。那么其亮点究竟在何处呢？亮点可谓虚无缥缈，但这种虚无缥缈却在器物的细微末节、在百姓的日常生活、在个人的直接关切之中打上了印记。这些印记四处散落，需要学者以更高的睿智进行深入研究才能加以识别。虽然下文罗列的细节似乎有些文不对题，但至少填补了这方面的研究空白。这些人也曾有血有肉，切切实实地在这个世界上留下过他们的脚印。如果没有他们，中世纪希腊人或许将永远是一个谜一般的存在，就像中国人那样令人捉摸不透。然而，本书所要告诉诸位的，正是这个在东欧继往开来的民族。

接下来我们将为读者展开一幅幅皇室成员、贵族和商人的独立画卷。

　　世界的中心是君士坦丁堡。在君士坦丁堡内又有另一个中心，它处于横跨金角湾和马尔马拉海的博斯普鲁斯海峡边缘，其四周的高墙由古罗马竞技场和圣索菲亚大教堂的高地向这三片水岸往下延伸。居住在这里的希腊皇帝们，向海望去，看到的便是亚洲的群山。在这里，小树林和人造园林之中有一个巨大的建筑群，教堂、马厩、宴会厅、喷泉、分娩室、学校还有兵营，"笃信基督的罗马人皇帝"的一生就在这里度过。从出生于水边的紫室之后就是无休止的圣餐礼；皇家大事，如加冕、婚礼和凯旋仪式；与宗教日历相符合的日常程序，如游行、礼拜和授权仪式；还有宴会、节庆和大竞技场赛马等；到最后在圣使徒教堂下葬，关于这些的记录都完好地保存了下来。[①] 不过，有些特别夺人眼球的景致，却看不出丝毫卖弄、轻浮和死板，反而表现出一种深邃而又微妙的美感。拜占庭皇室向来都是在人类和大自然所能创造出的最佳环境下成长起来的。那些对民族气质和国家权力象征神圣化一无所知的政治理论家们或许会对此吹毛求疵。但是无论后世对拜占庭统治挑出何种缺点，通常由于形式主义所致的机能僵化绝对不在其列。

　　大宴会厅名为十九席宴会厅（Triclinos of the Nineteen Settees）。在"生于紫室者"君士坦丁七世统治时期，圣诞晚宴就在这里举行，后来成为克里蒙纳（Cremona）主教的利乌特普兰德（Liutprand）大使就曾对此有过记述。根据通常的习惯，围坐在皇帝身边的是 12 位精心挑选的陪客，此举是模仿当年耶稣最后的晚餐。余下的 216 位客人，以 12 人为一组分坐在另外 18 个桌子边。餐盘都是金子做的。三个用来装甜点的金瓶重量足足需要三辆红色四轮马车才能拉动，从嵌有金色叶饰天花板上的滑轮装置上用绳子将它们吊起之后，才能摆上餐桌。这位大使虽然和如今到希腊去的游客一样，对当地人的油炸食品和树脂酒目瞪口呆，但却见证了这特殊场合的美味佳肴。用餐过后，还有一场杂技表演，两个

223

---

① 见"生于紫室者"君士坦丁七世的《论拜占庭宫廷礼仪》。

男孩爬上一根 24 英尺高的杆子,然后在一个男子的头顶保持平衡。第二座宴会厅名叫金色宴会厅,其八边形穹顶由 8 个通往各自后殿的拱门支撑。墙壁上有一幅装在镶银花体字画框内的描绘百花的镶嵌画。其入口也是银色的。来往宾客双脚踏在遍地的玫瑰、迷迭香和金桃娘之上。餐盘是金制的,餐桌也是金银制的,在它们的表面都有彩饰并镶有宝石。224

在这些之后则有马格瑙拉宫,它坐落于海边一个绿树成荫的庭院内,毁坏圣像皇帝狄奥斐卢斯的王座室就在其中。这一建筑专门用来接待外国使节。在一个长长的大厅里,天花板上挂着银色的枝形吊灯,金色风琴的音乐在屋内回响。在大厅一端,皇帝端坐于六级台阶的最高处,守护着他的是数头金色雄狮和狮鹫兽,一旁还有镀金的铜制大树,色彩斑斓、镶满宝石的小鸟栖息在它们的枝杈上,闪闪发光。随着大使们向前走近,狮子们也向皇帝所在位置移动;它们咆哮着,尾巴抽打着地面,而在上方的鸟儿也像真鸟一样鸣叫着。当来访者的视线因俯身致敬而落向地面时,皇帝与王座一起升入天花板之中。在陌生人抬起头之前,他已经穿着刚换好的一身神圣法衣徐徐降下。这套神奇的装置相当于 200 磅黄金的重量,价值 43000 磅。它被狄奥斐卢斯那喜欢铺张浪费的儿子米海尔三世化成了金块,后来又被其继任者巴西尔一世铸造成了一种特制金币。克拉维霍(Clavijo)在 1404 至 1406 年派往撒马尔罕的使团对拜占庭财富的流向作出了颇耐人寻味的叙述。在觐见帖木儿夫人时,克拉维霍注意到一扇门,"上面包着镀银金属板,还用瓷漆画着蓝色图案……所有这些都太过精美,明显不可能是鞑靼人制造的,就连在我们那西方之地西班牙也难寻此物。其中一块门板上画着圣彼得像,另一块则是圣保罗像……"根据鞑靼人所言,这对门板是在战败了的土耳其苏丹巴耶济德一世的财宝中找到的,很明显,它们出自拜占庭人之手。不过更加令人称奇的还是在这座中亚的都城,在那里的帐篷中,有一棵"形似橡树的金树,其树干及人腿粗……这棵树和人一样高,它就好像是从底部的巨盘中生长出来似的。树上结的果实都是数不清的红晶石、翡翠、绿松225

155

石、蓝宝石和普通红宝石,还有一串串上好的大珍珠……枝头上栖息着数不胜数的五颜六色的鸟儿,它们身上全都涂满金漆"①。

226   亚洲的烽火信号正是在马格瑙拉宫中比邻鸟儿和狮子的王座的皇帝密室内被记录下来的。烽火在内陆的山峦上一个山峰借着一个山峰地传递,从马尔马拉海东岸一直传到位于博斯普鲁斯海峡外常年有人驻守的法罗斯灯塔上。根据萨洛尼卡的利奥的发明,这些烽火的含义由皇帝密室内的一口钟的刻度盘上的时刻来确定,在西里西亚边境也有人持有同样装置以保证两地时间一致。正如其所设计的那样,不同时刻传来的烽火所代表的含义是不同的。或许这个西方传说就是由此而来的:在中世纪黑暗时代被人们称为巫师的诗人维吉尔为奥古斯都制作了一套共12副名为"罗马的救星"(Salvatio Romae)塑像。每个塑像都代表一个皇帝行省②,且配有一个铃铛。当某个行省发生暴动,铃铛就会被击响。或许这段历史不过是旅行者之间的道听途说,但利奥的"刻度盘"的灵感或许就来自于此。

      在9世纪后半叶,马其顿人巴西尔一世的宫殿也拔地而起,其壮观程度超越了以往任何建筑。主厅采用了长方形会堂的结构,其支撑作用的八根蛇纹石立柱和八根缟玛瑙立柱交错排列,立柱上还刻有各种藤蔓与动物浮雕。一旁的皇帝卧室墙上布满了镶嵌画:在天花板上,嵌入的黄金犹如天空中的繁星,一个亮绿色的十字形图案俯视着整个房间;在墙上,下面是装饰着以花朵为图案的瓷砖,上面画着以金色为背景依次排列着的皇帝家人;在地板上,227 中央是形似孔雀的圆形图案,两根绿色大理石组成对角线的四个定点上各有一个鹰形图案。在夏天,皇帝还有另一间专用卧室,它

---

① 这棵树和当年狄奥斐卢斯在10世纪赠给阿拔斯哈里发宫廷的树很像。它有18根树枝,由一支身着丝质制服的骑士方阵护送,其本身就是可移动的。克拉维霍对机械构造只字未提,不过可想而知,过了5、6个世纪之后,该对其进行维修了。

② 罗马行省分为元老院行省和皇帝行省。元老院行省总督由元老院推荐,任期一年。皇帝行省总督由皇帝直接任命,任期不限。——译者注

一面朝向花园,另三面全部装饰着以狩猎为主题的镶嵌画。从毁坏圣像者皇帝狄奥斐卢斯以来,拜占庭艺术一直保持着世俗传统。

现在,读者可以像当年希腊皇帝们那样穿梭于大理石和金子筑成的墙壁之间,感受那扑鼻而来的花草芬芳,开启那银制和象牙制的大门,摩挲着织满动物图案的帘子,同时对那宫殿中常有的一整排光彩夺目的金银大吊灯叹为观止。接下来走过的是皇宫区域内的多个教堂:救世主礼拜堂(Oratory of the Saviour),地上是一片点缀着乌银的银白色地板,墙面镀得银光闪闪,上面还嵌有珍珠和圆形宝石;巴西尔一世新教堂(New Church of Basil I),其六顶铜质穹顶在阳光下闪耀夺目;还有法罗斯夫人教堂(Church of our Lady of Pharos),其天花板上悬饰着浑身镶满翡翠的白金鸽子,它们的口中还衔着用珍珠做的十字形饰物。然后再穿过数不胜数的喷泉:西格玛"神盘"(the "Mystic Phiale" of the Sigma),葡萄酒从喷泉内的金质菠萝内涌出,流入一个装满杏仁和阿月浑子仁的镶着银边的水池,皇帝登基后会在这里接见赛区党①并检阅赛区马匹,这就像现代英国国王与优胜杯决赛选手握手一样。在巴西尔一世新教堂庭院内的立柱上也有两只类似的菠萝,其中一只由红斑岩制成,四周伴有一群巨龙,另一只则由彩色大理石制成,有铜质公羊、山羊和雄鸡为陪衬。在学校中,预备军官和哨兵们都身着镀金铠甲,头顶红色羽饰。继续往前走,是一座马球场。接着走到底便是布克雷翁(Boucoleon)人造港,皇家游艇和游船就停靠于此。君主荣华富贵的生活就是在这里度过的。基督的使者们②就是在这里制定国策、祈求祷告、施以仁政。影响欧洲直到 20 世纪的宫廷礼仪和皇室神权也形成于此,不过这些东西,我们的后代或许都很难理解。

在拜占庭人的社会结构中,妇女的地位是非常独立的,而如今

228

---

① 大竞技场的赛马车队分成不同党派,每个党派代表着各自阶级。532 年的尼卡暴动即因为阶级矛盾而造成了赛区党之间的冲突。——译者注

② 指拜占庭皇帝们。——译者注

这个充满激烈竞争的现代社会却对重新提出这种独立意识而感到沾沾自喜。这点在希腊皇后们的生活中显得尤其突出。一旦确定人选,与皇帝立下婚约的人就能在结婚之前,而不是之后,得到加冕:她的神性来自于上帝,而不是她的丈夫。从今往后,她便拥有了只听命于她的一班独立人马;她的财产只受她自己支配;而且她还有权召集政府大臣们参加会议,并且可以将她自己的徽记授予她所中意的人。在正式结婚之后,人民就称呼她为"神选奥古斯塔"。从这时起,其一举一动的排场,只有凡尔赛宫的路易十四才能与之相媲美。宫廷所有人都要护送她至新房。婚礼以一场宴会达到高潮。翌日,朝臣百姓要站成两排目送她步入浴室,其所到之处无不伴随着优美动听的音乐。各界要人、手执香水和浴袍的仆人,以及三个拿着包有珍珠的瓷漆苹果的侍女,紧随其后。皇帝子嗣在海边专为其建造的紫室降生之后,也有一场类似的盛大典礼。

229

关于拜占庭贵族及其下属的官员与地方权贵分支,上文已有所叙述。不过头衔并不是世袭的,因此事实上只有后者才发展出了一种世袭的独立阶级自豪感。姓名便是出身的真正标准。有这么一幅题字,上面写道"安德罗尼卡,受到上帝的恩惠,他是虔诚的君主,罗马人的唯一统治者,巴列奥略家族一员,新一代的君士坦丁大帝"①,可见就连皇帝们都想与帝国显赫的家族攀上关系。这层通常由保留母系家族名而维持的关系,其意义就在于权力,而不是血统。因为世袭贵族之间是不讲骨肉亲情的。直到1922年,人们依然可以在安纳托利亚的希腊人中间找到许多著名的拜占庭名字,通常这些地区都是当年他们曾经繁荣昌盛过的地方。

230

在行省,直到8世纪,形成了一种类似于之后西方的封建制度,它不断兼并着小土地所有者的地产。在伊苏利亚王朝和马其顿王朝统治时期,人们通过立法来阻止此类事件的发生。皇帝"保加利亚人屠夫"巴西尔二世甚至亲自出巡,将那些犯上作乱的大地主贬

① 原文为希腊文,引自 Millet, *Inscriptiouschretiennes de l'Athos*, No. 359。

为庶民。但是由于担心地方领袖造反而将地区征兵制度改为缴纳税金，小土地所有者却更加被大地主玩弄于股掌之间，因为在歉收之年，只有后者才有财力为他们代付免服兵役税。因此，情况并没有得到改观，贵族们虽然失去了兵员，却得到了土地。直到后来，法兰克的十字军战士们甚至可以将拜占庭人的土地所有条件与他们自己的相提并论。最终，在1057年马其顿王朝灭亡之后，连皇位本身都成了大地产贵族们手中的财产。

如果和平女神和勤劳本分的民族能够再度眷顾安纳托利亚地区的话，人们就能从大战前的士麦那商人的财富那里了解到这一地区其实是多么的富有，而这些财富还几乎只是源自一种覆盖了可耕地面积中一小部分的粗放型小农经济。在拜占庭时期，一位小土地所有者的家畜包括600头牛、100架犁车、800匹放养的马、80匹坐骑马、80头骡子和12000只羊。地主的房子位于庄园中央，他们都热情好客、来者不拒，房屋内都是嵌有金属和象牙的木质家具。有权有势之人的乡间豪宅还建有许多庭院，一幅幅镶嵌画在他们的房间里闪闪发光，墙上还悬有挂毯。房屋内还设有浴室、水池和有围墙的花园，类似西班牙的摩尔人城堡。但是从11世纪起，这一繁荣景象被来自东方的入侵消磨殆尽。塞尔柱突厥人的出现是世界经济史上一件划时代的大事。在他们的影响下，人类有史以来最富饶的地区之一就这样成了一片荒芜之地，欧洲人却从中渔翁得利。① 在第四次十字军东征之后，尼西亚王朝皇帝约翰三世·瓦塔挈斯在一定程度上振兴了农业。他以身作则，希望劝导贵族们在自己的领地里实践务农。他改良了牛和马的养殖方法，为其在临时首都的宫廷和慈善机构种植粮食，还通过出售其私人鸡蛋赚够了为皇后买珍珠皇冠的钱。

史诗《边境混血英雄传》(Digenes Akritas)是封建主义的经典故事，它是中世纪最伟大的历史传奇故事之一。这个夹杂着传奇与史实的故事舞台设在卡帕多西亚那黑暗、广袤的群山和渺无人烟

231

① 拜占庭帝国的衰落让觊觎其财富已久的欧洲人有机可乘。——译者注

159

的沼泽地。这里地处沙漠边缘，是一个由重兵把守隘口的边境地区，相互敌对的东方和西方在这里都没有裁判权。就像西方的领主们那样，这里的封臣们烧杀抢掠，完全无视首都君主和大臣们的存在。"Akritas"的意思是边境保卫者，而"Digenes"指的是两种血统；主人公的母亲是赫赫有名的杜卡斯家族的一员，而他的父亲则是一位伊德萨（Edessa）穆斯林亲王，也有人认为他是一位拘谨的保罗派教徒。出于对妻子的爱，他选择了改信东正教。他们的儿子——一个有着欧亚两大洲血统的孩子——在长大成人之后，身上散发这一种完美的拜占庭骑士精神：他是士兵、猎人、情人；而且最重要的，他还是基督教世界的一位精忠报国的骑士（φιλόπατις）、帝国的保卫者，以及让统治者们引以为傲的仆人。

232

这个青年外貌俊美，他有一头金色卷发，眉毛乌黑浓密，面色红润，而且身材健美，皮肤白皙。他身着钉有金色纽扣，以珍珠镶边的红色束腰外衣，领子上装饰着一圈琥珀和珍珠。他的靴子以金子镶边，上面还装着石制的马刺。他手执一柄刻有金字的绿色阿拉伯长矛，骑在一匹穿着金色笼头和红绿色鞍布的白马之上。这匹马的鬃毛上还撒有绿松石和连翘花的粉末。①

就是这样一个人物，让拜占庭人可以在闲暇之时消磨时光。而他的一生也同样富有传奇色彩。迪吉尼斯·阿克力塔在童年时期就因杀死野兽而名声在外，在加入了一伙强盗之后，他从杜卡斯家的一位远房表妹父亲的宫殿里诱拐了她。（这层表兄妹关系应该是真实的；这个家族地位过于显赫，杜撰的可能性不大）他回绝了陪嫁后，与她两人隐退沙漠之中，四处猎杀怪物；他武艺高超，因此声名远扬，就连皇帝罗曼努斯一世·利卡潘努斯（Romanus I

233

---

① 特鲁瓦（Troyes）大教堂内一个匣子上保存了同时代的一位年轻紫室皇储的画像。Hayford Pierce 和 Royall Tyler 合著的《拜占庭艺术》（*Byzantine Art*）（London, 1926）一书中对其进行了重现。这名骑手穿着英国骑兵队长似的裤子，马也没有笼头。在匣子的其他面上则是狩猎场景：戴着巨大项圈的猎犬正在攻击一头野猪；一只脖子上插着两支箭的狮子，正扑向一名只有一把短剑防身的骑手。

Lecapenus）都亲自前来拜访。接着，他又与一位萨拉森公主展开了一段恋情，这位公主曾把一个希腊人从牢里放了出来，后来却被这个希腊人弄得魂不守舍。但是婚姻的誓言却让他的良心受到了谴责，他把这位公主还给了这个希腊人。不过好景不长，他马上又被一位亚马逊女王所引诱，他就像齐格弗里德①那样与自己的手下败将坠入了爱河。后来，他在幼发拉底河畔建造一座宫殿，花园中遍布花草、绿树，每日沉浸在鸟儿欢快的歌声中。在这片美景的中央，树立着一座十字形大厅，里面装饰着众多受基督教影响的希腊式传奇人物的镶嵌画，其中有力士参孙和阿喀琉斯，大卫和亚历山大大帝，尤利西斯②和约书亚。

　　这些都只是年少轻狂。最终，他成为了一个大名鼎鼎的将军，为帝国打了不少胜仗，军人皇帝尼基弗鲁斯二世·福卡斯还对其赠与厚礼。不过他毕竟还是一个喜欢离群索居的人，只想与他的爱人在河畔轻松漫步。在33岁的时候，他便英年早逝。之后不到一个世纪，由于曼齐刻尔特之战的失败，东方军区落入了突厥人之手，边境之外成了一片蛮荒之地。楼宇宫殿都成了断垣残壁，要想再过那种浪漫的骑士生活已经不太可能了。到底这种生活为我们留下了怎样的遗产，还尚待考古学家们来发掘。③ 但是土耳其人直到最近才为人所知，他们自称"鲁姆贝伊奥卢"（Roumbeyoglu），言下之意即他们是一位"罗马尼亚大公"的后裔；他们还称自己的祖先并不是早期奥斯曼帝国某欧洲省份的长官，而是一位顺应时代而皈依伊斯兰教并夺取了家族世世代代居住的城堡的拜占庭贵族。

234

　　作为一个阶级，贵族的威望源自国家。拜占庭的官僚们基本都

① 《尼伯龙根之歌》中的人物，与女武神布伦希尔德相恋。——译者注
② 即奥德修斯。——译者注
③ 唯独有一个例外，不过是在叙利亚，这就是8世纪的库赛尔阿姆拉（Kusejr'Amra）的宫殿。宫殿内部有拜占庭皇帝、波斯王霍斯劳、西班牙西哥特国王罗德里克和阿比西尼亚皇帝尼格斯的壁画。详见文献目录，A. Musil。

是土生土长的城里人,而且大部分都来自君士坦丁堡。再者,由于没有等级壁垒,官员们都招募自商人阶层和低阶贵族,这两个阶层本身就是可以互相通婚的。一股有教养的开明之风就从这里升起了,这是大城市的特有产物,不过又因为这是君士坦丁堡的产物,所以自然与宗教密不可分。为了诠释这一风气在家庭中的影响,这里将对两位母亲做一番人物速写,她们的儿子都是赫赫有名的人物。这两位母亲在解决困扰着整个家庭的问题时都起到了至关重要的作用,因为这里并非只有皇后才享有让西班牙等国家的妇女依然嫉妒的独立自主。在希腊帝国里,妻子的财产绝不可能和丈夫的混为一谈。在法律上她也可以成为孩子的监护人。离婚条件虽然根据具体情况会有所不同,但基本上不会偏袒男女任何一方。

首位因出身而家喻户晓的拜占庭妇女,就是8世纪晚期的君士坦丁堡人虔诚的狄奥克蒂斯塔(Theoctista),她是斯图迪奥的狄奥多的母亲。她在生活中最关注的就是一丝不苟、坚持不懈地践行救世主的道路,这不仅是为了她自己,同时也是为了她身边的人。她从来不会使用与她地位相称的豪华梳妆台,也从未去过宴会,人们倒是能在她的餐桌上看到不少流浪汉。要是在这种情况下,她那些平时就吃面包、熏肉和葡萄酒的仆人,还能吃上鱼肉、鲜肉、鸡肉和更好的葡萄酒。她有时也会打他们,但是马上就后悔莫及,跪倒在他们面前。她每晚都在汲取知识,然后传授给她的孩子们。她不鼓励夫妻间的亲昵举动,这样才能在死亡将两人永远分开时做好足够的思想准备。最终,她说服了自己、丈夫、三个内兄弟,以及她的孩子们,让他们完完全全地把自己托付给上帝。他们邀请了一些亲朋好友参加道别会,变卖了房屋为穷人筹善款,解散了仆人,全家引退至比提尼亚①(Bithynia)的乡间庄园。这里是一片树木繁茂、水源充足的高原,放眼望去就能看到一望无际的大海。在他们公开抨击皇帝君士坦丁六世的第二次婚姻为罪恶之后——尽

---

① 比提尼亚为小亚细亚西北部的一个行省。——译者注

管其新娘实际上还是狄奥克蒂斯塔的一个亲戚——他们被强迫遣散；不过后来拥护圣像的伊琳娜女皇为他们平反了。

这幅速写让人感到一种倔强、拒人千里之外的味道。在狄奥克蒂斯塔的气质中缺少一种拜占庭人的神秘性，而单单是这种神秘性，就能演变成一种让不具备这种神秘性的人或是心驰神往，或是能够理解的宗教狂热。而且这又是在毁坏圣像运动的年代，任何虔诚而清贫的蛛丝马迹都会被传为佳话。

希腊学者普赛罗斯的母亲狄奥多塔（Theodota）生活在大约250年后的11世纪初期。按照他的说法，他的母亲有一种狄奥克蒂斯塔所没有的同情心。她平易近人、充满神秘感；做善事仿佛是她的天职，而不是为了主动迎合基督教戒律；另外，她为人真诚，像世间所有的母亲那样为孩子的未来着想。她自己没有受过什么教育，既不认字也不会刺绣，而她在受到上帝托梦之后，通过自己的细心思索和勤奋努力，再加上夜夜在圣索菲亚大教堂的圣母像前祷告，才让普赛罗斯学而有成，并让他作为文艺复兴的开创者而留名青史。她的婚姻幸福美满；丈夫外表俊美，双眸清澈如水，祖上还是贵族，为人丝毫不矫揉造作。她和狄奥克蒂斯塔一样在餐桌上招待穷人，并亲自服侍他们，为他们洗脚。她育有一女。这个女儿也和她母亲一样四处寻找可以帮助的人，住在附近的一个妓女受到了她的眷顾。面对后者的质问，如果自己放弃这个行当，该如何过活？普赛罗斯的姐姐便将她带回家，把自己所拥有的东西都分给她。她让这个妓女懂得了什么是羞耻感，教会她舍弃金银首饰和五颜六色的女鞋。尽管这些东西都舍弃了，仍有百密一疏，而让她的这个劝说者感到恐惧和气愤的是，这个迷途而返的女孩竟被人带去和另一个孩子交媾。与此同时，普赛罗斯为了求学而离开了首都。他的姐姐不久之后便去世了。他描写了回到故乡时的情景，由于没有收到姐姐去世的消息，他正巧遇上了她的葬礼。狄奥多塔悲痛欲绝，不论丈夫如何劝阻，她还是执意要做修女。她对另一个世界是如此的执著，以至于可以完完全全地将现世抛诸脑后。入了修道院之后，她的身体状况也每况愈下，最终追随她的女

237

儿一起去了永恒的世界，全市民众无不为其感到惋惜。

从那个妓女的故事里，我们可以看出拜占庭的社会基调。这是一个完全有可能践行货真价实的基督教理念的社会；这不是一个抽取穷人什一税或让他们自生自灭的社会；而是一个同情他人，体谅有着人人平等本能的希腊同胞的社会。那种将出卖身体和赠予口粮的行为区分开来的令人作呕的假仁假义，并没有在君士坦丁堡成为主流。只要这个妓女尚有灵魂，她就是人类的一分子，这个世界就应该承认她。而这就回到了之前提过多次的关于拜占庭人的性格和道德观的问题。或许，在毁坏圣像运动时期迫于法律和民意而定下的对纯洁的严格标准实为例外；或许，若在另一个时代，君士坦丁六世的离婚就不会让他失去皇位。但毋庸置疑的是，一个接一个的牧首谴责皇帝品行不端的行为背后，一定有民意的支持。这一问题不能与同时代的西方国家相提并论，这不是法兰克国王的后宫，也不是伦敦的国营妓院，它更符合现代人的评判标准。拜占庭人或许很残酷也很放肆，但也比不上爱尔兰的牧场主，或那些活活烧死黑人的美国南方人。如果只看他们性格中最坏的一面，就应该注意到：在其存在的 11 个世纪里，东罗马帝国几乎从未摆脱遭到入侵的危险，如果这些入侵者得逞的话，帝国必将被彻底摧毁；在相当长的一段时间里，首都几乎自身难保；首都首次沦陷居然是西方人的恶魔行径的结果，这也是希腊历史上从未有过的；而且在最后的 250 年里，整整八代人为保卫希腊帝国而献身，他们不是为其国土而战，而是为了从野蛮蒙昧的威胁下拯救他们的文明。整整八代人，从摇篮之时起，每一个希腊儿童都深知，所有能提高生活水平的东西、自由、信仰、艺术和学术等都已危在旦夕。"Ανάγκη ἦν——事已至此。"但是他们也学会了如何运用各种具有独创性的方法来奋勇抗击。在这种危难关头，从出生到死亡，每天都绷紧神经度日，如果他们并不像盎格鲁-撒克逊绅士那样风度翩翩，有谁还有资格责怪他们呢？至于他们的道德水平，很难想象他们会低于我们这些白种人。因为他们心存基督教理念，而我们只是自命不凡而已。

随着岁月流逝，文明让皇宫、城市和乡村变得如此舒适宜人，不过要对这些地方做一个完整的考察，就必须花点功夫研究一下住在那里的人们的真实外貌。英雄迪吉尼斯·阿克力塔相貌堂堂，皮肤洁白如雪，正是这些特征，让他的故事在一个周围都是深色皮肤的人的世界里，更富传奇色彩。因为在小型画像和壁画上，拜占庭皇帝个个都皮肤黝黑，成年之后脸上还留着长长的胡须和黑色长发。有些显得矫揉造作，有些则内敛神秘，另一些由于他们皮肤较白，则显得庄严神圣。有一幅皇帝"保加利亚人屠夫"巴西尔二世的戎装画像被保存了下来，在画中他双腿分开，身着短裙，脚踏一双镶满珍珠的长筒靴；上身穿着胸铠，腰上佩一把宝剑，手执标枪；头顶宽边方形皇冠，两边还垂下两串珍珠。不过在大多画像中，皇帝和皇后通常都呈站立姿势，头顶皇冠，表情严肃，身着金属编织的齐地长袍。"皇帝的头冠，或者说皇冠，"安娜·科穆宁娜写道，"就像一个半球形贴身小帽，上面装饰着许多珍珠与宝石，有些是镶嵌进去的，有些则是坠饰；太阳穴两侧各有一串垂至脸颊的珍珠和宝石的垂饰。这种皇冠无疑是皇帝一身装扮中最有特色的。而塞巴斯托科雷托（Sebastocrator）和凯撒①的宝冠只装饰着少量珍珠和宝石，而且没有象征皇权的小金球。"在所有保存下来的拜占庭肖像画中，都与人们熟悉的人类形体不太相似，这份不相似不仅仅是由于拘泥形式所导致的，中世纪的西欧国王们的画像也受其影响。受到空洞的自然主义耳濡目染的拜占庭人，不是以古典主义的眼光来观察他们的同胞，将他们塑造成完美的人体，而是把他们视为承载着一种摆脱了血肉之躯束缚的神性的容器。难道说在同一种塑造出奇特人体外形的同化心理作用的影响下，拜占庭人的体型才变得如此修长？拜占庭修道院的僧侣们至今依然保持着这一传统。

给图德拉的本杰明留下深刻印象的，就是与西方国家的生活水平相比，拜占庭人穿得简直都和皇宫贵族一样。或许除了中国，世

240

---

① 塞巴斯托科雷托和凯撒相当于拜占庭帝国二把手和三把手的称谓。——译者注

界上没有任何一个地方能在服装的华丽程度上超越 13 世纪之前的君士坦丁堡。他们的长袍上绣着金属丝线，上面缝制的丝质花纹简直是无价之宝，有些甚至还绣有署名和日期。皇帝的服装都为深红色，而他的兄弟和牧首则身着紫色长袍，其他贵族的服饰则为蓝色。皇帝会根据自己的喜好或者礼节要求选择服饰。代表地位和职务的徽章也种类繁多：有代表皇权的鹰徽和十字徽，代表贵族阶级的玫瑰徽，还有代表地方长官的常春藤叶徽。穿得珠光宝气的皇帝伊萨克·安格洛斯被人说成是"打扮得像座神庙"，而拉丁皇帝鲍德温也希望借此使他占据东罗马帝国皇位的行为合法化。现在的人们只能从象牙雕刻、瓷漆画还有那些小型装饰画上来揣测当时美妙绝伦的景象了。每种服装搭配都有其象征含义，这就好比当今的肩章或臂章。关于其含义的问题也引出了拜占庭国家符号的纹章学问题。君士坦丁大帝的拉布兰旗（labarum）——装于当权者肖像上的凯乐符号——依然在多场辉煌的战役中指引着拜占庭军队。而从罗马帝国传承下来的鹰鹫标志不仅被君士坦丁堡和特拉比仲德的末代基督教皇帝们所沿用，同时直到 1923 年被废除以前也一直是普世牧首世俗权力的标志。然而在巴列奥略家族统治时期，尽管来自该家族的皇帝安德罗尼卡二世采用的"头顶皇冠、后腿站立、前爪握剑的雄狮"图案作为其徽章——最近人们在寇姆卡普西（Koum Kapoussi）港的城墙上发现了这一徽记——但是代表皇权的图案则还是在本书扉页上所呈现的四 B 十字架，根据推测它们代表的应为：

BACIΛEYC BACIΛEΩN BACIΛEYΩN BACIΛEYOYCI①

在取自《纽伦堡编年史》第 78 页的木版画上，曾出现过这一字样。它还出现于费拉莱德②（Filarete）刻于圣彼得大教堂圣门上的

---

① 这四个词的词根都是 βασιλεὺς，即"王"。这句话的意思是：万王之王，以王众王。——译者注
② 原名安东尼奥·迪·皮耶特罗·阿维力诺（约 1400—约 1469 年），文艺复兴时期佛罗伦萨著名建筑师兼雕塑家。——译者注

浮雕中的一艘皇家大帆船上（四周还有其他盾形徽章），以及君士坦丁堡的索达圣母教堂（The Panaghia of Souda）庭院里的一块倒挂着的盾牌上。在由英国国家学术院的一支考察队于 1927 年挖掘出的一块陶片上，这一字样则呈现出长三角旗的外形。有人推测，塞尔维亚人和黑山人就是模仿这一形式，创造出了他们自己的四 C 十字架：Samo Sloga Srbina Spasova①。佩德罗·塔法②（Pedro Tafur）坚称，在十字军攻下君士坦丁堡之前，皇家纹章是"由一个个颜色不同的正方形图案组合而成"的，因为作为一个逃难至托莱多（Toledo）的希腊亲王的后代，他自己佩戴的就是这种纹章；而且，"在这座城市的房屋与塔楼上还能看到这些徽章，当人们在建造自己的房屋时也会把旧式的徽章挂在上面"。为了回答他在这一问题上的疑问，皇帝约翰七世回应道：先皇（米海尔八世·巴列奥略）将从拉丁人手中解放了君士坦丁堡，"他绝不会被人说服脱去他之前佩戴过的纹章，它将依旧是两个相扣的圆环；不过在此问题上他本人与其人民仍然互不相让"。或许这"两个相扣的圆环"指的就是上文中的首字母 B?

243

伴随西方骑士精神而来的，是新的服装样式。尼西亚王朝的约翰三世·瓦塔挈斯出于爱国热情，表达了对拉丁服装的不满。但即便是在民困国贫时期，拜占庭服装自始至终都保持着一种与众不同的华丽，这让前来觐见曼努埃尔二世·巴列奥略的巴黎人个个都心醉魂迷，而且还让全欧洲的艺术家们在描绘陌生的君主时，给他们都带上了有着高高撑起皇冠和前后帽舌的巴列奥略式礼帽。在处于崛起之中的西方眼中，有一个令人好奇的谜团正萦绕在东方末代王朝皇帝们的身旁。特拉比仲德的主权问题在世界各地的剧作家笔下都成了陈词滥调。而这个国家的君主着装之华丽，让同时代者简直不敢相信自己的眼睛。克拉维霍在黑海上坐

① 意为"只有团结才能拯救塞尔维亚"。西里尔文为 Само слога Србина спасава——译者注
② 佩德罗·塔法，15 世纪西班牙旅行家。——译者注

船前往撒马尔罕时,曾如此描述过皇帝及其儿子,"他们头顶高帽,帽子边上钉有金线,顶部还插有一大束仙鹤羽毛做的羽饰,而且这些帽子还镶有貂毛边。"不过最让人大饱眼福的还是在佛罗伦萨大会期间,整整两年的时间里,北意大利的土地上随处可见从东方基督教世界来的与会人员。在同时代艺术家的作品中,当属贝诺佐·戈佐利①(Benozzo Gozzoli)在佛罗伦萨的里卡迪宫(Riccardi

244 Palace)中的作品最为著名。不过这幅画也是在大会结束二十多年后才完成的,而且人们在君士坦丁堡也找不到和约翰八世·巴列奥略画像②上一模一样的头饰。最能真实反映晚期拜占庭华丽宫廷服饰的,还当属皮耶罗·德拉·弗朗切斯卡③(Piero della Francesca)在阿雷佐④(Arezzo)的壁画,以及费拉莱德在罗马圣彼得大教堂铜门上的雕刻,这些作品几乎都是在拜占庭人来到意大利时创作的。在阿雷佐的壁画上描绘了希拉克略率领大军从泰西封夺回真十字架的情景,他本人所穿的 8 世纪晚期军服,与土耳其人模仿希腊样式所制的军服出奇相似,如今君士坦丁堡的圣神和平教堂中就保存着数件真品。在圣彼得大教堂的圣门上,刻着一系列连续的画面:约翰八世·巴列奥略乘坐配备数名浆手的大帆船离开君士坦丁堡,放飞皇家鹰鸶;他受到教皇接待,并在他面前下跪,一旁的侍从手中拿着一顶眼熟的帽子;他在会议上正襟危坐,陷入沉思;他登船返回东方。据说在大会期间,皮萨内洛⑤(Pisanello)也有幸能和皇帝见面交谈。在这件事上,比本书 184 页对页的纪念章更具说服力的证据,就是该画家在卢浮宫内的一幅画作,在画作中他以逼真的立体感描绘了与纪念章上那位带着相

① 贝诺佐·戈佐利(约 1421—1497 年),文艺复兴时期佛罗伦萨画家。——译者注
② 《约翰八世·巴列奥略》亦为贝诺佐·戈佐利的作品。这里指他的作品并不能反映拜占庭人穿着的真实风貌。——译者注
③ 皮耶罗·德拉·弗朗切斯卡,意大利文艺复兴早期画家。——译者注
④ 意大利中部城市。——译者注
⑤ 原名安东尼奥·迪·普奇奥·皮萨诺(约 1395—约 1455),意大利文艺复兴早期画家。——译者注

图 12　晚期拜占庭宫廷

同帽子的同一人物。典型的拜占庭式贵族的外貌在这幅画中栩栩如生,让后人用不着奢求其他更生动的线索。在其纤巧的长鼻下,有着一对堪比古希腊雕塑的双唇,在空虚的背景之中,还透露出一种神经质和近乎神秘的泰然自若。这一形象与当时意大利贵族粗糙的面容形成了鲜明对比,不过经常惠顾皮萨内洛的正是这些人。

　　至于女人,拜占庭时期的化妆技巧与 20 世纪的相差无几。皇后狄奥多拉的事迹长久以来一直是人们的谈资。她睡眠充足,还以沐浴保养肌肤。而金发女皇佐伊在 62 岁高龄都能吸引住她的第三任丈夫来分享其皇位,她摒弃了皇袍而换上了更轻柔的布料,并且曾在她那如实验室般的,充满各种化妆品和香水的卧室里度过了无数个小时。这种做法在西方看来简直惊世骇俗。狄奥法诺(Theophano)是皇帝尼基弗鲁斯二世·福卡斯的女儿,同时还是奥托二世①的妻子,由她引入神圣罗马帝国宫廷的拜占庭礼仪,使日耳曼人和罗马人都疏远了她的儿子奥托三世。而在被称为反映拜

①　奥托二世(955—983 年),神圣罗马帝国皇帝。——译者注

占庭文化的镜子的威尼斯,人们对总督夫人希腊人赛尔沃[①](Selvo)那如恶魔般标新立异的做法十分反感。她平时会戴手套。在吃宦臣们事先帮她切好的肉时,用的也是金叉。她脸上涂着各种化妆品,身上抹着各式香水和花露水。不过她死的时候却孤苦伶仃,也算是恶有恶报了。

　　作为勃艮第公爵"好人"菲利普三世(Philip III the Good)的手下,旅行家伯特兰顿·德·拉·布洛切(Bertrandon de la Broquière)为后人留下了一幅统治君士坦丁堡的最后一位希腊皇后玛利亚·科穆宁娜(Maria Comnena)的肖像画,她既是特拉比仲德的阿历克塞四世的妹妹[②],也是皇帝约翰八世·巴列奥略的妻子。他曾在圣索菲亚大教堂的仪式上见过她一面,然后便无法自拔,不吃不喝在教堂等一整天,希望再见她一面。在画中,一匹配有上等马鞍的好马被引领至一条长凳,皇后在屏风之后登上了马鞍。陪同她的是一群宦臣、几位年长的朝臣和两个侍女,这些人同样也骑着马。她身着一件长长的披风,头戴希腊式尖顶帽——应该就是巴列奥略式的小帽,尖顶下系着三根金色羽毛。她的脸上化着妆,"不过这完全是多余的,因为她本来就是个年轻美貌的女人"。她耳朵上还戴着嵌有珠宝的大扁平耳环。

　　对那些生活在首都的人来说,个人生活是否幸福反映于首都兴衰上。而对那些向往着首都的帝国公民而言,首都兴衰也与他们的生活休戚相关。君士坦丁堡不愧是最让人赏心悦目的城市,城里栽满绿树,花园随处可见,在鼎盛时期,其人口就和现代一样徘徊于70万到100万之间,丝毫不负其居民赠与她的"万城之城"的美名。与世界上其他地方不同的是,在这里,来访者能够享受到井然有序

---

① 狄奥多拉·安娜·杜凯娜·赛尔沃(1058—1083),君士坦丁十世之女,于1075年嫁给威尼斯总督多米尼哥·赛尔沃。她行为不端、铺张浪费,完全不受威尼斯人欢迎。——译者注
② 一说是女儿。——译者注

的热情招待。外国船只可以免费入港,只要它们能够遵守类似于当
今航海法的法规法则。在查士丁尼时代,人们还建造了数不胜数的 247
旅馆客栈为来到首都经商或打官司的旅行者提供住宿,外国商人在
一些指定的区域还享有治外法权。另外值得一提的是,被愤怒的拉
丁士兵烧毁的清真寺,当初是由政府出资为居住在城里的穆斯林建
造的。在整个中世纪,君士坦丁堡是全欧洲唯一一处在夜晚灯火
通明的地方。一套定期的卫生措施让此地更加健康。为了保持空
气纯净,在毁坏圣像运动时期人们还制定了限制房屋高度和间距
的规定,其严格程度甚至连皇帝的连襟都不能逾规。

不过拜占庭城市规划中最杰出的一笔,非其充足供水莫属。水
通过水道引入君士坦丁堡,然后储存在大多位于市中心的多个巨
型地下蓄水池中,其位置大约在圣索菲亚大教堂附近,或就在其正
下方。其中 58 个保存至今,但只有 4、5 个现在还能找到;即便如
此,它们依然没有被考古学专家探索过。菲洛克斯诺斯为君士坦
丁大帝建造的蓄水池由 224 根石柱支撑,每根石柱都由两段拼成,
总高 54 英尺。如今的地下水宫殿(Yeri-Batan Serai)始建于君士坦
丁时期,建成于查士丁尼时期,占地面积近 1.5 英亩。在拜占庭旧
城的废弃石柱全部被用于其他建筑之后,人们便用方形砖柱建造 248
了那些位于圣索菲亚大教堂之下蓄水池。根据科沃尔(Covel)博
士①在 17 世纪末的记录,其蓄水深度可达 17 英尺,屋顶与水面之
间还有 6.5 英尺的空隙。在东罗马帝国边陲地区也能找到类似的
蓄水设计,如今在米斯特拉和莫奈姆瓦夏(Monemvasia)等城镇也
有其遗迹,只不过规模要小一些。以前者为例,其蓄水池建在斜坡
之上,几乎家家户户的房屋之下都有一个蓄水池。

实际上,土耳其浴场也是他们直接通过拜占庭人从罗马人那里
学来的。就在 50 年前,西方人还觉得定期洗澡是娇气可笑的行
为,而君士坦丁堡的人们早已认识到这是舒适生活必不可少的一

---

① 约翰·科沃尔(1638—1722),英国科学家、教士。曾任职于"黎凡特社团"在君
士坦丁堡担任牧师。——译者注

项条件。就在建城不到 100 年中,这里就兴建了 8 个公共浴场和 153 个私人浴场。在最初与罗斯商人签订的通商条约中,规定保证他们的住处有免费洗浴设施。伊琳娜·杜凯娜女皇签署的成立慈悲圣母女修道院(Convent of Our Lady of Mercy)的特许状也保存至今,其中白纸黑字地写着,每个入住者每个月至少洗一次澡,如医生要求,则更应勤洗澡。在约翰二世·科穆宁的全能天主医院里,每个病人都必须一周洗两次澡,在复活节时还得到买肥皂的额外补助金。罗伯特·德·克拉里曾谈及"一个供城内妇女沐浴的银质浴池"①。军队中也有类似的规定。皇帝御驾亲征时携带的辎重中,也有一种用于蒸气浴的皮套。一位 9 世纪的阿拉伯编年史家曾记录道,在小亚细亚多利莱昂(Dorylaion),政府当局建造了一所可供 7000 人同时洗浴的室内浴场。

249

君士坦丁堡民众休闲娱乐的最佳去处就是大竞技场。它与圣索菲亚大教堂同处于市中心的台地上,高度超过了大皇宫的斜屋顶。在帝国的中心,此三者各自成为了皇帝、教士和人民的象征。从常胜将军的凯旋仪式到折磨处死犯人,各种各样的公众典礼都能在这里隆重举行。乌合之众汇聚于此,酝酿并发起了数次暴动。在这里,民众闲暇时间的热情全都投入到了赛车比赛和公共娱乐活动中。对如今见惯了圆形白色赛道、听惯了"德比"和"足球"这些全世界人都懂的词的我们而言,根本不难想象在看台座位上为比赛队伍呐喊欢呼的拜占庭人是何等疯狂。整个城市被分成两大派别,其中又包括三个阶层:那些为赛车俱乐部缴纳年金的会员;赛车手和车队人员;大量未入会的人。每派都有各自的主席、金库、马厩、种马场、战车,以及大量随行雇员及伶人。各派代表在宫廷典礼上都有固定的席位。

250

每次比赛都是一场惊心动魄的表演。人们对每种可能性、赛手和车队的方方面面都研究的很透彻。比赛当天以皇帝驾到为开始,同时伴随着风琴的乐声和唱诗班歌声。皇帝包厢内的人首先

---

① 原文为法语。——译者注

开始下注。而对普通观众来说，身在一个派别，却看着坐在对面看
台上的那些在比赛结束后或许真会动手将自己置于死地的人，也
足够刺激了。正如朗博所言，几乎没有理由为基督教废止古代野
蛮表演感到惋惜。"……有哪场让罗马沸腾的角斗士表演，能比得
上在查士丁尼统治时期那场让 40000 人血洒看台和竞技场的大暴
动呢？"这就是尼卡暴动，城市的一半区域也付之一炬。确实，类似
的灾难尚未在盎格鲁-撒克逊的体育场内发生过。但是，但在一个
充满公众不满的时代，有谁能说得准期盼已久的推翻君主立宪的
革命不会从绿茵场上发起呢？

图 13　拜占庭人的心血来潮：牧首狄奥斐勒

　　随着时间流逝，暴力场面所有减少。但是各个阶层对赛马的热
忱却依然有增无减。贵族们从波斯引入了一种类似马球的运动，
皇宫内一片名叫"齐坎尼斯提利昂"①（Tzycanistirion）的地方成为了
这一运动的专用场地。在 9、10 世纪，赛马曾风靡一时。"酒鬼"米
海尔三世曾在大竞技场内亲自驾车驰骋。有一次，他甚至为了不
打断赛马比赛，拒绝听部下汇报幼发拉底河的一场败仗。倘若他
还清醒的话，应该为此感到羞愧。将其谋杀并夺取王位的马其顿

251

---

① 齐坎尼斯提利昂是一个运动场。其名称源自"齐坎尼昂"（tzykanion），即"马
　球"。——译者注

人巴西尔一世，当初也是马夫出身。就连他的死也是因为狩猎时在马背上受到了一头雄鹿的攻击。古往今来最爱马的，非牧首狄奥斐勒（Theophylact）莫属，他的马厩里共有 2000 匹骏马，它们吃的都是水果，洗澡用的是葡萄酒，身上还涂着香水。作为皇帝罗曼努斯一世·利卡潘努斯的幼子，他在 16 岁时就成了教会的最高领导者，并在这个位子坐了整整 23 年。东正教中就数他与波吉亚（Borgia）家族的那位教皇不相上下了。在其一手遮天的统治下，反清教式运动在 10 世纪达到了高潮。他把具有象征意义的舞蹈引进了圣索菲亚大教堂的宗教仪式，因此挑剔的利乌特普兰德便称其简直成了歌舞表演。据说，这位牧首在圣坛上获悉一匹钟爱的母马即将生产时，立即冲回家相伴其左右，巧的是他居然还能在仪式结束前及时赶回教堂。打猎也是他的爱好之一。不过在 956 年，他那愉快的职业生涯却因被一匹难以驾驭的犟马撞到墙上而终止了。直到第四次十字军东征之前，大竞技场一直是门庭若市。1111 年，挪威国王西吉斯蒙德（Sigismund）亲眼目睹了这里的赛况，比赛期间还有烟火、风琴演奏和飞人表演。50 年后，图德拉的本杰明还看到了魔术和野兽表演。十字军第一次入侵之后，马术比赛和马上比武也成了比赛项目。根据克拉维霍所言，15 世纪初的时候，这块地方肯定尚未荒废。就连苏丹们自己都会在这里举办公共典礼。在皇宫图书馆内，土耳其皇宫的模型就位于德尔斐三头蛇柱附近。后来，蛇柱残存部分被搬到了苏丹艾哈迈德（Ahmet）于 1610 年建造的蓝色清真寺附近，人们在这里依然可以见到出现于 15 世纪的地图和绘画中的蛇柱原本的模样。

在拜占庭社会中，病人和穷人也不会被遗忘。虔诚的富人们设立的收容所和避难所，同纯宗教性的机构一样遍地开花。通过这一方式，皇帝们不仅能流芳百世，还可以直接获得民众的爱戴。而西欧，直到 19 世纪，都没有像土耳其征服之前的东方希腊①那样有

---

① 尽管只是间接地与慈善有关，但是人们在阿索斯山上依然可以看到这一乐善好施的风气。

252

174

图14 1450年左右的大竞技场

过如此多的慈善组织，可见其落后程度。

非政府的慈善行为这一理念源自基督教。在《米兰敕令》颁布之后，早期教会最初的地下医院便迅速在黎凡特地区如雨后春笋般被建立起来。其中最大的，且被许多人效仿的，是由主教巴西尔在凯撒利亚建立的一所医院，其规模堪比一座城镇。那里有一班常驻的医生和教士等工作人员，孤儿们可以拜师学艺；他们甚至还接纳麻风病人。另一种形式的由私人从事的公共福利，是专为旅行者提供食宿的旅社体系。在君士坦丁堡，政府与个人都会为扶贫救济事业慷慨解囊。这种风气在12世纪科穆宁王朝时期达到了高潮。

该家族的第二任皇帝阿历克塞一世在金角湾建造了一所献给圣保罗的医院，根据他女儿安娜的说法，这里简直是一个各种救助机构的大集成，收容各式各样的人，其中有孤儿、盲人、负伤老兵，人数以千计。他的儿子约翰二世也效仿了这一做法，由其建立的全能天主医院是当时最先进科技的结晶。这所医院的管理也可谓细致入微。每个独立病房都有两间盥洗室，病人还按照性别和疾病分开居住，考虑到治疗需要，每晚房间内还会开启供暖设备。女性病人都是由女医生治疗的。这里的食物主要是素食，每天早上，食品检查员都会巡视各个病房，听取病人们的意见。每张床位都配有地席、枕头、床垫和被褥，若是在冬天还能再加一条被子；还有

253

254

一把梳子和一个夜壶;为了保证环境清洁,扫帚和木屑也是必不可少的。洗涤用品也样样俱全。每位病人都能拿到一块海绵、一个水盆和一个水桶。在每间病房里都有一个铜质水盆,医生在去另一个房间就诊前都先会用它把手洗干净。院方规定每两周必须用复活节肥皂(见边页码第 248 页)洗一次澡,他们还为病人提供洗脸、洗手、擦身用的毛巾各两块。医院还配有药房、厨房、面包房和洗涤室。这里有一位专门的草药师,以及专为新医生提供指导的医学教授。这里还有一台专门用于清洗和打磨手术器械的设备。

在阿历克塞一世·科穆宁的三子塞巴斯托科雷托伊萨克(Isaac)建立的救世修道院(Convent of the Redemption of the World)附属医院的规章制度中,人们可以找到更多更加具体的管理条例。枕头芯都是羊毛,每位病人都有自己的餐盘、小碗和杯子。床上绝不准空无一物。葬礼非常体面。浴室也对外开放,周三和周五只对女性开放。这使住在附近的居民受益颇多,不过他们是要付浴资的。

随着君士坦丁堡步入 13 世纪,之前还不容乐观的政治气候,现在竟豁然开朗。尽管安格洛斯王朝的皇帝们恶政连连;尽管贸易霸主地位已落入意大利人之手,国家税收相对减少;尽管十字军盘踞在帝国古老的土地上,拉丁人与希腊人之间的仇恨打破了欧洲平衡;但是,对希腊的男男女女来说,安逸的生活依然继续着,古典人文主义和东方式追寻上帝的传统也从未间断。黄金或许是少了,但是对城市的公共设施、教堂和财富的捐赠却有增无减。这里的居民生于辉煌,长于这座美丽的城市,他们寻找着各自的人生目标,对国家和上帝都充满信心。不过灭顶之灾在 1204 年降临到了这个维持了总共 874 年稳定安全的社会头上。第四次十字军东征的部队由于威尼斯人的贪婪改变了其原本的目标,转而进攻君士坦丁堡并将其占领。这是件让人难以置信的事。而原本已经衰落的拜占庭帝国也陷入了一片混乱。虽然人们在这片土地上建立起了一个新帝国,但是稳定的政治局势从此一去不复返。

　　关于第四次十字军东征的书籍有很多。即便是那些对拜占庭人知之甚少，因此对他们轻蔑甚多的作家，也很难找到为法兰克人的行为脱罪的说词。就连他们自己的编年史家罗伯特·德·克拉里，也不得不认为之后发生灾难是罪有应得，"他们对东方可怜的人们背信弃义，并且在占领城市后犯下了种种罪行"。从那第一场交涉①，洗劫萨拉（Zara），到无视教皇禁令；从抵达君士坦丁堡，火烧半座城，到最终的攻占。洗劫城市时发生的野蛮行径：希腊贵族和富人一夜间一贫如洗，纷纷逃亡，牧首手里"没了《圣经》和权杖"，也加入了逃亡的行列；他们奸淫妇女，主妇、处女、修女统统不放过，连萨拉森人都不会如此残暴。有组织的掠夺，以其中法国人的份额为例，根据吉本所言，达到了"英格兰年收入的七倍"，威尼斯人还比其更胜一筹。故意的亵渎：他们将骡子直接牵到圣坛，把从教堂洗劫来的东西运走；亵渎皇帝陵墓；给马匹穿上圣衣；在圣索菲亚大教堂的牧首宝座上为一个妓女加冕。这一系列事件让拜占庭人无法相信世上居然有如此卑鄙的行为，并坚定了他们决不饶恕的决心。公正无私的后人自然可以明察，原来基督教教义在冷酷无情的中世纪西方人心中是如此脆弱。人一旦杀红了眼，接下来就是奸淫掳掠。在一个充满烧杀抢掠的年代里，如果有一座富有的城市如魔法般突然出现在遥远的天边，没有人可以保证自己能抵挡住诱惑，不对其发动进攻。但是，这是场蓄谋已久的阴谋，统治者们道德败坏，而他们自己也绝无法在良心上宽恕自己的罪行。士兵们兽性大发，亵渎圣物。这场专门针对圣物的有组织的掠夺，并不是发生在战斗热火朝天之时，而是事态已经平息之后。种种这些，让第四次十字军东征成为了历史上不光彩的一笔。尼基塔斯②（Nicetas）写道，"不论生者还是死者，他们都不放过；他

256

257

① 指1171年拜占庭皇帝收回威尼斯人在君士坦丁堡的特权，威尼斯总督丹多洛为此与皇帝之间的谈判。——译者注
② 尼基塔斯·柯尼亚特斯（1155—1215或1216年），拜占庭历史学家。——译者注

们亵渎上帝,凌辱他的仆人,作恶多端,无所不用其极。"虽然君士坦丁堡在 1453 年再度沦陷,但绝不能将两者相提并论。而且对土耳其人而言,不同的宗教背景以及蒙古人的传统,为他们的行为开脱了不少。

当士兵们正在对堆在教堂内的金银财宝进行分赃之时,另一些人也在不遗余力地把古代世界最富盛名的雕像敲碎以带回西方。几乎没有人会为这些圣像、器皿以及由整整 30 代能工巧匠积累下来的金银首饰被毁而落泪,其中只有一小部分至今仍然点缀着威尼斯的圣马可大教堂。利西波斯(Lysippus)的海伦和那拇指比常人腰还粗的赫拉克勒斯,罗慕路斯和瑞摩斯之狼,从埃及运来的狮身人面像、鳄鱼像还有会甩动鼻子的大象,帕里斯和维纳斯的群像,萨莫斯岛那头部重到需要四匹马才能拉动的朱诺像,能从腿部吐出"吃掉奥德修斯船员的怪兽"的巨型斯库拉(Scylla)像,能够以其展开的翅膀将阴影投射到日晷上显示时间的阿波罗尼斯之鹰,乃至拜占庭人那刻有田园风光浮雕、顶部有女人型银质风向标的"风之仆"(Anemodulion)方尖碑,所有这些雕塑都让世人为之惋惜。

不过比金银财宝更让十字军觊觎的,则是圣人遗物。他们曾庄严地许下不对基督教同胞武力相向的誓言,如果他们能把一块圣物所作为礼物送给远在西欧的家乡教堂,就能对自己违背誓言的罪行进行赎罪。而对于教堂或修道院而言,拥有一块圣人遗骨不仅为其增添一份神圣感,而且还带来了财路。朝圣者们为了一睹圣物会蜂拥而至,随之而来的则是大量的献金,有些地方还会收取圣物崇拜费。在这个纷乱世界中固若金汤的君士坦丁堡成为了整个黎凡特地区的圣物储藏地。人们还专门立法对其加以保护,西方的关于渎神罪的法律也是由此而来。但是,这种野蛮的拜金主义让拉丁人对圣物的贪婪远远超过了希腊人对其的信仰,这让拉丁编年史家都颇有微词。

威尼斯人在这些圣物中获得的份额最大。不过它们现在已经散落于全欧洲,有些城镇的地位也因它们的到来而发生了改变。真十字架被分给了拉丁主教们,沾有圣血和圣泪的部分则四散各地。阿马尔菲(Amalfi)得到了圣安德鲁的圣骨,克吕尼、哈尔贝尔斯塔特①(Halberstadt)和亚眠分别得到了圣克莱门特、耶稣长弟圣雅各和施洗者圣约翰的圣骨。苏瓦松(Soissons)得到了圣司提反和圣达太(St Thaddeus)的圣骨,还有圣母马利亚的束带,耶稣在最后的晚餐上穿的长袍,以及圣多玛(St Thomas)戳入耶稣伤口的圣指。早已在拜占庭外交中令人万分垂涎的耶稣王冠上的单根荆棘,如今也散落各地,要把它们的去向一一列举出来得占用整本书的篇幅。与此同时,十字军为母国带回来的宝物也刺激了拉丁主教们,这些人也步其后尘加入到寻宝的行列。在 1215 年拉特兰宗教大会上,禁止了圣物买卖,因为当时的圣物已经供不应求了。不过,在拉丁皇帝鲍德温二世统治时期,荆棘王冠的剩余部分仍然足够用以抵押给威尼斯。法国的圣路易②在 1239 年得到了它,他不仅将其赎回,还在巴黎付给了鲍德温总数相当于 2 万英磅的金额。王冠在圣礼拜堂(Sainte Chapelle)保存了整整 5 个世纪,之后又被送至圣但尼③(St Denys),直至法国大革命爆发。即便是这样一场剧变也只将王冠分成了三份。人们最终在奖章纪念馆(Cabinet des Médailles)的一个空箱子内找到了碎片,如今它们都被保存在巴黎圣母院里。

259

在拉丁帝国存在的 57 年里,万城之城一片死寂。整整两代希腊人看着他们的首都每况愈下,却无力回天,拉丁征服让这座城市变得贫穷肮脏。法兰克人也改变了行省的面貌,只要看希腊和小亚细亚沿海地区的山丘上建起的一座座突兀的城堡便可窥一斑而知全豹。但是希腊人却丝毫没有接纳他们的意思。那些来到黎凡特的领主、贵妇及其子子孙孙在这里依然被视作外来者,他们在环绕于爱琴海周围的一望无际的群山中依然坚守着异族的骑士

260

① 哈尔贝尔斯塔特,是德国萨克森—安哈尔特州的一个市镇。——译者注
② 圣路易即法国国王路易九世。——译者注
③ 圣但尼,是法国法兰西岛大区塞纳—圣但尼省的一个镇,位于巴黎郊区。
　——译者注

制度。日渐式微的东方和一盘散沙的西方,两边的故事他们都耳熟能详。这片新土地上的乡间美景和希腊人的愉快生活让他们乐不思蜀。与此同时,他们还建立起了一所骑士学校,于是成百上千的人便加入到了维尔阿杜安家族①(Villeharduin)麾下,涌入米斯特拉。雅典的公爵们所说的法语和巴黎人的毫无差别。对教皇洪诺留三世(Honorius III)来说,希腊就是"新法兰西"。可在历史上这些法兰克贵族究竟是何许人? 他们来者不善,也不打算在此地久留,更没有建造起一堵能够抵御东方入侵的屏障。他们在欧洲放松警惕时,推翻了拜占庭人一手建立的政治结构。2个世纪之后,以及在随后的4个世纪里,一个与西欧文明相辅相成文明和希腊这片土地的永恒幸福,就这样被他们断送了。他们自己却没有为后人做出一丝贡献以示补偿,就让后世对他们盖棺论定吧。

此时的尼西亚,故都之人都聚集在了这个规模略小的首都的红色城墙之内。这里没有博斯普鲁斯海峡,却有一片湖泊,人们在湖里捕鱼,假日里在湖畔的树荫下小憩。相比他无能的前任,血统无懈可击的皇帝②就显得非常有才干,他治理朝政,并发起了收复失地的战争。拉丁帝国未老先衰、国力日渐式微,而尼西亚帝国则如旭日般冉冉升起。它在西方找到了一位盟友,霍亨施陶芬王朝的腓特烈二世。作为文艺复兴的先驱,这位德意志皇帝以其意大利南部宫廷的先进文化而招致了罗马教廷的敌视。和希腊人一样,他使自己成为了粗鄙的中世纪精神嫉妒和仇恨的目标,它常常假借宗教之名,对较高级的文明下此毒手。由于尼西亚之外或许没有比它更憎恨教皇制度的了,于是他便亲自着手与其谈判,双方会晤时用的都是希腊语。1244年,他将女儿康斯坦丝③(Constance)

261

---

① 维尔阿杜安家族,法国骑士家族,在第四次十字军东征后占领了伯罗奔尼撒地区。——译者注

② 尼西亚帝国第一任皇帝狄奥多一世·拉斯卡里斯出生于拜占庭贵族拉斯卡里斯家族。——译者注

③ 康斯坦丝实为腓特烈二世的私生女。——译者注

嫁给了约翰三世·瓦塔翠斯,两人在布尔萨①(Brussa)完婚。尽管最后康斯坦丝的一位侍女博取了皇帝的欢心,而她则只能在一旁孤芳自赏,但是这位德意志女皇却获得了不小的影响力,以至于米海尔八世·巴列奥略一登基就希望与自己的妻子离婚而娶她为妻②。接着,在1261年,君士坦丁堡被收复。安娜皇后——这是她为世人所知的称呼——在新宫廷里找不到一席之地,于是就离开希腊,历经多年漂泊,最后在1313年客死西班牙的巴伦西亚③(Valencia)。在她那至今依稀可辨的墓志铭上写道:"希腊皇后康斯坦丝·奥古斯塔长眠于此。"

希腊文化重获新生。在接下来的几乎2个世纪的时间里,拜占庭模式继续主宰着金角湾。不过有些方面却今非昔比。尽管国家机器修复如初,但是之前的安全局势早已不在。随着东方土耳其人和西方斯拉夫人的入侵,再加上国内意大利商人的侵蚀,国破人亡的噩梦每天都笼罩于此。首都的情况也大不如前。逃离首都的人都一去不复返,因此人口日渐稀少。进入修道院的人却有增无减。在15世纪初,城墙内田野、果园的占地面积和房屋占地面积一样。教堂统统都翻新了一遍,圣索菲亚大教堂的修缮规模尤其巨大④。但是大多数建筑还是遭到了荒废,并且随着时间的推移,程度越来越严重。虽然大皇宫在复国之后仍在使用,却渐渐被位于布雷契耐⑤(Blachern)的皇宫所取代,它坐落于城郊的城墙边上,1171年耶路撒冷国王阿马尔里克一世一行在其浴室、锅炉和其他豪华设施面前叹为观止。从前的娱乐活动也中断了。至于接待各国公主贵妇,当时有人就无不悔恨地说道,"如果没有金钱,所有那

① 布尔萨,土耳其西北部城市。——译者注
② 但是被皇后拒绝了。——译者注
③ 巴伦西亚,西班牙东部沿海城市。——译者注
④ 佩德罗·塔法(详见文献目录)曾说:"教堂内部,环规四周大部分地方都破破烂烂,但是教堂本身却保存良好,即使是今天开来,也犹如昨日刚刚竣工。"他说这段话的时候是1438年。
⑤ 布雷契耐位于君士坦丁堡西北郊。——译者注

些行地主之谊所必需的庆典和晚宴将从何谈起。"在皇宫里,许多珠宝其实都是玻璃做的,那些金银制品也都是镀上去的。即使这263样,它们最后也未能幸免于难。农民对大地主的造反让行省不得安宁。拜占庭人的生活每况愈下,而悲哀的是,他们自己也深知这一点。希腊爱国主义变回了原来的模样。迄今为止都是罗马人的最高统治者(Αὐτοκράτωρ τῶν Ῥωμαίων)的皇帝,现在则成了希腊人的国王(Βασιλεύςτῶν Ἑλλήνων)。古典作品中英雄们的名字再次被人们经常提及。除了一场由于中央政府失权而引发的长期内战①之外,首都并没有表现出意志消沉。根据埃德温·皮尔斯爵士②(Sir Edwin Pears)所言,"不论是在拉·布洛切还是其他同时代人的叙述中,……都找不到任何迹象表明这些留下来的人已经放弃了勤勤恳恳、慎审自制的品格。"

帝国一筹莫展,令人绝望。迫于这点,一个外交使团于 15 世纪初出使西欧,他们是最后一群将东欧文明带给西方民族主义者的人。西方对东欧的行将就木一无所知,而东欧人也绝不可能猜到西方已经播下了称霸世界的种子。不过对于我们这些已经了解历史来龙去脉的现代人而言,双方这最后一次接触确实有着一丝无奈。

在整个 14 世纪,人们曾多次尝试从西方那里获得援助,以抵抗日益壮大的土耳其人。1396 年,匈牙利国王西吉斯蒙德③和讷韦尔伯爵④(Comte de Nevers)所发起的那场十字军东征将事件推向

① 事实上巴列奥略王朝时期,皇室斗争异常激烈,内战频频,先后爆发了"两安德罗尼卡之战","两约翰之战"和"约翰祖孙之战"。陈志强:《拜占庭帝国通史》,第 254 页,上海社会科学院出版社,2013 年。——译者注
② 埃德温·皮尔斯(1835—1919),英国历史学家,曾在君士坦丁堡居住过约 40 年。——译者注
③ 即卢森堡王朝的神圣罗马帝国皇帝西吉斯蒙德(1433—1437 年在位)。——译者注
④ 即后来的勃艮第公爵无畏的约翰(Jean sans Peur)。——译者注

了高潮,但是事与愿违,尼科波利斯之战却以土耳其人大获全胜告 264
终。3 年后,让·德·布锡考特元帅①(Marshal Jean de Boucicault)
率援军抵达君士坦丁堡。在战时间隙,他应召回国,而皇帝曼努埃
尔二世·巴列奥略在大批随从的陪同下决定与其同行,以亲自向
外国求助拯救帝国。

　　身兼学者、哲学家、书信者以及军人数职的皇帝曼努埃尔,有
一副长长的灰白山羊胡,他是一个典型的拜占庭人。他将妻儿留
在米斯特拉,由他的弟弟专制君主狄奥多②(Despot Theodore)照
看,自己则来到意大利。在那里,他依然受到了东方帝国皇帝应有
的礼遇,几经周转之后,来到了巴黎城郊。从沙朗通(Charenton)大
桥出发,在 2000 名市民骑马护送下,他在巴黎受到了查理六世以
及全体贵族的庄重接见。他身骑白马,是年 52 岁的他身穿一身白
色丝质长袍——据说上面还绣着与贝诺佐·戈佐利所刻画的其继
任者约翰八世身上同样的金色图案——他无需借助马镫就骑上了
马背。他在法国首都逗留期间,诸事缠身,例如参加克雷芒伯爵
(Comte de Clermont)的婚礼以及举行东正教仪式。在其与友人的
书信中,他曾描述了语言沟通上的障碍以及他房间里挂着的漂亮
的弗莱芒挂毯。几个月之后,他乘风破浪渡过英吉利海峡,来到了 265
英格兰,并在布莱克希思③(Blackheath)受到了亨利四世的隆重接
待。④ 两位君主在艾尔森皇宫一起度过了圣诞节。在一封信中,曼
努埃尔称这个岛屿"简直可称之为另一个世界的国度"。一个月
后,他回到了巴黎,直到土耳其苏丹巴耶济德击败帖木儿的消息抵
达之前,他在这里又呆了一年多。接到消息后,他当即发出特快信
给君士坦丁堡,派出 200 人加入城防部队,并许诺法国国王会给他
们一笔抚恤金。

_____

① 尼科波利斯大战之后,布锡考特元帅被土军俘虏,后被赎回。1399 年,他又率
　　1200 人援助曼努埃尔二世·巴列奥略抵抗土耳其人。——译者注
② 狄奥多二世·巴列奥略(1396—1448 年),摩里亚专制君主国国君。——译者注
③ 布莱克希思,位于伦敦东南部。——译者注
④ 详见托马斯·沃辛翰(Thomas Walsingham)的《简史》(*Historia Brevis*)

　　历史学家查尔克孔戴拉①（Chalcocondylas）记录下了皇帝一行人的所见所闻,而且令人好奇的是,他对那些他们去过的国家所做的评论和现代情况颇为相似。他说道,德国人数量最多,他们忍耐力强、胆识过人,如果他们团结一致,定能所向披靡。他形容法国人为古老而又富裕的民族,他们视自己为西方国家中的佼佼者。但是近来英国人后来居上,使得妄自尊大的法国人稍许收敛了一些。不列颠也被称作英伦三岛。在人口数量、实力和奢华度上,伦敦在所有西方城市中可谓首屈一指。英国的长弓和土地固定租期也引起他的注意。不过,他也毫无保留地道出了其同胞们的见闻,并补充说,"在他们的风俗中最独特的一点就是他们对婚姻和贞操的漠视。他们在互相拜访时,尽地主之谊的第一步,就是让来客拥抱自己的妻子和女儿。在朋友之间,交换妻女不足为耻。岛屿内陆居民也欣然接受了这一奇特的社交方式及其所产生必然后果。"吉本却反驳道,"当我们了解了古英格兰的风俗习惯以及我们的女性祖先的美德之后,我们便会对这个希腊人的盲目轻信嗤之以鼻,并对他有失公正的言辞感到愤怒……但是他的轻信和不公也能让我们懂的一个道理:对外国和遥远国度的报告要心存怀疑,对任何违背自然法则和人类本性的流言蜚语都不能盲目相信。"这位半吊子历史学家②就这样白纸黑字地为自己的作品下了死刑判决书。虽然他的民族及其国家在后世遭人诽谤,但是这位希腊人在此却毫无意识地为自己报了仇。

---

① 查尔克孔戴拉(1493—1511 年),希腊历史学家、人文主义者,曾在意大利教授希腊语长达 40 多年,对文艺复兴时期文学产生巨大影响。——译者注
② 本书作者罗伯特·拜伦对爱德华·吉本的《罗马帝国衰亡史》中东罗马帝国即代表堕落衰亡的观点颇有微词。——译者注

第十一章　为欧洲而战

从君士坦丁堡成为基督教世界的首都到 1123 年又 18 天之后它落入奥斯曼土耳其苏丹之手,拜占庭帝国一直在与被迫西迁的游牧民族进行抗争。最初,希腊化的东方保全了自我,而西欧则被彻底征服。但是这些征服者的内心却是不坚定的,这使得他们自己被欧洲化了。渐渐地,他们在此定居,融入了残存的罗马文明之中,并形成了当今世界的文明格局。与此同时,就在他们到达此地之后的 2 个世纪之内,比邻的东方却突飞猛进。东方——通常指的是一种与我们自己相异的气质和思维方式——已经在一场精神上的战斗中与基督教一起击败了古典主义。而现在战场即将转移到物质层面。从 643 年至 1453 年,君士坦丁堡一直是一道屏障,是欧洲前线一座突出而又孤立的前哨站。当最后一支希腊军队被击败时,当最后一份手稿被变卖时,欧洲却得救了。但是胜利的果实却一点都不甜蜜,只有那些曾在 1683 年目睹土耳其军队兵临维也纳城下的人,才能理解这种滋味。

穆罕穆德在公元 570 年生于阿拉伯半岛的麦加。当时的阿拉伯人不论是在政治上还是精神上都没有统一的组织。在他们当中也有皈依基督教、犹太教和琐罗亚斯德教的人,但是大部分人缺乏任何表达宗教信仰的途径,他们既没有宗教仪式,也不会自我思考。受病发困扰的神秘主义者穆罕默德定期会过苦行生活,在所有的宗教中他只承认唯一的真主,目不识丁的他在听见了散布于沙漠之中的其他宗教的准则①,并将它们引入了自己的教义之中。他谴责不道德的行为和偶像崇拜;宣扬在受到伤害时要宽恕他人;并且确立了一分为二的复生理论,一边是类似中世纪式的地狱,一边则是妻妾成群的天堂②。由于受到麦加人的嫌恶,这位先知在52岁时迁往麦地那附近的一个犹太化阿拉伯人社区避难,并在他们当中确立了政治领导地位。受这些人的影响,这里形成了一种摩西式绝对服从的精神,以及政教合一的生活,这便是如今伊斯兰国家的雏形。与麦加之间的战争在625年爆发了。不过最终,麦地那萌生了一个新的组织,其力量也在不断壮大。直至629年,这位先知已经可以夸口说自己有一支3000人的军队,这支军队与西北方拜占庭驻于叙利亚的部队有过接触。630年,他夺取了麦加,2年后便去世了。

现在阿拉伯人已经意识到了一个政治中心,它的出现恰逢他们的国家陷入经济衰退之时,而且他们自己也因此产生了对外扩张的冲动。人们会说最初推动伊斯兰教发展的动力就是宗教,其实这是因为他们的政治系统披着一层宗教外衣。由于赋税过重以及宗教迫害,巴勒斯坦和叙利亚地区的人们在拜占庭人的统治下怨声载道。而穆斯林却能使他们摆脱这两者的困扰。希拉克略因为波斯战争所造成的经济负担,而不再给北方边境表现良好的阿拉伯部族发放一年一度的津贴,于是这些人就加入到了这个新成立的共同体之中。从此阿拉伯人同仇敌忾,向北挺进,一路击溃帝国部队,还受到当地居民的热烈欢迎。他们先后主宰了大马士革、巴勒贝克(Baalbek)、艾美萨③(Emessa)、阿勒颇、安条克,并最终占领了被希腊化的要塞——耶路撒冷。10年之后,泰西封沦陷,波斯帝国俯首称臣。只有高加索山脉才挡住了他们进攻的势头。同时,

---

① 传说穆罕默德在麦加附近的希拉山洞苦行冥想时,真主派天使给了他一个启示。——译者注
② 穆斯林相信殉道者在天堂会有72处女陪伴。——译者注
③ 即现在的叙利亚城市霍姆斯。——译者注

他们也在向南扩张。迫使希腊人撤离亚历山大里亚之后,他们还占领塞浦路斯,并建立了一支海军。他们从海路进发,击败了皇帝君士坦斯二世,自 673 年至 678 年,他们每年都会围攻君士坦丁堡。717 年的大规模海陆联合围攻把进攻推向了高潮,但是伊苏利亚王朝的利奥三世奋力将其击退了。这一时刻,伊斯兰世界终于遇到了力所不能及的障碍。

虽然饱受内乱困扰,但是穆斯林帝国却逐渐形成了一个明确的政治结构。作为先知的继承人,哈里发(Caliphate)身兼政治和宗教领袖,并开始采用世袭制。税制对穆斯林和基督徒一视同仁。他们的领土依然沿着北非海岸继续向西扩张,直至他们占领了西班牙大部分地区,并在 732 年与查理·马特展开了一场不朽战役,史称图尔之战。而萨拉森人在西西里岛和意大利南部立足已是一个多世纪之后的事情了,而后来将他们从这里赶走的则是马其顿王朝的皇帝们和诺曼人。

此时的国内局势也动荡不安。750 年,为了建立一个更加纯正、完全政教合一的伊斯兰国家,亲波斯的阿拔斯家族推翻了占据着哈里发之位的倭马亚(Umayyad)家族,并将这个东起印度西至大西洋的帝国的首都从大马士革迁至巴格达。随后的 83 年是一段盛世。就像当初影响罗马帝国那样,波斯人绝对君权的概念也对哈里发的含义产生了影响。正是在这一时期,东方的辉煌,便从哈伦·阿尔·拉希德①(Harun al Raschid)统治着的巴格达,通过文化与商业交流,在君士坦丁堡留下了深深的印记。但是天下并非一片太平。直到 10 世纪末皇帝尼基弗鲁斯二世·福卡斯立下的辉煌战功,才让希腊人占了上风。即便如此,此时东方又有一股新势力正蓄势待发。

伊斯兰帝国似乎到了分崩离析的边缘。哈里发们已经沦为了

270

---

① 哈伦·阿尔·拉希德(763—809 年),阿拔斯王朝第五代哈里发(786—809 年在位)。——译者注

波斯埃米尔①的掌中玩物,异端邪说让国家四分五裂,独立的国家在各地纷纷崛起。但是在 11 世纪 30 年代,一个令人望而生畏的新种族肆虐了亚美尼亚和格鲁吉亚,在其所到之处烧杀抢掠,以至于这些国家的国王们纷纷投靠拜占庭帝国以求保护。"他们崇拜风,生活于荒野……他们没长鼻子。在原本脸上该有鼻子的地方有两个小孔,他们就是通过这里呼吸的。"这就是一个犹太人②对蒙古人的描写。这些就是从奥克苏斯河远道而来的塞尔柱突厥人,1055 年,他们使哈里发摆脱了傀儡身份,并迫使他宣布他们自己的领袖为苏丹。16 年后,他们在曼奇刻尔特击溃了拜占庭人,一路横扫小亚细亚直达马尔马拉海,其所过之处只剩下一片荒凉,有些人就留在沿途经过的地方成了永久定居者。但是他们的首个伟大帝国仅延续了百年不到。到了 12 世纪中叶,科穆宁王朝的皇帝们再度征服了西部军区,而突厥人自己则分裂成了无数个小王朝,它们都指望巴格达成为其理论上的中心,成为科学、艺术和文学的家园。可是就连这脆弱的平衡都被打破了。1258 年,受到曾在中国就夺去 1800 万人性命的成吉思汗的影响,蒙古人旭烈兀征服了巴格达,并杀死了哈里发和 80 万居民。穆斯林世界的中心转移至了开罗。哈里发帝国在这里延续至 1517 年,是年统治君士坦丁堡的奥斯曼帝国从阿拔斯家族手中得到了哈里发头衔。

尽管令人生畏的蒙古人席卷俄罗斯,甚至深入过匈牙利和波兰腹地,但是和帖木儿相比他们就是小巫见大巫了。夺取巴格达 2 年后,迄今为止无往不胜的游牧部落被埃及苏丹马穆鲁克击败。从此他们的故事发生地就仅限于亚欧大陆的北方地区了。在 14 和 15 世纪的黎凡特,东西方之间的平衡又回到了从前的局面,成为了希腊人和土耳其人之间的较量。土耳其人的到来不仅让东方免受拜占庭人蚕食,更抵御了法兰克十字军的入侵。不过法兰克人却在背后捅了他们的欧洲同胞一刀。如果蒙古人进军至拉丁人

①　即 Emir,对穆斯林统治者的尊称。——译者注
②　即图德拉的本杰明。

占领君士坦丁堡时希腊人的集结地尼西亚,那么当时东方定能志在必得。所幸,蒙古人的入侵削弱了四分五裂的苏丹王国,使他们这项计划推迟了 2 个多世纪之久。

　　除了不断来自东方的压力之外,西北方俄罗斯和巴尔干地区的斯拉夫人也是一大威胁,在这种危机关头,不难发觉在长期处于守势的拜占庭帝国中,战争并不是谋臣武将飞黄腾达的一种途径,而是一种有专门的教科书指导的自觉的技艺,这些人心里盘算的不是如何邀功请赏,而是如何保家卫国。这些人当然也少不了充满骑士风范的冒险精神;正是这一精神激发了边疆守卫者们的热情,并让罗曼努斯四世·戴奥吉尼斯和曼努埃尔一世·科穆宁等皇帝在战场上大展拳脚。但是,毁坏圣像的皇帝们、马其顿时代伟大的将军们、无坚不摧的尼西亚王朝以及巴列奥略家族的末代皇帝,这些人物的背后,是一种利用国家机器满足国家目的的现代理念。作为维持拜占庭稳定的主要因素,帝国的防御是一个值得深入分析的话题。

273

　　在查士丁尼统治之前,军队组织都是人们熟知的罗马模式。尽管皇帝瓦伦斯兵败阿德里安堡,并损失了 4 万人马,骑兵在火药发明之前一直占据着主导地位,帝国军队引入小亚细亚骑射手让骑兵的地位更加不可撼动。但是在 6 世纪末,发生了一场翻天覆地的变化。拜占庭统一体业已确立,其边境防御也得到了巩固。雇佣兵遭到弃用。从此以后,帝国的军队都是在本国招募。他们不是为了利益而战,而是为了基督、皇帝和他们的文明。整整 5 个世纪,直到曼奇刻尔特之战,他们无往不胜。虽然在亚洲军区惨遭蹂躏之后,雇佣外国部队再次成为必要,但是这一制度的原则却从未改变。

　　从 8 世纪初军队重组至 11 世纪末塞尔柱突厥人入侵之时,常备军的数量为 12 万人至 15 万人不等。其中,24000 人常驻首都,70000 人常驻亚洲地区。我们可以将这些数据与 1914 年的英国做一下比较,当时英国正规军兵力为 162251 人,驻印度部队则为

274

77500 人。国外远征军数量从 5000 到 20000 不等。与我们①一样，帝国全盛时期参军完全是志愿的。而对希腊人——这群有教养的个人主义者——来说，全体征召肯定是行不通的。问题的结症就在于此。不过，拜占庭的历史就是一部解决危机、迎难而上的历史。

国防的重担从未全部落在中央的肩上。各个军区的部队，根据各军区大小有步兵 8000 人至 12000 人不等，骑兵 4000 骑至 6000 骑不等，人员全部来自军区居民。他们被编入旅、团、连和排，各级指挥官类似于现代欧洲军队中的军官。社会各个阶层的人都被鼓励学会熟练运用弓箭和标枪。当时还有一种相当于地方民兵团的组织。但是作为一项约定俗成的规矩，履行参军职责的都能得到一笔物资或金钱的报酬，具体金额可以参看一份 935 年伯罗奔尼撒半岛留下的一份记录。除了本书(指边页码)141 页上提到的价值 4280 英镑的黄金之外，这一地区为抵除兵役还捐赠了 1000 匹配有马鞍和缰绳的战马，其中除了私人捐赠之外，科林斯和帕特雷②(Patras)的总主教们每人也捐赠 4 匹，其他主教每人 2 匹，各修道院根据自己经济情况捐赠 1 至 2 匹。向穷人征收的税金也被减半。

参军的主要是自耕农，主张毁坏圣像和马其顿王朝的皇帝们特别立法禁止大地主兼并他们的土地。从装备来看，最突出的一点就是统一，这点与罗马制度相同，西欧直到 16 世纪才做到这一点。每名骑兵的盔甲包括一件及膝锁子甲，一双钢鞋和一副钢护手，以及一顶配有头饰的钢制头盔，头饰、外套的颜色与团旗的颜色一致。每人都配备一把弓、一只肩带、一把战斧、一柄砍刀和一把匕首。那些有条件的人还可以带上仆人和随从，将琐碎事务交给他们去做以节省体力。士气也被非常重视。一篇 10 世纪的军事论文曾说道，"如果他们即将踌躇满志地出征，为我们神圣的皇帝和

---

① 指英国人。——译者注
② 帕特雷，希腊重要城市，位于伯罗奔尼撒半岛西北部帕特雷湾畔。——译者注

全体基督徒赴汤蹈火"，那么必须授予士兵们高于一般公民的特权，并且免除他们的赋税。后来，将土地终身使用权赠予杰出的士兵也抵制住了贵族对小土地拥有者的侵犯。和西方一样，这一终身使用权经常会由下一代继承。

军队的调动依据的是一套完整的战术思想，其目的是抵御外敌。其基本原则，就是通过伏击和夜袭减少人力和物力的消耗，并且在战斗中知己知彼。曾有这么一句格言，法兰克骑士骑在马上所向披靡，但下了马却寸步难行，因为他的盔甲实在太重了，因此攻击他时就要瞄准他的马。同样，攻击忍受不了寒冷天气的东方人时，就该挑坏天气发动进攻。法兰克人对希腊人的狡诈怀恨在心。但是后者的军事手册上明令禁止破坏条约、强奸女犯人以及屠杀非战斗人员。拜占庭军队——除个别例外——做到了以上几点，法兰克军队却没有。

保卫帝国边疆的是一座座要塞，"从突尼斯到幼发拉底河，从亚美尼亚到多瑙河"，查士丁尼构建了一张严密的防御网。外敌来犯之时，这些要塞，通过一个个营地，在军区乃至首都司令部的指挥之下，以定时通讯的方式（例如烽火），连成了一个整体。军中辅助部队的管理方式直到现代才有能与之媲美者。医疗队中的骑手从战场每带回一个重伤员至野战医院就能获得一笔固定的奖赏。补给队也和步兵们一起行军，他们的马车中装有干粮、炊具和镐铲。营地外必定会挖上壕沟，运输车被部署在营地中间构成一种"临时防御阵地"。军中还有专门的工兵队。"为了渡过宽阔的河流，西方军队通常会沿河行军直到到达浅滩才会涉水渡河，而拜占庭人则会建造可拆卸的船只，编上号码的零件由牲畜运输，遇到河流便可快速组装填缝。"[1]

皇帝御驾亲征时，军队的效率就更高了。他有一顶用餐帐篷和一顶就寝帐篷，两顶帐篷隔日就会在他抵达之前搭建完毕，且都布置得像皇帝熟悉的皇宫一样。他的炉子、热水装置、吊灯和蜡烛；

276

277

---

① 　Baynes, *Byzantine Empire*, page 142.

他的药品、按摩精油、香水和香薰;他的桌布、制服、内衣、武器和徽章;他的银钟和羊皮纸;他的小礼拜室和肖像;他随身携带的关于军事、气候、占卜和宗教的大量书籍;他的食用油、葡萄酒、蔬菜、奶酪、食盐、由一群技术高超的渔夫捕获的鱼和制作的鱼子酱,还有绵羊、牛、山羊、鹅和鸡;所有这些皇帝出行的必需品,甚至还有那给鸡在马背上喝水的水杯,都事无巨细地载入了"生于紫室者"君士坦丁七世的《论拜占庭宫廷礼仪》一书中。要运送全部这些,需要征用 685 头马和骡,其中部分来自皇帝的农场,部分来自神职人员、修道院和宫廷官员。这些动物都有人精心照料,而且它们的年龄须在 5 岁至 7 岁之间才能为皇帝效劳。它们每只都被打上了皇室烙印,并且身着红色马衣,各自配有马夫一名,这些马夫都须亲笔签字才能拿到牲畜的晚饭定额粮草。药酒、食醋、敷鞍伤的树脂、喂食袋、小桶和铁铲,这些都是必备装备。还有专门巡视员检查牲畜在晚上是否被照料妥当,在白天是否超载。"根据古时的做法",因年老或病弱而无法继续服役的牲畜将被放入皇家草场,直到老死。

人们或许会以为类似的皇帝出行,就像路易十五一样,总有后宫佳丽相伴,且不务正业,其实不然。一旦进入敌境,就是完全另一套程序了。皇宫官员会将皇帝的人身安全托付给钦点的卫队,而且大部分行李都会被舍弃。"保加利亚人屠夫"巴西尔二世在 994 年至 995 年从保加利亚至阿勒颇的那场著名的行军,最能体现出拜占庭军队令人称奇的机动性,以及他们细心照料牲畜所带来的效验。他只用了 2 个星期就率 40000 大军——其中 17000 人在抵达之后仍在皇帝身边——横跨小亚细亚。整支部队全部都骑着精挑细选过的骡子行军,每人还有一匹备用坐骑。

拜占庭军队的威力不仅限于陆地。在 8 世纪初时,他们抵抗伊斯兰入侵的战线主要是在海上。在这方面,从当时的证据和后来史学家们的叙述中,我们可以发现"希腊火"的发明对战争所产生革命性改变丝毫不亚于火药。就连教会都对试图出卖这一秘密武器的叛徒处以革除教籍的惩罚。构成这项武器的包括一种易燃液体和一排可以转向的炮筒,液体从炮筒射出后,炮口的燃烧物质会将其点燃,有些液体在接触空气时就会被点燃。960 年,在尼基弗鲁斯二世·福卡斯为清剿克里特岛的萨拉森海盗而组建的舰队中,有 2000 艘战船前后都配备了这种被称为虹吸管的炮筒。敌方舰船架起了金属屏障,并在甲板上堆满了灭火用的沙子,不过这些都是徒劳的。比实际造成的伤害更具破坏性的,是对士气的影响,穆斯林和拉丁人在这方面都尝过苦头。希腊火的名声威震四方,据说它能够在水中燃烧,能够烧死大批人马。941 年围攻君士坦丁堡的罗斯人宁可穿着厚重的盔甲跳入海中淹死,也不敢面对它。它的威力让在阿历克塞一世·科穆宁统治时期围攻都拉斯的安条克的博希蒙德设下的水雷毫无用处。有时,它也会造成巨大的爆炸,所产生的浓烟可以让白天看似黑夜。这种武器的另一种用法,就是将它用巨型铁锅发射到敌舰的甲板上或者守城部队的身上,对方一旦移动,就能火烧连营。也有一些小尺寸兵器,例如"手持火枪"和用玻璃或金属包裹的手榴弹。①

　　拜占庭国防力量最终衰落,并不是由于国民性格的堕落,而是因为失去了小亚细亚陆上和海上军区所致,陆军和海军的人员主要都是在这里征募的。雇佣兵和雇佣战船再度抬头。而在整个 14、15 世纪中,国家财政每况愈下,以至于连雇佣兵都请不起了,可想而知征召来的士兵会是一群怎样的乌合之众。尽管如此,军中的核心部队依然誓死奋战于君士坦丁堡城墙之上。这样我们便能面带微笑地看待吉本那匪夷所思的揣测了,他说:"拜占庭军队的堕落是与生俱来的,他们得胜靠得完全是运气。"

　　现在让我们把场景切换到小亚细亚。

　　在以 1453 年和 1922 年为高潮的斗争中,并看不到宗教狂热

---

①　法国国家图书馆中有一份阿拉伯手稿,上面画着一艘装载着希腊火罐头的战船。法国军事图书馆中也有一本为国王路易十一而写的书,其中有一副描绘君士坦丁堡之围的插图,图中一名防御者正手持一把长约 5 英尺的大开口喷管,熊熊烈火从管口中喷出。

的影子,至少亚洲这边是如此。11 世纪之后,尽管塞尔柱人只是在科穆宁王朝时期暂时被纳入希腊帝国之中,但他们定居小亚细亚已成为既定事实,这时与周边伊斯兰国家建立良好关系已经不由自主地成为了拜占庭的一项国策。希腊民众甚至还试图保护君士坦丁堡的萨拉森商人的清真寺不受充满偏见的拉丁骑士破坏。此外,伊斯兰教在西亚尚未占据统治地位。作为所有向西迁移民族的祖先,鞑靼人没有宗教;但是成吉思汗娶了一个基督教妻子,而且蒙古高原上伟大的基督教君主祭司王约翰[①]的故事也层出不穷,他的传说虽从未确定为史实,但也从侧面反映了聂斯脱利教派的活动范围及其影响力。即便最初的突厥入侵者们的信仰也徘徊于上帝之子和先知之间。在希腊人收复君士坦丁堡之后没过几年,一位邻国的苏丹,由于民众反对牧首同意他的孩子参加圣餐礼,并且禁止他本人进入基督徒浴场,愤然公开吞食猪肉,以示自己与伊斯兰教毫无瓜葛。只有在这个对抗已久的基督教国家在政治上衰落之后,伊斯兰教的宗教热情才水涨船高。率先攻击帝国日渐缩小的领土的土库曼人,他们不从事商业活动,在农业上也只做到自给自足,骨子里喜欢无拘无束,对财产无欲无求。他们虽非故意,却极具破坏性,但本性都是热情好客、诚实守信的,这些人本质上与我们今日所见的那个在生理和心理上都向往着西方礼服和高帽的正在消亡的民族[②]并无不同。只不过他们有着类似传教士般的气质。1359 年苏丹穆拉德一世的即位,使他们浑身都充满了这份使命感。

与成吉思汗及其继承者一同入侵西方的蒙古人首领之中,有些人索性就在塞尔柱突厥人的殖民地上定居下来。其中一位便是埃尔图鲁尔(Ertogrul),他的儿子奥斯曼在 1277 年继位,并由他一手

①　祭司王约翰,又称长老约翰,于 12 至 17 世纪盛行于欧洲传说人物,故事内容多是传闻于东方充斥穆斯林和异教徒的地域中,存在由一名基督教之祭司兼皇帝所统治的神秘国度。——译者注
②　指奥斯曼土耳其人。——译者注

建立了奥斯曼王朝以及史上生命力最强的穆斯林政权——奥斯曼帝国。奥斯曼帝国之所以能够延续如此长的时间，其原因是显而易见的。在地理位置上，奥斯曼帝国与拜占庭帝国相同，所不同的是：拜占庭帝国的扩张也是文明的扩散，而奥斯曼帝国则与之相反；随着拜占庭帝国的衰落，文明也消失殆尽，但是随着奥斯曼帝国的衰亡，另一个文明却奋然崛起。拜占庭帝国的心脏是这座由君士坦丁建造的城市；而奥斯曼帝国的凝聚力也源自该城。如果没有君士坦丁堡，穆拉德二世和巴耶济德的庞大领土也会像鞑靼首领们的领地那样如过眼烟云。有了她，在无法泯灭的罗马稳定性的帮助下，这个不幸的有机体才获得了被称为帝国的尊严。支撑着奥斯曼帝国的官僚和军事组织，完全模仿在君士坦丁堡陷落之前已经与其打了2个世纪交道的希腊人；其军中的主力部队都招募自基督徒男子，其统治者都是由基督徒女子养育成人的。不过从1453年起，四处游牧、居于乡村，且钟情于骏马和草原的土耳其人，却被一座城市所束缚了。他们的宗教律令体现了一种狂妄自大，并且宽恕了扭曲男人性格且让女人逆来顺受的性别不平等行为。在这片地球上最富饶的土地上，这几点因素就更激发了一种使他们难以对全人类作出贡献的潜在惰性，而他们之前四处漂泊的生活反而能使他们抑制这一惰性。森林中一颗苗壮成长的树会让其他树木照不到日光并失去养分，然后在肥沃的土地上逐渐衰败。同样，成就和毁灭这个民族的恰恰都是君士坦丁堡。不过这个世界依然在等待他们在1453年的作为。

283

　　随着奥斯曼的来临，小亚细亚沿海地区仅存的希腊式生活开始逐渐消逝。中东地区的移民数量在不断增加。奥斯曼召集了四分五裂的各现存突厥公国，自立为宗主，并且自称苏丹。他的西进之路并非一马平川，但是夺回首都之后妄想恢复昔日荣光的拜占庭人却屡战屡败。1306年，就在加泰罗尼亚雇佣兵对安德罗尼卡二世·巴列奥略倒戈一击、肆虐于色雷斯和希腊地区之时，奥斯曼土耳其人首次渡海来到欧洲。2年后，他们征服了士麦那——如今我们仍然能够从枯枝败叶之下依稀看见它当年的繁华——紧接着，以

284

弗所被征服了。1326 年，布尔萨也遭受了同样的命运，而此时年轻的皇帝安德罗尼卡三世·巴列奥略正远在北方抗击鞑靼人。一年后，奥斯曼驾崩。在布尔萨，他及其多位后裔就埋葬于比提尼亚奥利匹斯山的一座山尖上，山下是一片遍布无花果树和桑树的肥沃平原的，而放眼眺望则是一望无边的大海。继承王位的是他的儿子，奥尔汗(Orchan)。

同年，经过一番英勇的抵抗，尼西亚这座教义之城、希腊故都，也沦陷了。不过这里也没有发生针对基督徒的迫害事件。他们的宗教受到了尊重。在土耳其人的统治下，他们的赋税比拜占庭时期还略少一些。还有一个团的基督徒宣誓效忠苏丹。而奥尔汗本人也娶了约翰六世·坎塔库泽努斯的女儿，并且不干涉她的宗教自285 由。但是后方的压力依然不可小觑，土耳其人并没有停下前进的步伐。随着尼科米底亚和安哥拉的陷落，首都与远东的陆路交通被切断了。在 1359 年奥尔汗去世时，小亚细亚已经完全被土耳其人所统治了。奥斯曼土耳其人进而毫无疑问地成为了一个民族。

紧接着就到了攸关民族发展的重要时刻。奥尔汗的继位者是其子穆拉德。正是他，使其人民对基督徒产生了狂热的厌恶。这点导致了土耳其人未来在欧洲的统治不得人心，使他们与开化的西班牙穆斯林文明相形见绌，渐渐地对民族性格产生了损害，并且在东西方之间原本充满传奇色彩的边境地区楔入了一份刻骨之恨。在奥斯曼帝国内，基督徒的赋税加重了，而穆斯林的却有所减轻。而且每 5 个基督徒孩子中就有一个要被强制征入禁卫军。土耳其人在欧洲确立了立足点，他们占领了阿德里安堡和索菲亚，攻陷了马其顿地区、伊庇鲁斯、色萨利乃至伯罗奔尼撒部分地区，就连塞尔维亚人和保加利亚人所建立的国家也未能幸免。希腊人自己由于常年内战而导致国力孱弱，在面临外部强敌时内部依然派别林立、毫不团结，这恰恰体现了拉丁征服以来中央权力的崩溃，4286 个半世纪之后独立战争时的情况也依然如此。约翰五世·巴列奥略在其桀骜不驯的儿子面前束手无策，只得投靠苏丹。而塞尔维亚人、匈牙利人、瓦拉几人、达尔马提亚人和阿尔巴尼亚人组成的最后一支联军,在 1389 年的科索沃之战被打得溃不成军。但是就在胜利之际,穆拉德却被一位塞尔维亚人刺杀了。

　　7 年后,穆拉德之子巴耶济德在多瑙河畔的尼科波利斯遇上了一支前来阻断土耳其人去路的十字军。这支 52000 人的基督教军队由匈牙利的西吉斯蒙德率领,其士兵来自欧洲各个响应教皇号召的国家,结果却险些全军覆没。布达佩斯已岌岌可危,巴耶济德甚至口出狂言说要在圣彼得大教堂的圣坛上喂马。但是,当西方各国都节节败退之时,希腊人却挺身而出——尽管"他们的军队都是乌合之众"[①]。威尼斯人和热那亚人为了保护他们在金角湾对岸加拉塔区的商人社区,也派遣了让·德·布锡考特元帅率领一支舰队前往援助希腊人。

　　君士坦丁堡已经到了生死存亡的关头。1399 年,皇帝曼努埃尔二世·巴列奥略最后一次出行西方,希望能够搬来援军。此次出行的行程我已经在前文(边页码第 263 页至第 266 页)有所描述。但是在 1402 年形势却稍有缓和。帖木儿的鞑靼人在土耳其人后方发动了进攻,巴耶济德在安哥拉完败,他的帝国顿时陷入一片混乱。他的儿子穆罕默德一世将秩序逐步恢复。这位苏丹似乎打心底里对这座被孤立的城市顽强不屈的抵抗充满敬意。他与皇帝曼努埃尔建立了一段亲密的友情,两国使者互相访问,他还将小儿子让后者监护。他的长子穆拉德二世登基之后,也很愿意将这份友好关系延续下去。但是拜占庭人却不顾曼努埃尔的忠告,拒绝了这份友谊。这难道是因为他们自恃已经有能力卷土重来,还是因为长期的紧张状态让他们做出轻率之举,故意挑起事端?战争随即爆发,紧接着便是攻城,不过这一次希腊人胜利了。1425 年,曼努埃尔,这位逆境求存的伟大皇帝,去世了。

287

　　在其继位者、帝国倒数第二位皇帝约翰八世统治期间,他致力于通过联合东正教会和拉丁教会以获取援助。就在他出发前往佛罗伦萨之前,有人就瞧见他、皇后还有佩德罗·塔法外出打猎,"猎

---

① 讽刺吉本的观点。——译者注

杀了许多当地丰富的野兔、山鹑、鹬鸪还有雉鸡"。在他出行期间，土耳其人因担心会谈结果（见边页码 185 页）而按兵不动。1430 年，他们夺取了萨洛尼卡。而阿索斯山僧侣自治共和国为了保存其文明仅存的硕果，委曲求全，向其称臣。但在 1442 年和 1443 年，穆拉德二世的军队被塞尔维亚、匈牙利和波兰联军击败了。他们签订了一项为期 10 年的和约，但不久之后，在罗马教会的唆使下，基督徒们就撕毁了这项和约，其始作俑者就是特使主教朱利安（Julian）。经历了瓦尔纳之战和第二次科索沃战役后，他们的优势全失。皇帝约翰获悉这一噩耗之后不久便去世了。人们派出一支代表团前往米斯特拉迎立皇帝的弟弟，专制君主君士坦丁就是在这里统治整个伯罗奔尼撒半岛的。在俯瞰着欧洛塔斯河谷（Eurotas Valley）和斯巴达古城的圣德米特里厄斯大教堂（Metropolitan Church of St Demetrius）中，君士坦丁大帝的最后一位继承者举行了加冕仪式。1448 年，他来到首都。1451 年，对条约言而有信，甚至受到希腊史学家称赞的苏丹穆拉德二世去世，其子穆罕默德二世继位，是年 21 岁。

图 15　苏丹穆罕默德二世

288

　　15 世纪已经过半，多那太罗①（Donatello）已年过花甲，卡克斯顿也人到中年，哥伦布和波提切利都还只是孩子。再过 30 年，伊拉斯谟、米开朗基罗和马丁·路德就都悉数来到了这个世界。圣女贞德早已与世长辞，中世纪也随之成为了过去。他们在东方的同胞能否幸免于难？那些戴高筒帽的拜占庭人已是日薄西山，他们的心智生来游移东西之间，他们是古典语言的背叛者，这些人能

---

①　多那太罗（1386—1466 年），文艺复兴时期意大利著名雕刻家。——译者注

够进入充满理性、代表权和复兴的新世界吗？事实上，土耳其人不过是对合理发展起到了推波助澜的作用。君士坦丁堡，这座东方巴黎，已是明日黄花。

不过，周长 14 英里的城墙已屹立千年未倒，其中海墙 10 英里，陆墙建于三角形半岛 4 英里长的底边，前后共三层，随山丘河谷一道连绵起伏：内墙高 40 英尺、厚 14 英尺，每隔 60 码就有一座 60 英尺高的防御塔；第二层与内墙隔有宽 20 码的平台，高 25 英尺，并以同样的间距建有塔楼；隔开同样的距离，最外层是一条宽 20 码的护城河，水量可由水闸调节。它们曾经守护着这座城市，如今依然矗立于此，向人们展示着最后一战所留下的伤口，那些曾让菜农们不得安生的炮弹也静静地躺在废弃的护城河中。经计算，要在敌人进攻时防御这段 14 英里长的城墙至少需要投入 24000 人的兵力。1453 年，依照皇帝的要求，曾做过一次人数统计，当时城内希腊战斗人员不会超过 5000 人。而包括意大利人在内，保卫者人数不会超过 8000 人。在城外，驻扎着一支 15 万人的大军，还有 5 万随从——这几乎是整个土耳其民族男性壮丁的人数。在博斯普鲁斯海峡和马尔马拉海上，行驶着一支由 300 至 500 艘战船组成的舰队，另一边则只有"9 艘桨帆船和 30 艘其他船只"保卫着封死金角湾入口的锁港链①。不过，在最后总攻的前夜，尽管有这种种优势，尽管他的军队势如破竹，但是穆罕默德却犹豫不决，几乎撤军，士兵们众志成城、一心求战才让他回心转意。拜占庭人的最后一战也可圈可点。

在战斗进行过程中，这座城市肯定提出过投降条件。不过，导致 1453 年之难的直接原因有两点：穆罕默德的巨炮，以及希腊人口的减少。

作为中世纪基督教文明历史最悠久的城市，君士坦丁堡的陷落是第一场由现代战争主要武器——火药——所书写的重要历史事

289

290

① 至今仍保存于神圣和平教堂中。

件。诚然,自从克雷西会战①以来,加农炮已经出现于欧洲战场,但与其说它们的威力巨大,倒不如说它们就像当年东方君主们的战象那样只是慑敌于出其不意。而这位年轻的苏丹现在决定要考验一下它们到底能有多大的破坏力。一贫如洗的拜占庭皇帝提出的条件无法满足穆罕默德,于是他便离开君士坦丁堡来到匈牙利人乌尔班的营地,令其着手制造一门前所未有的大炮。内模和外模都是用上好的黏土制成。这套模具可以铸造一门长 26 英尺、周长 9 英尺、直径 4 英尺的铜质巨炮,它可以发射周长为 88 英寸、重 1200 磅的石弹。移动这门巨炮需要 60 头公牛在前面拉,200 人在后面推,前面还有一支 200 人的铺路部队为其开道。将它从阿德里安堡运至位于吕科斯河谷(Lycus Vally)、面对君士坦丁堡城墙的炮台,历时整整 2 个月。同时运抵的还有 200 门口径略小的大炮,每个炮兵队有 10 至 20 门炮不等,其中有 2 门主炮与上述巨炮大小相差无几。君士坦丁堡的城墙天下第一,穆罕默德用以击破它的武器也是史无前例。投掷在城墙的炮弹威力无穷,任何建筑物根本承受不了如此的攻击,于是英勇的士兵们就用兽皮、泥土和一袋袋羊毛将其裹住以减少其所承受的冲击力。全城的人都被号召起来,用临时路障填补破损的缺口,但是这依然没有缓和城内稀少的士兵高度紧张的神经。根据苏丹曾经犹豫不觉的表现,可见土耳其人的胜算并不大,我们甚至可以说,多亏了大炮,不然这次攻城必将无功而返。

希腊一方最根本的,同时也是最致命的弱点,就是人口的减少。直到 15 世纪,君士坦丁堡城墙内有超过一半的面积没有房屋覆盖。当时的旅行者见证了整个巴尔干半岛和小亚细亚的荒废,并对四处的残垣断壁感到触目惊心。不过,希腊历史学家们却没留下任何记录,说明参与过蒙古人入侵的土耳其人曾犯下大规模屠杀的恶行。虽然只是猜测,但是只有一个原因可以解释为何这

291

① 克雷西会战(Battle of Crécy),是英法百年战争中的一场战役,发生于 1346 年 8 月 26 日。——译者注

片土地在如此短的时间内竟能如此荒废,这就是瘟疫。

直到最近,人们才通过研究地方案卷和教区档案,证实了英国编年史家关于黑死病的描述,他们曾匪夷所思地说 1348 年和 1349 年间英国有半数人口死于该病,现在人们知道这确有其事。仅牛津市一地,就有三分之二的居民死亡。在黎凡特,从 1347 年希腊首都首次爆发疫情起,至 1431 年的最后一次,期间共有 9 场瘟疫。除了当时留下的有关这几场天罚的证据之外,意大利学者穆拉托里①(Muratori)曾计算过,君士坦丁堡总共失去了九分之八的人口。这一断言的可信度尚不能确定。维尔阿杜安称,在 1204 年这座城市有 10 倍于巴黎的人口——换句话说,相当于 100 万——而且法兰克人来此之后造成的焚城大火烧毁的房屋总数比法国前三大城市的房屋总量还多;按照克利托布洛②(Critobulus)和米蒂利尼大主教伦纳德(Leonard)的说法,1453 年君士坦丁堡陷落后,把男女老少全算进去,希腊俘虏也只有 6 万人。穆拉托里的说法与两组数据完全吻合,因为奴隶是土耳其士兵的合法战利品,所以这 6 万人应该指的是城内所有身强力壮者的数量。拉丁征服和之后的贸易萧条也是导致人口减少的原因。但即便如此,人们也可以推断——事实也是如此——瘟疫 9 次降临在这个比英格兰更接近病源的人满为患的城市,才是最主要的原因。尽管土耳其人是游牧民族,但是如果瘟疫也降临在他们头上,那么他们势必也会受到来自东方的压力。

穆罕默德即位不到一年,他建于博斯普鲁斯海峡欧洲一侧的如梅利堡垒(Rumeli Hissar)就让希腊人懂得,他们注定要面对一场与之前不同的处心积虑的围城,而此时的形势如下:城内目前共有 80000 人,其中只有 6000 人具有战斗力,还有一支只有 40 艘船的舰队,这些兵力需要在 14 英里长的城墙上抵御住 400 艘战船和 150000 人的进攻;与其并肩作战的还有 2000 意大利人,这些人在

292

293

———————

① 穆拉托里(1672—1750 年),意大利历史学家。——译者注
② 克利托布洛(1410—1470 年),拜占庭历史学家。——译者注

这里比土耳其人更不受欢迎。他们将眼睁睁地看着士兵一个个战死，粮草日渐枯竭，城防工事逐步瓦解，却无力回天。在大敌面前如果最终未能守住城市，那么作为希腊民族和文明最后的保护者，他们一定也做好了自己的民族和文明从地球上被彻底抹去的心理准备。不过这场攻防战持续了 53 天，超过 7 个星期。而且最后不仅苏丹心里产生了动摇，就连进攻优势都不那么明显了。

294

发生于那年 4 月和 5 月的故事吸引了不少作家的关注，即便他们当中最麻木者，都能从中体会到一种超越英雄主义和个人苦难的情感。在历史学家们最喜闻乐见的俗不可耐的戏剧性场面的背后，闪耀着一道感动内心的光芒。一小部分人被围困城中，一个民族的压迫，一个强弩之末的帝国的挽歌，这些在历史上比比皆是。然而这里，30 代人为了同一个目标——调和文明的物质理念和对真实的追寻——而努力，这是一场埋葬千年历史的葬礼，也是一场埋葬 30 代人理想的葬礼，这场仪式正在有条不紊的进行着……我们可以想象，当初希腊人在城内的有利地点上所观看到的这一幅世上其他任何民族、机构或信仰都配不上的葬礼景象：土耳其军队在 4 月 5 日兵临城下，苏丹的金红营帐也被搭了起来。敌人在运输大炮，随后便开始了一轮轮炮击。满载援军的 3 艘热那亚战船一路突破土耳其舰队的封锁，安全驶入金角湾，这让苏丹气得骑马冲入水中对着大海破口大骂，而被围困的市民则日夜祈祷，将他们的希望全都寄托在了城墙的坚固性上。土耳其人将 67 艘收着帆的战船，顺着加拉塔背后山坡上铺好的木头轨道划入金角湾。希腊人用火攻船将其摧毁的计划失败，因此被迫将本已薄弱的战线再度拉长。陆墙上的进攻愈演愈烈，德意志人约翰·格兰特挫败了土耳其人的地道战术，全城的教士还有男女老少想尽一切办法堵

295

住缺口。西方的增援也迟迟未到，派出去寻求增援的舰队没有抛弃城市，义无反顾地回来继续作战。双方都在为决战做最后的准备。5 月 26 日，整个土耳其军营灯火通明。士兵们在这里大快朵颐、慷慨高歌。之后 2 天，他们斋戒祈祷，为从容赴死做好充分准备。传令官一声令下，只要攻取此城便可掠夺三日。与此同时，穆

罕默德却在他的营帐里犹豫是否撤退。

当年轻的苏丹,这位耽于美色的阿里士多德派学者、人类的统治者,做出了最终决定之时,在城内,人们意识到奇迹般被拖延许久的决战之日已迫在眉睫。此时另一位君主,君士坦丁十一世,统治东方希腊帝国的88位基督徒皇帝的最后一位,则以坚定不移的神情登上了这一充满戏剧性的历史舞台,但是等待他的却是一种超出人类掌控之外的宿命。他以个人请求的方式,劝说意大利士兵加入城防部队,并且一直扮演着一个调停者的角色,一方是希腊人,而另一方则是第四次十字军东征后终于有所悔悟希望弥补东西方关系的拉丁人。在攻防战打响之后,人们曾以多种理由反复催促他逃离这座城市,向阿尔巴尼亚人和西方人求援。意大利指挥官也提供了一艘快船供他差遣。可是他的回答一直都是:"世人将如何评价我?我会和你们并肩作战。我已经做好和你们一起战死的准备了。"他以好牧羊人耶稣为榜样,选择坚守阵地。

5月28日,星期一,黎明时分,整座城市苏醒过来,自知朝不保夕。整整一天,各所教堂的钟声都如泣如诉,响响停停,为城市提供警报;士兵们在岗哨上来回走动;剩下的人都在帮忙填补裂口。城墙外则是一片寂静。时至午后,空旷的大街上形成了一支游行队伍,与以往无数次庆祝凯旋和表达绝望的游行如出一辙。之前一直互相攻击,认为是对方错误的信仰才使得这里遭遇不幸的东正教、东仪天主教和天主教,如今也在《垂怜经》(Kyrie eleison)愿主怜悯的歌声下同仇敌忾。人们将圣人的遗物和画像都摆放出来,在祈求上帝保佑的同时,人们心中也产生了希望。"就这样,"大主教伦纳德说道,"我们对决战之日的结果已经释然,现在我们唯有勇敢地面对它。"

游行走向终点后,皇帝向在场的官员、贵族和将军们——不论希腊人还是拉丁人都一视同仁——发表了一场演说①。他所谈及的,不外乎就是要为基督、为希腊和为自己所爱的人奋战致死之

296

———————————

① 有两位听过这场演说的人分别做两份记录,它们的内容一致。

类的话。他还谈到了这座城市，"它是每一个希腊人和生活在东方土地上所有人的骄傲，它是万城之城，它曾经几乎征服了太阳之下所有的国家，然而盛世不再，如今却犹如敌人的囊中之物。"他还提到了他们的祖先，"那些我们所尊敬的希腊人和罗马人，作为他们的后代，如果我们度己以绳、德行端正，他们也必将以我们为傲。"他还谈到了信仰："土耳其人有他们的大炮，他们的骑兵，和数以万计的步兵。而我们却有上帝和救世主。"他将与他的同胞同生共死。最后，他又分别对威尼斯人和热那亚人做了一番演讲。

接着，皇帝、整个宫廷、全体将军和民众进入了圣索菲亚大教堂。

趁现在我们再好好看一下这里吧。去年 12 月 12 日庆祝完东西方教会统一后，这座伟大的教堂被荒废在那，如今它再度敞开了大门。这一次，仅仅是这一次，这片大理石墙面、镶嵌画拱顶、这座讲经台和这块圣像屏帏、这些帘子、餐盘、这一盏盏明灯和一件件法衣，又能够为熟悉的仪式服务了。牧首和大主教，以及一批东正教会和天主教会神职人员；皇帝和曾经辉煌一时、勇猛果敢的希腊贵族的幸存者；教士和士兵；各界市民，君士坦丁堡人、威尼斯人、热那亚人；所有这些人都济济一堂。拜占庭人最后一次聚集在了一起，在这里感受神的指引。皇帝和牧首向公众做了诀别：世俗的国家已注定灭亡，但是教会必须保全。然后大家各就各位。他们驻守于第一和第二道城墙之间，锁上了身后的大门，誓将破釜沉舟，决一死战。

君士坦丁在其好友弗兰兹（Phrantzes）——皇帝过去曾在他的婚礼上当过男傧相——的陪同下，骑马穿过整个城市，来到了他位于城墙西北段的布雷契耐皇宫，然后往下走向金角湾。他以帝王的姿态请求臣子们的宽恕。"就连铁石心肠之人，"弗兰兹后来写道，"也不免为之动容。"当晚天色昏暗，乌云密布。土军营地一片嘈杂，天上下起滂沱大雨，随后又回归一片寂静。午夜过后，皇帝便开始骑马巡视。人们都在有条不紊地做着战前准备。从一座哨塔上，他察觉到了敌军正在悄悄地进行准备工作。后来他便和弗兰兹分别了。

总攻发动于拂晓,大约在 1 至 2 点之间。随着天空中浮现出一缕缕暗淡的光线,一阵喧嚣响彻大地:进攻者那伴随着土耳其钹和长笛奏乐的呼喊声;金属武器的碰撞声,隆隆的炮声,炮弹的撞击声;教堂的钟声更加频繁,不停地号召人们来保卫城墙。热那亚指挥官贾斯蒂阿尼(Justiniani)身负重伤,被人抬上船逃往希俄斯①(Chios),最终却因伤势过重不

图 16 苏丹穆罕默德二世

治而亡。防区因此人心惶惶,于是土耳其人乘胜追击,攻破了城墙。土军已进城的消息传遍了整个城市。在狄奥斐卢斯·巴列奥略、托莱多的唐·弗朗西斯和达尔马提亚的约翰的陪同下,皇帝策马火速赶往失守城墙试图阻止敌人的涌入。可当眼看已于事无补之时,他果断跳下马背,扯去皇室徽章,冲入了陷入混战的人群。他留下的最后一句话是,"城已破,我岂能苟且偷生?"后来人们通过一双绣着罗马鹰鹫标志的红色靴子辨认出了他的遗体。

君士坦丁堡陷落了。正如穆罕默德所保证的那样,洗劫持续了整整 3 天。从教堂里抢来的战利品被瓜分了,图书馆里的书籍不是被踩烂就是被变卖。一小部分希腊人从海陆逃跑了,其余的人却被剥光衣服像牲畜那样被绳子捆在了一起,士兵的财产则在行省被拍卖出售。穆罕默德以胜利者的姿态进入了这座城市,不过要是有哪个笨蛋胆敢动圣索菲亚大教堂一根汗毛,他必会亲自将其砍死。他处死了一些地位显赫的俘虏,那些颇具姿色的男女统统被他打入后宫。整座城市如死一般寂静,宛如鬼城,只有强制迁入居民后才打破了这一局面。不过帝国时期的城貌却被原封不动地保存了下来。圣索菲亚大教堂虽然没有更名,但如今在这里朝

299

① 希俄斯,希腊第五大岛屿,位于爱琴海东部,距安纳托利亚海岸仅 7 公里。——译者注

拜的已不是基督徒了。狄奥多西城墙依旧矗立在原地。在墙上依然刻着如下祷文:"啊! 我主基督,请保佑您的城市免受战乱纷争,平息敌人的怒火。"但如今上帝却充耳不闻。

人们即将步入理性的时代。

晚期拜占庭人绝不是英雄的民族,至少不是我们所理解的那种英雄。他们之所以如此,是由于他们性格上的缺陷,而历史学家们在这方面也曾不惜笔墨地揭示他们的劣根性。在帝国末年的压力之下,一成不变的希腊人的劣根性也暴露无遗。这些人贪图钱财,热衷于思考神学的细枝末节,对自己遭受的不幸往往不择手段地寻求补偿,但他们绝非泛泛之辈。甚至他们的穿着打扮也非常奇特:在1438年的佛罗伦萨大会上,人们无不惊讶地目睹了他们那老气横秋的态度,他们那长长的胡须和描眉,他们那迎风飘扬的斗篷和充满异域风情的帽子。不过他们的艺术却日新月异;他们的宗教也没有后来的清教徒改革和反宗教改革中所有的狂妄自大,拜占庭人还一直保存着发生在意大利的反异教运动的文献;而且他们也十分勇敢。虽然他们知道如果答应了穆罕默德的要求,就不会失去自己的生命和财产,但他们还是选择了战斗到底。

然而,从两方面来讲,这场征服并不是彻底的。在伯罗奔尼撒半岛,皇帝君士坦丁十一世的两位兄弟专制君主托马斯·巴列奥略和德米特里厄斯·巴列奥略,依然保持着独立。15世纪初日益增长的同情希腊的情绪,使得收复充满着拉丁入侵者所带来的封建主义的半岛——除了几座要塞之外——成为可能。从曼努埃尔二世时代起,这个国家①的政务就由皇帝亲自打理。但是复兴却迟迟未到,当地盛行的悲惨境地和混乱局势恰恰证明了晚期拜占庭统治的软弱无能。格弥斯托士·卜列东(Gemistos Plethon)是当时最一流的柏拉图主义者,并在米斯特拉担任法官职务,他在著作中提到用一种前所未闻的社会主义方法以改善沉重赋税、货币贬值、

---

① 指米斯特拉专制君主国。——译者注

司法不公等社会弊病。正忙于处理新首都事务的穆罕默德，只要能保证和平，便打算接受贡金和并让这个国家承认自己的君主地位，作为回报，他则认可这里的现状。不幸的是和平并没有如期而至。这片自古以来就从未太平过的地方如今又起了新的争端。两兄弟反目成仇起兵相向，他们的臣民也揭竿而起反抗他们的统治。在多次派出代表团交涉未果之后，穆罕默德终于在 1460 年亲自南下，让米斯特拉俯首称臣，并使这个国家在一定程度上恢复了秩序。我们可以想象，在科林斯湾以北大约 30 英里处的小镇卡拉沃瑞塔（Calavryta），一定有土军士兵来往。361 年后，就是在这个地方，一位大主教举起了一座小修道院的院旗宣告了希腊独立战争的开始。

　　与此同时，在位于黑海南岸的特拉比仲德，伟大的科穆宁家族成为了故国的最后一条支流，他们是整个东方的国王和皇帝，忿忿不平的希腊人都集结在了他们的鹰鹫徽之下。在阿历克塞四世·科穆宁——那位在 1185 年被暴民在大竞技场碎尸万段的安德罗尼卡的外孙——招致了第四次十字军东征之后所建立的这个王朝，共有过 19 位皇帝和 3 位女皇，统治长达 2 个半世纪之久。其领土在鼎盛时期曾东抵格鲁吉亚，北至克里米亚半岛，而它原本只不过是一块 7000 平方英里的狭长沿海地带。自旭烈兀摧毁了巴格达之后，他们的首都就成了远东商品的交易中心。与在君士坦丁堡一样，威尼斯人和热那亚人也在这里设置了前哨站，许多旅行者都对这个地方颇有感触。1293 年，英国大使一行①在鹅卵石大街上磨破了鞋子。理查二世时代的另一位英国人则如此描述那里的皇宫：它有一座外形颇似金字塔的大理石觐见室、一个绘满壁画的宴会厅和一个藏书丰富的图书馆。身为枢机主教的特拉比仲德人贝萨里翁②（Bessarion）的著作就是这座城在 15 世纪依然繁荣的最好

301

302

---

① 指兰利的杰佛瑞（Geoffrey of Langley），13 世纪英国外交官。——译者注
② 贝萨里翁（1403—1472 年），文艺复兴时期拜占庭学者，生于特拉比仲德。——译者注

见证。

1456 年,皇帝约翰四世[①]承认了身在君士坦丁堡的苏丹的霸权地位。他的祖先皆以美貌著称。上文已经提到过有一个法国人曾为一位公主的美貌赞叹不已(见边页码 246 页),而皇帝本人也因此被称为"英俊的约翰"(Kalo-Joannes)。他的女儿凯瑟琳公主[②](Despoina Catherine)的美貌,从意大利到波斯无人不知。当临近接壤的白羊王朝土库曼人首领乌宗·哈桑(Usan Hassan)提出如果他们与穆罕默德发生冲突,他将献上"他的军队、财富和他本人"时,皇帝便把女儿许配给了他。他们的侄孙沙阿·伊斯玛仪(Shah Ismail)便是伊朗萨非王朝的创立者。在此期间,英俊的约翰驾崩,他的弟弟大卫篡夺了约翰小儿子的王位。与哈桑之间的联盟延续了下来,威尼斯、热那亚和梵蒂冈也愿意提供援助。最终在 1461 年,穆罕默德对这些阴谋诡计失去了耐心,亲自率军开赴该城,大卫仓促投降,而哈桑这时还悄悄地躲在城内。三分之一的人被殖民到君士坦丁堡,三分之一的人卖为奴隶,其余的则被留在这里自生自灭。皇帝大卫、他的妻子和 7 个儿子都被流放至阿德里安堡,两年后除了皇后外,他们都在这里被绞死了。在小亚细亚政绩斐然的凯瑟琳,一生从未停止过煽动他的丈夫为她的家族复仇。

所有的希腊人都已不再独立,拜占庭文明灭绝了。而在奥斯曼帝国缺乏生气的领土之外,其文明——除埃尔·格列柯之外——也注定鲜有问津。不过君士坦丁堡陷落之后,有两个国家最先受到影响,这就是意大利和俄罗斯。

古时曾有人说,土军攻入君士坦丁堡之后,大批学者从另一边的城门出逃,带着他们的书卷涌入欧洲,并引发了文艺复兴。这种理论是站不住脚的。这场运动的萌芽早已在阿尔比派、胡斯派和

---

① 原书为笔误,写成 John VI。——译者注

② Despoina 为拜占庭希腊语,相当于英语中的 lady。——译者注

霍亨施陶芬王朝在意大利的宫廷中初现端倪。但教皇却将这些征
兆扼杀于襁褓之中。没有什么比东西方各自教会对待古典著作的
态度更能表现其差别的了。在东正教这边，尽管时不时会出现反
对柏拉图主义的呼声，但是总的来说它们还是被视为能够启发灵
魂的宝贵财富。在天主教这边，人们认为这些著作所包含的知识　　304
会让救赎的希望变得渺茫。在后者之中，科尔多瓦（Cordova）的狂
热者曾呼喊道，"就让那些口吐白沫、唾沫横飞的语法学家喋喋不
休吧，我们只管做好基督忠实的仆人便可。"这种观点非常普遍。
人们还记得，浮士德出卖了他的灵魂以获取古人的知识，而如果全
欧洲都像效仿意大利人的做法——他们在初尝了充满人文精神的
个人主义的甜头之后，不仅重新做起了异教之梦，还做出了在政治
和两性关系上与信仰相悖的背德之举——那么那个狂热者所言或
许言之有理。正如西蒙兹①所言："文艺复兴有一种世俗倾向，其理
念与精神世界那纯粹、炙热的真理格格不入。"意大利人重拾起了
古老的语言，并开始收集手稿。不过当新来乍到的批判精神与罗
伊希林②（Reuchlin）和伊拉斯谟一同向北越过阿尔卑斯山之时，它
就从那些业余爱好者的手中传递到了能够孜孜不倦地探寻真理的
人那里。其结果便是宗教改革。

　　拜占庭人的功劳，在这场埋葬了中世纪黑暗时代的剧变中不可
小视，他们虽在一场辉煌的迸发之中再度解放了人类的思想，不过
也沉迷于拙劣的仿古。他们通过自己的语言，让意大利人对他们
的社会也略知一二。民族意识——如今的意大利人在这方面胜过
任何民族③——在"具有统一文化的人类大家庭的世界主义理想

---

① 约翰·爱丁顿·西蒙兹（John Addington Symonds，1840—1893年），英国诗人、
　文学评论家。——译者注
② 约翰内斯·罗伊希林（1455—1522年），文艺复兴时期德国希伯来语、希腊语学
　者。——译者注
③ 1860年5月5日，加里波第推翻波旁的统治。随后加里波第又进入帕勒莫。
　1861年，意大利王国成立。直到1870年，罗马城被并入意大利，意大利至此宣
　告完全统一。——译者注

305　中"没有立足之地。人们不再以出身高低,而是以才学多寡来评判一个人,因此各大城市、君主都竞相邀请学者前来。全世界都在疯狂地寻找佚名作者,找到之后的喜悦"就好像征服了一个王国"。身在黎凡特地区的意大利官员靠贩卖手稿都发了横财。

　　这一风潮始于彼得拉克,他去世于君士坦丁堡陷落大约80年前。他第一个预言了古希腊知识将在不远的将来造福人类。薄伽丘听取了他的建议,习得了这些知识。就在这时,拜占庭人要求意大利人出兵援助的态度也越来越强烈。1389年,身为皇帝曼努埃尔二世·巴列奥略的挚友兼书信官的曼努埃尔·赫里索洛拉斯(Manuel Chrysoloras)取道威尼斯前往罗马。1396年,他受邀在佛罗伦萨大学教授希腊语。每个人心中仿佛都有一团熊熊的烈火,他们不务正业、抛弃财产,为的就是学会这种能够诠释每个人心中梦想的语言,从而满足自己的精神渴望。佛罗伦萨大会更加助长了这一风气。柏拉图主义者格弥斯托士·卜列东不仅曾在君士坦丁堡,还在布尔萨和阿德里安堡的穆斯林学校研习过哲学,他也是与会代表之一。作为普赛罗斯精神的传人,他复兴了柏拉图对于神的观点,以攻击亚里士多德那被教会所利用的物质主义。西方柏拉图研究的复兴事实上也是多亏了他。他在1450年死于米斯

306　特拉。时隔5年,当土耳其人将这里夷为平地之后,西吉斯蒙多·潘多尔福·马拉泰斯塔①(Sigismondo Pandolfo Malatesta)挖出了他的尸骨将其改葬于里米尼。

　　把在文艺复兴时期的拜占庭导师的名字放在一起可以列一长串名单:约翰·阿吉罗普洛斯②(John Argyropoulos);特拉比仲德的乔治③;曾在法国供职,后来成为路易十二的驻外大使,还帮助弗朗

---

① 西吉斯蒙多·潘多尔福·马拉泰斯塔(1417—1468年),意大利贵族,里米尼、法诺和切塞纳地区的领主。——译者注
② 约翰·阿吉罗普洛斯(1415—1487年),希腊哲学家、人文主义者,曾将多本希腊语哲学和神学著作翻译成拉丁文。——译者注
③ 特拉比仲德的乔治(1395—1473年),希腊哲学家、学者,文艺复兴先驱者之一。——译者注

西斯一世建立位于枫丹白露的图书馆的约翰·拉斯卡里斯①（John Lascaris）；菲勒尔富②（Filelfo），他的拜占庭妻子能说一口纯正的阿提卡希腊语；而在罗马，则有当时最杰出的希腊人贝萨里翁，他以尼西亚主教的身份参加了佛罗伦萨大会，并被教皇尤金四世提拔为枢机主教。自希腊首都陷落后，这位教皇在罗马的宫殿就成为了十字军东征煽动者的集结地。这里还聚集了大量不幸的难民，其中一个就是弗兰兹。

　　在两位巴列奥略家族的专制君主——德米特里厄斯和托马斯③——之中，前者从苏丹那得到一笔可观的抚恤金，后来在阿德里安堡以修道士身份终其一生，而他的女儿海伦则沦为了苏丹后宫中的一介妃子；后者连同他的妻子和孩子们一起逃往了意大利。他随身携带着从帕特雷取来的圣安德鲁的头颅，就好像这件圣物能保证他自己得到礼遇一样。罗马人举办一场与这件圣物的重要性相符的声势浩大的宴会，虽然第一天天公不作美，但在第二天教皇庇护二世徒步游行了 2 英里，并为其点燃了 3 万支蜡烛。多亏了贝萨里翁的影响力，这位专制君主每月能够得到金币 500 埃居，1495 年他死后，他的孩子可以继续领取。贝萨里翁负责孩子们的教育，他当起了管家，为他们请医生、牧师和家庭教师，还为他们管

307

---

① 约翰·拉斯卡里斯（1445—1535 年），又称雅努斯·拉斯卡里斯（Janus Lascaris），文艺复兴时期著名希腊学者。——译者注
② 弗朗西斯科·菲勒尔富（1398—1481 年），意大利人文主义者，赫里索洛拉斯的学生。——译者注
③ 在离普利茅斯不远的兰道夫教堂（Llandulph church）的一座纪念碑上，有如下铭文："Here lyeth the body of Theodoro Paleologus of Pesaro in Italye descended from ye Imperyall lyne of ye last Christian Emperors of Greece being the sonne of Camilio ye sone of Prosper the sonne of Theodoro the sonne of John ye sonne of Thomas second brother to Constantine Paleologus the 8th of that name and last of ye lyne yt raygned in Constantinople until subdewed by the Turke — who married with Mary ye daughter of William Balls of Hadlye in Souffolke gent & had issue 5 children Theodoro John Ferdinando Maria & Dorothy & depted this life at Clyfton ye 21st of January 1636."

理仆人和马匹。他如此用心付出，但却毫无收获。安德鲁①与骑着马的杰姆（Djem）王子——他是穆罕默德二世的一个儿子，因王位斗争在 1488 年流亡至波吉亚宫廷，并在那里掀起了一股土耳其衣着之风——并排出现在了平托瑞丘②（Pinturicchio）的一幅保存于梵蒂冈的肖像画中。安德鲁娶了一个娼妓为妻，且无后嗣，在 1502 年去世时，他把有名无实的皇位遗赠给了西班牙的裴迪南和伊莎贝拉③。他的弟弟曼努埃尔回到了君士坦丁堡，多亏了穆罕默德的慷慨，他还能在那里维持一个"体面的后宫"。不过他们还有一个名叫佐伊的妹妹，她的聪明才智全欧洲无人不知。1467 年，莫斯科大公伊凡三世向她提出婚约。从此，俄罗斯君主政体的面貌便焕然一新。

308   关于中世纪希腊文明对巴尔干人的影响，我们绝对可以说，完全是因为模仿了拜占庭的制度、采用了拜占庭的头衔并且借用了拜占庭的文化，才使得保加利亚、塞尔维亚和罗马尼亚等有民族意识的国家能够在土耳其人的桎梏下免遭灭顶之灾。然而，在俄罗斯，希腊的影响更深，现有的政治结构更为独特，由此形成的这个史无前例的庞然大物，至今仍对世界历史有着不可估量的影响。

在 9 世纪时，君士坦丁和美多迪乌斯通过发明斯拉夫字母表使得东欧和西欧间产生了永远的文化隔阂。东正教会则允许那些接连皈依基督教的斯拉夫民族在圣餐仪式时使用本国语言，从而助长了这一隔阂。使俄罗斯地区皈依基督教的功臣当属古罗斯国家的建立者留里克（Rurik）的儿媳奥丽佳（Olga）以及她的孙子弗拉基米尔（Vladimir）。为"了解上帝"而来到君士坦丁堡的奥丽佳接受了洗礼，"生于紫室者"君士坦丁七世成为了她的教父。基辅大公

---

① 即托马斯的次子安德鲁·巴列奥略。
② 平托瑞丘（1454—1513 年），文艺复兴时期的意大利画家。他因身材矮小而获得了 Pintoricchio（"小画家"）的绰号，并作为签名署在他的一些作品上。——译者注
③ 即阿拉贡的裴迪南二世和卡斯蒂利亚的伊莎贝拉一世。——译者注

弗拉基米尔在皇帝"保加利亚人屠夫"巴西尔二世幼年时曾帮助他对抗巴尔达斯·福卡斯的叛军；尽管此时他已有 300 妻妾，但是皇帝还是将自己的妹妹作为奖赏许配给了他。他与她相会于赫尔松（Cherson），并在那里受洗，这一地点就是后来克里米亚战争时期塞瓦斯托波尔①（Sebastopol）外的联军阵地。从 988 年之后，基督教就成为了国教。他们与君士坦丁堡一直维持着良好关系，双方皇室通婚频繁。直到 15 世纪之后，希腊主教才不再掌管俄罗斯教区。1587 年，政治中心的改变使得建立莫斯科牧首区势在必行。该教区在 1723 年被彼得大帝废除，在 1917 年又被临时政府恢复。

309

　　古罗斯以城邦为政治单位，基辅和诺夫哥罗德都相当于小型的君士坦丁堡。城内的建筑多以希腊风格为主，而且其装饰常常出自希腊艺术家之手。他们的法律——《真理法》——基本就是伊苏利亚王朝和马其顿王朝的皇帝们的法典汇编的斯拉夫版本。而且维持与希腊首都的商业贸易也是其民族存亡之大计，因为他们在农村地区的统治靠的是经济，而非西方的封建土地所有制。不过，随着 13 世纪鞑靼人不断入侵，在城市中发展起来的文明被逼得只能在城市里固步自封；失去贸易之后，罗斯国家的经济基础就转变为了农业。在此期间，全凭拜占庭的文化基础，才使得罗斯人特点不至于被东方的移民完全埋没。

　　在 15 世纪，莫斯科大公们终于渐渐摆脱了对金帐汗国的依赖。310而集聚人格、才干和自尊于一身的公主佐伊·巴列奥略——后更名为索菲亚——也来到了这里。她的父亲和兄弟们寄于这位在罗马比在希腊更不受欢迎的教皇篱下，这样的她难道不是罗马帝国的继承者吗？我们依然可以辨认她于 1498 年亲手绣下的签名，一旁还有这样一个称号"Tzarevna Tzaregerodskaia——君士坦丁堡公主"。叶卡特琳堡的伊帕切夫（Ipatiev）家族延续了帝国的血脉。她

---

①　塞瓦斯托波尔，位于克里米亚半岛西南岸的港湾都市，面对黑海，是半岛上的重要港口城市。拜占庭时期的赫尔松就在此地附近。——译者注

受不了波雅尔们①（Boyar）放肆随便的做派，因此便引入了她的祖先所遵从的礼仪——加冕仪式和接待典礼。随后，官僚体系、头衔，以及重用外国人并为他们封爵的习惯，也接踵而至。1480年，他们终于推翻了鞑靼人的统治。模仿君士坦丁堡大皇宫而建的克里姆林宫也在莫斯科拔地而起。这位大公采用了双头鹰为国徽，还以"Samoderzetz——独裁统治者"这个1100年来一直被君士坦丁大帝的继位者们所沿用的称号自封。他想方设法与前希腊首都攀上关系，所有的做法似乎都有据可循。16世纪中叶，当伊凡雷帝最终采用了东方皇帝的做法时，他便利用君士坦丁堡的普世牧首和全体神职人员为自己的主张增加正当性。这位之前还被称为"皇帝的服务生"的罗斯大公，就这样脱胎换骨了。普斯科夫②（Pskov）的教士们大可称莫斯科为第三个或最后一个罗马。虽然19世纪的欧洲人对俄罗斯人自称为拜占庭后裔不以为然，但是他们确实可以夸耀自己有着古人的血统。

311

不过，西方人虽然得到了她的知识，却并不是君士坦丁堡的正统传人；蛮族皇帝再自命不凡，也无法让自己变成凤雏麟子。其正统传人依然生活在黎凡特地区，存在于那个创建了拜占庭文明及其首都的民族之中。为了理解希腊这个实体，鄙人尝试分析了拜占庭文明；为了同一个目的，鄙人认为其继承者的历史也值得一述。在外国商人的账房里，在无人小岛的沙滩上，在侠盗们的要塞中，哀悼辉煌不再的挽歌也被代代相传：

　　　　上帝天地皆已示，
　　　　且听那圣智教堂，
　　　　悬锣鼓四百六十，

---

① 波雅尔，仅次于大公的贵族头衔。——译者注
② 普斯科夫，俄罗斯最古老的城市之一，位于圣彼得堡西南约250公里处。
　　——译者注

司铎助祭把铃执。

基路伯歌正欲起，

仪式未终即已止，

吾主基督将辞世。

一只白鸽从天降，

基路伯歌不再响。

圣物手边放，

"吾令汝等司铎，

携圣物，灭蜡烛，

主示土耳其人治此城，

携信告西方，船将至，

趁犬贼尚未窃取玷污，

务必授其此三物，一为十字架，

再为神之福音，三为吾等之圣坛。"

圣母心意乱；圣像泪满面。

"圣母且安心，圣像不必泣，

光阴荏苒，此物必还。"

312

215

插图注解

（页码均为本书边页码）

图 1　金角湾的贸易，卷首插画

取自大英博物馆的一幅全景画，它长 7 英尺，高 18 英尺，由杰拉德·霍夫斯泰德·范·艾森（Gerard Hofsted van Essen）所绘，分块印制于 1713 年。这恐怕是现存最好的君士坦丁堡之景了，因为照片无法表达这种效果，而且早期的斯坦布尔全景画都基于狄里奇（Dilich，见图 3 注解）而绘制于加拉塔之塔上，与实物偏差较大。插画截取部分展现了圣索菲亚大教堂和神圣和平教堂，以及部分已经被摧毁的海墙。船只来来往往的景象与拜占庭时代应该相去无几。

图 2　君士坦丁之城，p. 70 对页

航拍照片，由中央航空摄影公司（Central Aerophoto Company）提供。大竞技场的旧址就在苏丹艾哈迈德清真寺上方的地基附近。仔细观察的话，可以发现位于南端的图特摩斯三世的方尖碑和在其一旁的蛇柱。由"生于紫室者"君士坦丁七世修复的方尖碑被安置在一座尖塔内。与其捐赠者威廉二世同样庸俗、做作的洗面池位于北面的花圃之中。图中的南北向大道是拜占庭城的主干道，图 14 中也有出现。君士坦丁纪念柱在大道中间偏北端。

图 3　一幅君士坦丁堡的木版画与今日的陆墙，p. 78 对页

前者取自哈特曼·舍德尔（Hartman Schedel）的《纽伦堡编年史》（*Weltchronik*，纽伦堡，1493），后者来自 E. 迪兹（Diez）的《旧君士坦丁堡》（*Alt-Konstantinopel*，慕尼黑，1920）。

虽然这幅木版画对圣索菲亚大教堂做了哥特式的处理，但它还是如实反映了以下几点：

> 城墙环绕一周，配有双排塔楼。
> 巴列奥略家族的四 B 盾形纹章。
> 城门上的皇家鹰鹫徽。
> 陆墙边上的布雷契耐皇宫。
> 拉丁征服之后城市居民的减少。
> 三座风车。
> 查士丁尼的骑马像。
> 以及金角湾的锁港链。

且不论其准确度如何，一想到这些特征能够存在于同时代西方人的想象中就颇耐人寻味。

在土耳其占领前后，有许多描绘君士坦丁堡全貌的绘画被带离此城并保存至今，E. 奥博亨默（Oberhummer）在其《弗伦斯堡的梅尔基奥尔·洛里克笔下的 1559 年苏莱曼大帝时期的君士坦丁堡》（*Konstantinopel unter Suleiman dem Grossen aufgenommen im Jahre 1559 durch Melchior Lorich aus Flensburg*，慕尼黑，1902）一书中对它们优劣有过叙述。其中最早的一幅为布翁戴蒙提（Buondelmonti）绘于 1420 年的作品，有许多不同版本被保存下来。这幅作品绘有各主要纪念柱和纪念碑，但是却没有一丝艺术价值。1 个世纪之后，一个名叫瓦瓦索雷（Vavassore）的威尼斯人绘制了另一幅传遍整个欧洲的作品。然后便是洛里克的风景画，奥博亨默还在一旁配了一幅有趣的土耳其同时期的地图。最早的长卷画

现于 W. 狄里奇的《真实简明的描述与概要,举世闻名的皇帝之城君士坦丁堡》(*Eigendtliche Kurtze Beschreibung und Abris er weltberühmten Keyserlichen Stadt Constantinopel*,卡塞尔,1606)。它同样广为流传且制作精美。狄里奇虽然造访过君士坦丁堡,但这幅画大部分是虚构的。杰拉德·霍夫斯泰德·范·艾森的作品类型与其相同,但却更具精确性与艺术性(见图 1 注解)。罗马尼亚摩尔多维察(Moldovita)的一所教堂内有一系列可追溯至 1536 年的壁画,画中描绘了土军围城的景象:

交战双方的大炮。

圣像大游行。

血雨腥风的战斗。

图4 罗曼努斯二世和他的第一任妻子尤多西亚, p. 114 对页

承蒙艾尔耐斯特·勒鲁(Ernest Leroux)先生和让·埃伯索尔(Jean Ebersolt)教授的好意,图片复制于后者的《简朴的拜占庭艺术》(*Les Arts sompuaire de Byzance*,巴黎,1923)。

这件象牙作品如今保存于奖章纪念馆,它向人们展现了形式化和单纯的形式之间的区别,并有力反驳了认为拜占庭人"根本不会绘画"的谬论。基督的这双脚甚至超越了西尼奥雷利[①](Signorelli)。希腊的印刷商们很可能会研究优雅的拜占庭雕刻字,而不是伯里克利时代的铭文。

人们普遍认为画中的两位统治者为被俘于曼奇刻尔特的罗曼努斯四世·戴奥吉尼斯和他的妻子尤多西亚·玛克兰伯利缇莎(Eudoxia Makrembolitissa)。若想探究这两位的真实身份,请参看罗亚尔·泰勒(Royall Tyler)与海福德·皮尔斯(Hayford Pierce)合著的《拜占庭艺术》(*Byzantine Art*,伦敦,1926,p. 39)。罗曼努斯

---

① 西尼奥雷利(1445—1523 年),意大利画家。——译者注

二世是"生于紫室者"君士坦丁七世的爱子,其父的《论拜占庭宫廷礼仪》也是为其所著,至今仍然屹立于大竞技场内的方尖碑也是其父为其所建。他的第一任妻子是意大利国王雨果的私生女尤多西亚;第二任妻子狄奥法诺在共治四年后将其毒杀,然后改嫁尼基弗鲁斯二世·福卡斯。他相貌出众,平日素爱网球和打猎。他是"保加利亚人屠夫"巴西尔二世和罗斯大公弗拉基米尔的妻子安娜的父亲。安娜的孙女后来成为了法兰西的亨利一世的妻子。于是,正如吉本所言,波旁王朝的国王们的身体里依然流淌着马其顿王朝的血脉。

图5 大总管狄奥多·梅多奇特,p. 122 对页

承蒙艾尔耐斯特·勒鲁(Ernest Leroux)先生和让·埃伯索尔(Jean Ebersolt)教授的好意,图片复制于后者的《简朴的拜占庭艺术》(*Les Arts sompuaire de Byzance*,巴黎,1923)。

此图取自科拉教堂①的镶嵌画,它描绘了教堂捐赠者将其献给基督的情景。上面的铭文写道:"建立者,中央财政总长,狄奥多·梅多奇特(Theodore Metochites)。"他的头巾为白色,上面的条纹为粉红色,他身着金色外衣,披着绣有常春藤叶的绿色披风。这些绘于 1321 年前的镶嵌画总共耗时约 20 年才得以完成,这是拉丁人被驱逐之后复兴君士坦丁堡的工程之一。它们让当时的人们惊叹不已,而其建造者本人也为其题诗一首。

狄奥多·梅多奇特似乎是拜占庭时代晚期最为活跃的人物之一。他生于尼西亚②,曾学习过哲学和文学以期以此谋生,并以演讲家的身份崭露头角。他被人们成为英俊的梅多奇特,他不仅外貌俊朗,口才出众,而且还不失吃苦耐劳的品格,凭借这些,他开始研究柏拉图、科学和天文学、诗歌和历史著作,以及如何治国,以至于当时的人们对他能够对皇宫的职责如此得心应手而啧啧称奇。

---

① 即卡里耶清真寺。——译者注
② 一说为君士坦丁堡。——译者注

他和普赛罗斯一样是一位希腊学者,而且他还希望以古希腊语为蓝本改良这种语言。作为一个真正的拜占庭人,他谴责贵族政府和民主政府,而且还提倡一种由一群受过人文学科训练的官员促成的立宪制君主政体。他还写过一首忧国忧民、哀悼小亚细亚行省的诗歌。

随着他步步高升,位居政府要职,他的财富也水涨船高。他把女儿嫁给了皇帝的一个侄子。不过和克拉伦登①(Clarenden)一样,他的人生也是喜尽悲来。安德罗尼卡二世和安德罗尼卡三世内战期间,他支持前者;但等来的却是后者的军队,他们把他的住宅洗劫一空,他自己也遭到流放。在发誓进入修道院之后他才得以回归,而这正是他在风光之时鼎力资助过的事业。他死于1332年3月13日。他的挚友尼基弗鲁斯·格里高拉(Nicephorus Gregoras)曾写道,"哭泣吧,缪斯们! 他死了,所有的智慧也随他一起死去。"

图6 阿波考寇斯,海军司令,p. 123 对页

承蒙艾尔耐斯特·勒鲁(Ernest Leroux)先生和让·埃伯索尔(Jean Ebersolt)教授的好意,图片复制于后者的《简朴的拜占庭艺术》(Les Arts sompuaire de Byzance,巴黎,1923)。

这幅作品现于希波克拉底为阿波考寇斯(Apocaucos)所制作的手稿之中,现藏于法国国家图书馆。画中端坐着之人上方镌刻的文字为"大公阿波考寇斯"。这一头衔专指海军司令一职。虽然在英国人听来大公有世袭的意味,但事实上这个职位并不世袭,所以翻译成海军司令更为妥当。

在约翰五世·巴列奥略尚年幼之时,阿波考寇斯是摄政女皇萨伏依的安娜(Anna of Savoy)的主要支持者,他的政敌则是后来成

---

① 第一代克拉伦登伯爵爱德华·海德(1609—1674年),英国历史学家和政治家,查理一世和查理二世时期的元老重臣。晚年由于公开批评查理二世好色偷情、道德败坏,被议会弹劾,免去大法官的职位,被迫流亡至法国,度过余生。
——译者注

为皇帝的约翰六世·坎塔库泽努斯。作为首都长官,他实行了名副其实的独裁统治,直到 1345 年的一天他居然敢不带卫队前往监狱,结果被他亲自关押的犯人所杀。他有着学识渊博的好名声。

图 7　君士坦丁堡、金角湾和加拉塔,p. 132 对页

取自 J. G. 格瑞洛(Grelot)的《君士坦丁堡之行新感》(*Relation nouvelle d'un voyage de Constantinople*,巴黎,1680)。

图 8　基督,世界的主宰,p. 172 对页

承蒙牛津大学出版社和 O. M. 道尔顿(Dalton)先生的好意,本图取自后者所著的《东方基督教艺术》(*East Christian Art*,牛津,1925)。这幅照片由已故的 S. H. 巴恩斯利(Barnsley)先生所摄,底片由 R. W. S. 威尔(Weir)先生保管。

这幅 11 世纪的四周为 15 英尺直径彩虹圈的全能天主像占据了雅典附近的达芙尼教堂的中央穹顶,它是现存拜占庭肖像画的中最蔚为壮观的代表作。时至今日,尽管教堂只剩残垣断壁,在四周轰鸣的马达声下,它看上去依然让人肃然生畏。我们很难想象它的雄伟会对正在做礼拜的东正教教徒留下何等的印象。

图 9　皇帝约翰七世·巴列奥略,p. 184 对页

取自皮萨内洛的一枚奖章,现存于大英博物馆。

铭文为:“巴列奥略家的约翰,罗马人的君主和皇帝。”北面刻着马背上的皇帝,并带有拉丁文和希腊文的铭文:“艺术家皮萨诺之作。”

A. 卡拉比(Calabi)和 B. 寇纳吉亚(Cornaggia)在他们合著的《皮萨内洛》(*Pisanello*,米兰,1928)一书中对这枚奖章的真实性提出了质疑。两位作者复制了由同一位画家画的这位皇帝的画像(见图 12),鲜明地对比了这幅画作的精美和这枚奖章的粗糙。不过这一对比由于介质的不同也情有可原;而且大英博物馆的那位更有发言权的 G. F. 希尔(Hill)先生也倾向于相信这枚奖章是真实

的。另一个绘有那顶著名的装饰有锥形皇冠的帽子——当时的艺术家特别亲睐以此来表现东方的君主——的版本,被保存在巴黎和那不勒斯,可惜这不过是后来的赝品。保存于罗马传信宫传教士博物馆(Museo di Propaganda)的胸像则是 19 世纪的伪造品。

图 10　有着土耳其尖塔的圣索菲亚大教堂,p. 190 对页

取自 J. G. 格瑞洛(Grelot)的《君士坦丁堡之行新感》(*Relation nouvelle d'un voyage de Constantinople*,巴黎,1680)。

图 11　圣索菲亚大教堂:面向西门,p. 200 对页

取自 C. 福萨迪(Fossati)的《君士坦丁堡的圣索菲亚大教堂》(*Aya Sofia Constantinople*,伦敦,1852)。

圣索菲亚大教堂内部的照片会给人一种难以名状的杂乱无章的感觉,从窗洞射入的一缕缕阳光更是加重了这种感觉。福萨迪的这幅彩色插图却能传达几分遍布整个建筑的光辉的细腻,以及几分建筑上的和谐之美。大理石镶板依然清晰可辨,照明设备样式——虽然灯座是现代的——依然和拜占庭时期一模一样。福萨迪是一位意大利建筑师,在一次地震之后,苏丹阿卜杜勒-迈吉德一世将他召来修复教堂。在他对教堂画廊增加装饰性栏杆并在拱顶与穹顶增加镂花设计之前,教堂内部更加单调乏味。在修复期间,原本的镶嵌画都显露出来,人们可以在 W. 萨尔森伯格(Salzenberg)的《君士坦丁堡的早期基督教杰作》(*Altchristliche Baudenkmale von Konstantinopel*,柏林,1854)一书中看到这些镶嵌画的维多利亚式复制品。后人应该感谢福萨迪,是他保留了这些画作的色彩。

图 12　晚期拜占庭宫廷,p. 244 对页

取自罗马圣彼得大教堂的浮雕,由费拉莱德所作。

复制于 M. 拉萨罗尼(Lazzaroni)和 A. 穆尼奥斯(Muñoz)合著的《费拉莱德,15 世纪的雕塑家与建筑师》(*Filarette, scultore e architetto del secolo XV*，罗马，1908）。

教堂大门上的一系列关于皇帝约翰七世·巴列奥略浮雕在本书 244 页（边页码）。另外两幅描绘阿比西尼亚修道院长抵达和宴会的浮雕也毫不逊色。1439 年时，费拉莱德正在佛罗伦萨，之后不久便开始雕刻圣彼得大教堂大门上的浮雕。图 5 和图 6 所示的这些巴克斯特①（Bakst）式的宫廷礼服和官员服装，在皮耶罗·德拉·弗朗切斯卡绘于阿雷佐的壁画中也得到了确认。在那里，希拉克略的士兵们个个都穿得像罗斯的波雅尔，这让那些不知道俄国沙皇和佛罗伦萨的艺术家的灵感都来自于君士坦丁堡的人们叹为观止。

图 13　拜占庭人的心血来潮：牧首狄奥斐勒，p. 250 对页

取自斯基里泽斯②（Skilitzes）手稿。这份由多人在 12 和 14 世纪制作的手稿现存于马德里的国家图书馆。

承蒙本（Benn）先生、G. 米列（Millet）教授和 R. 泰勒先生好意，本图复制于后者和 H. 皮尔斯（Pierce）所著的《拜占庭艺术》（*Byzantine Art*，Kai Khosru Monographs' series，伦敦，1926）。

图 14　1450 年左右的大竞技场，p. 252 对页

取自 O. 帕维尼奥（Pavinio）的《体育竞技》（*De Ludis Circensibus*，威尼斯，1600）。

根据作者在 1580 年所言，这幅雕刻画反映了土耳其征服之后残存的君士坦丁堡大竞技场。场地中央的纪念碑可能参考了一幅更早的草图，帕维尼奥显然对此非常感兴趣，他为了迎合当时的口味，去掉了其中一根方尖碑的底座，夹在中间的蛇柱被换成了一根带有科林斯式柱头的圆柱。北端（图片右侧）的土墩或许是残留的隔墙。另一端（图片左侧）的半圆形拱顶依然保存完好；上层的立

---

① 巴克斯特（1866—1924 年），俄罗斯的画家和场景和服装设计师。——译者注
② 约翰·斯基里泽斯（1040—约 1101 年），希腊历史学家。——译者注

柱在 1610 年被拆走用于建造蓝色清真寺。若想与 70 页对页的航拍照作比较，请参看图 2 注解。荷兰艺术家皮特·寇克·范·阿尔斯特(Pieter Koeck van Aalst)留下了一系列可追溯至 1553 年木版画，人们可以从中更加近距离地观察这些废墟和被修复过的纪念碑。

图 15　苏丹穆罕默德二世，p. 288 对页

取自英国国家美术馆，为贞提尔·贝利尼(Gentile Bellini)的作品。他受苏丹之邀拜访过君士坦丁堡。连续的修复清理工作使得画作的大部分细节都无从辨认了。

图 16　苏丹穆罕默德二世，p. 298 对页

取自大英博物馆的一枚费拉拉的康斯坦佐(Costanzo of Ferrara)的奖章。

康斯坦佐也到过君士坦丁堡。镌文写道："亚洲和希腊的皇帝穆罕默德骑马作战像。康斯坦佐之作。"铸有苏丹的头像另一面则显示了年份，1481 年。

本书地图选自施普伦纳-曼克(Spruner-Menke)的《中世纪和近代历史地图集》(*Hand-Atlas für die Geschichte des Mittelalters und der neuren Zeit*，哥达，1880)。只有第 125 页的军区地图选自 G. 斯伦贝谢(Schlumberger)的《公元 10 世纪的一位拜占庭皇帝：尼基弗鲁斯·福卡斯》(*Un Empereur byzantin au 10' siècle：Nicephore Phocas*，巴黎，1890)。

参考书目

下列关于公元330年君士坦丁堡建城之后问题的引证,能够帮助那些对拜占庭文明与整个欧洲发展之间的关系有兴趣的人。学习断代史和专门史的学生会发现这个目录并不全面,他们应该参考《剑桥中世纪史》(*Cambridge Medieval History*,1927)第一、第二卷和诺曼·贝恩 Norman Bayne)先生的《拜占庭帝国》(*Byzantine Empire*,伦敦,1925)这两本书的参考书目。前者列出了一份完整的原始史料出处。本书只列出了其中6本描写最为生动、相对容易获得的书。下列书目几乎都能在大英博物馆、维多利亚和艾伯特博物馆下属图书馆或伦敦国王学院斯特兰德(Strand)校区的柯莱斯(Korais)图书馆中找到。

第四章:君士坦丁的功绩

BATIFFOL. ,P. , *La paix constantinienne*,Paris,1914.

BREHIER,L. , and BATIFFOL,P. , *Les survivances du culte imperial romain*,Paris,1920.

Cambridge Medieval History,Vol. Ⅰ, chs. Ⅰ, Ⅳ and Ⅴ.

FIRTH,J. B. , *Constantine the Great*,New York,1905.

MAURICE,J. , *Numismatique constantinienne*,Introduction,Paris,1911.

STEIN,E. , *Geschichte des Spatromischen Reiches*,Ⅰ. Vom Romischen zum Byzantinischen Staate,Vienna,1928.

第四章:地形学和君士坦丁堡的纪念碑(圣索菲亚大教堂请见第九章)

CASSON,S. , *Preliminary report upon the excavations carried out in the Hippodrome of Constantinople in* 1927:*the Excavations*,Oxford,1928.

CURTIS,C. G. , *Broken Bites of Byzantium*,2 parts, with interesting lithographs of objects now disappeared, particularly a series of bas-reliefs depicting the races in the Hippodrome, by Mrs M. A. Walker, Constantinople, (?)1887.

——*Constantinople according to the Greek Anthology*, *mainly architectural inscriptions illustrating the Byzantines' enjoyment of their surroundings*, Constantinople, 1878.

EBERSOLT, J. , *Constantinople byzantine et les voyageurs du Levants*, Paris, 1918.

——*Le Grand Palais de Constantinople et le Livre des Ceremonies*, Paris, 1910.

——*Rapport sur un mission archeologique a Constantinople*, Paris, 1921.

GROSVENOR, E. A. , *Constantinople*, London, 1895.

LABARTE, J. , *Le palais imperial de Constantinople*, Paris, 1861.

MORDTMANN, A. D. , *Esquisse topographique de Constantinople*, Lille, 1892.

THIERS, A. , and EBERSOLT, J. , *Les eglises de Constantinople*, Paris, 1913.

VAN MILLINGEN, A. , *Byzantine churches in Constantinople*, London, 1912.

——*Byzantine Constantinople*, London, 1899.

第五章：通史

BAYNES, N. H. , *The Byzantine Empire*, *a brilliant sketch containing a great deal of information*, London, 1925.

BURY, J. B. , *History of the Eastern Roman Empire* (395 - 565), London, 1889.

——*History of the Later Roman Empire* (802 - 867), London, 1912.

Cambridge Medieval History, Vol. I , all but chs. VII, IX – XI, XIII – XV.

Cambridge Medieval History, Vol. IV.

CHALANDON, F. , *Essai sur le regue d's Alexis I Comnene*, Paris, 1900.

——*Jean II Comnene et Manuel I Comnene*, Paris, 1912.

DIEHL, C. , *Byzance*, Paris, 1919.

——*Etudes byzantines*, Paris, 1905.

——*Histoire de l' Empire byzantine*, Paris, 1919, English translation by G. B. Lves, Princeton, 1925.

——*Justinien et la civilisation byzantine au 6' siecle*, Paris, 1901.

FINLAY, G. , *History of Greece*, edited by H. F. Tozer, Oxford, 1877.

FULLER, G. T. , *Andronicus or the Unfortunate Politician*, perhaps the earliest English Byzantine study, London, 1646.

GFRORER, A. F. , *Byzantinische Geschichten*, Graz, 1874.

GIBBON, E. , *The History of the Decline and Fall of the Roman Empire*, edited by J. B. Bury, London, 1896.

HERTZBERC, F. , *Geschichte der Byzantiner und des Osmanischen Reichs*, Berlin, 1883.

HOLMES, G. W. , *The age of Justinian and Theodora*, London, 1905.

OMAN, C. W. C. , *The Byzantine Empire*, London, 1897.

PAPARRECOPOULOS, K. , ' *loropa rou Eθvous*, edited by P. Karolides, Athens, 1903.

RAMBAUD, A. , *Etudes sur l'histoire byzantine*, Paris, 1912.

——*L'Empire grec du 10 siecle*: *Constantin Porphyrogenete*, Paris, 1870.

SCHLUMBERGER, G. , *L'epople byzantine a la fin du IO siecle*: —

I. Jean Tzimisces, Basile II (969 – 986).

II. Basile II (989 – 1025).

III. Les Porphyrogenetes, Zoe et Theodora (1025 – 1057), Paris, 1896 – 1905.

VOGT, A. , Basile Ier, *Empereur de Byzance*, Paris, 1908.

第六章:国体与行政

ANDREADES, A. , La venalite des charges est-elle d'origine byzantine. *Nouvelle Revue Historique du Droit*, Paris, 1921.

——*Le recrulement des fonctionnaires et les universites dans l'Empire byzantin*, *Extrait des Melanges de Droit Romain*, Paris, 1926.

BREHIER, L. , and BATIFFOL, P. , *Les survivances du culte imperial romain*, Paris, 1920.

BURY, J. B. , *History of the Eastern Roman Empire* (395-565), London, 1889.

——*History of the Later Roman Empire* (802-867), London, 1912.

——*The Constitution of the Later Roman Empire*, Cambridge, 1910.

——*The Imperial Administrative System in the Ninth Century*, London, 1911.

BUSSELL, F. W. , *The Roman Empire*: *Essays on the Constitutional History* (A. D. 81-1081), London, 1910.

DIEHL, C. , *Etudes sur l'administration byzantine dans l'Exarchat de Ravenne*, Paris, 1888.

RAMBAUD, A. , *L'empire gree du IO' siecle*: *Constantim Porphyrogenese*, Paris, 1870.

VON LINGENTHAL, K. E. Z. , *Geschichte des griechisch-romischen Rechts*, Berlin, 1892.

WALTON, F. P., *Historical Introduction to the Roman Law*, Edinburgh, 1920.

第七章：商业和财富

ANDRESDES, A., *De la monnaie el de la puissance d'achat des metaux precieux dans l'Empire byzantine*, Liege, 1924.

——*Le montant du budget dans l'Empire byzantine*, Paris, 1922.

——*Les finances byzantine*, Paris, 1911.

COSMAS INDICOPLEUSTES, *Topographia Christiana*, English translation by J. W. McCrindle, London, 1897.

DIEHL, C., *Venise*, Paris, 1918.

HEYD, W., *Histoire du commerce du Levant au moyen age*, Leipzig, 1885.

HODGSON, F. C., *The Early History of Venice*, London, 1901.

——*Venice in the Thirteenth and Fourteenth Centuries*, London, 1910.

KLUCHEVSKY, V. O., *A History of Russia*, Vol. I, chs. V and VI, London, 1911.

第八章：东正教会通史

诸多英国天主教徒和国教徒的作品为我对这一课题及其任何方面的研究敲响了警钟。在滥竽充数和假装不偏不倚的伪装下，这些人表现出了一种泼妇似的敌意，这让读者马上认识到自己耗费了数小时的经历原来完全是在浪费时间。

ADENEY, W. F., *The Greek and Eastern Churches*, Edinburgh, 1908.

BREHIER, L., *Cambridge Medieval History*, Vol. IV, chs. IX and XIX.

——*L'eglise at l'Orient au moyen age*, paris, 1907.

DIEHL, C., *Cambridge Medieval History*, Vol. IV, ch. I.

DORNER, J. A., *History of Development of the Doctrine of the Person of Christ*, English translation by W. E. Alexander and D. W. Simon, Edinburgh, 1894 - 8.

HARNACK, A., *A History of Dogma*, English translation by N. Buchanan, E. B. Speirs and J. Millar, London, 1894 - 8.

HEILER, F., *The Spirit of Worship*, English translation by W. Montgomery, an excellent and wholly impartial comparison of the difference ideals of the Christian Churches, London, 1926.

LUCHAIRE, A., *Innocent III et la question de l'Orient*, Paris, 1907.

NEALE, J. M., *A History of the Holy Eastern Church*, London, 1850.

OECONOMOS, L., *La vie religieuse dans l'Empire byzantine au temps des*

Comnenes et des Anges, Paris, 1918.

PARCOIRE, R. P. J. , *L'eglise byzantine* (527 – 845), Paris, 1905.

STANLEY, A. P. , *The Eastern Church*, London, 1869.

TOZER, H. F. , *The Church and the Eastern Empire*, London, 1910.

——*The Separation of the Monophysites*, London, 1923.

第八章:毁坏圣像运动

ARNOLD, T. W. , *Panting in Islam*, ch. I, analysing the anti-representational impulse of Mohammedanism, Oxford, 1928.

BREHIER, L. , *La querelle des images*, Paris, 1904.

GFRORER, A. , Der Bildersturm, Vol. II of *Byzantinische Geschichten*, Graz, 1874.

SCHWARZLOSE, K. , *Der Bilderstreit*, Gotha, 1890.

TOUGARD, A. , La persecution iconoclaste d'apres la correspondence de saint Theodore Studite, *Revue des Questions Historiques*, Paris, July, 1891.

第八章:修道院制度

BUTLER, E. , C. , *Cambridge Medieval History*, ch. XVIII.

BYRON, R. , *The Station: Athos, Treasures and Men*, London, 1928.

GARDNER, A. , *Theodore of Studium*, London, 1905.

HANNAY, J. , O. , *The Sprite and Origin of Christian Monasticism*, London, 1903.

LAKE, K. , *Early Days of Monasticism on Mount Athos*, Oxford, 1909.

MARIN, L. , *Les moines de Constantinople*, Paris, 1897.

MEYER, P. , *Die Houpiurkunden fur die Geschichie des Athoskloster*, Leipzig, 1864.

第九章:大众文化

ANDREADES, A. , *Le recrutement des fonctionnaires et les universites dans l'Empire byzantine*, *Extrait des Melanges de Droit Romain*, Paris, 1926.

KRUMBACHER, K. , Greek Literature: Byzantine, in the current *Encyclopadia Britannica*.

——*Geschichte der Byzantinischen Litterolur*, Munich, 1897.

RAMBAUD, A. , *Michel Psellos, philosophe et homme d'etat*, *Revue Historique*, Paris, 1877.

SYMONDS, J. A. , *Renaissance in Italy*, Vols. I and II, London, 1898.

ZERVOS, C. , *Michel Psellos*, Paris, 1920.

第九章：艺术与建筑

参见第四章：地形学和君士坦丁堡的纪念碑。

ANTONIADES, E. M. , *aylas*, Paris, 1917.

BEYLIE, L. M. E. *L'habitation byzantine*, Paris, 1902.

BREASTED, J. H. , *Oriental Forerunners of Byzantine Painting*, Chicago, 1924.

BREHIER, L. , *L'art chretien: son development iconographique*, 2nd edition, Paris, 1928.

CADAPALCH, J. P. Y. , FALCUERA, A. DE, and CASALS, J. G. Y. , *L'arquitectura Romanica a Catalunya*, Barcelona, 1909.

DALTON, O. M. , *Byzantine Art and Archaeology*, Oxford, 1911.

——*East Christian Art*, Oxford, 1925.

DIEHL, C. , *Manuel d' art byzantine*, 2nd edition, Paris, 1925 – 6.

DIEEHL, C. , and others, *Les monuments chretiens de Salonique*, Paris, 1918.

EBERSOLT, J. , *La miniature byzantine*, Paris, 1926.

——*Sainte Sophie de Constantinople: etude topographique d'apres les Ceremonies*, Paris, 1910.

JACKSON, T. G. , *Byzantine and Romanesque Architecture*, Cambridge, 1913.

LETHABY, W. R. , and SWAINSON, R. , *The Church of Sancta Sophia*, London, 1894.

MILLET, G. , *L'ecole grecque dans l'architecture byzantine*, Paris, 1926.

MILLET, G. , *Le monaslere de Daphni*, Paris, 1916.

——*Monuments byzantins de Mistra: materiaux pour l'etude de l'architecture et de la painture en Greece aux 14 et 15 siecles*, Paris, 1910.

PIERCE, H. , and Tyler, R. , *Byzantine Art*, London, 1926.

SCHULTZ, R. W. , and BARNSLEY, S. H. , *The Monastery of St Luke of Stiris*, in Phocis, London, 1901.

STRZYGOWSKI, J. , *Original of Christian Church Art*, English translation by O. M. Dalton and H. J. Braunholtz, Oxford, 1923.

第十章：社会生活

BEYLIE, L. M. E. DE, *L'habitation byzantine*, Paris, 1902.

BURY, J. B. , The Nika Riot, *Journal of Hellenic Studies*, London, 1897.

CHALANDON, F. , *Essia sur la regne d' Alexis I Comnene*, Paris, 1900.

——*Jean II et Manuel I Comnene*, Paris, 1912.

CHAPMAN, C. , *Michel Paleologue, restaurateur de L'Empire byzantine*, Paris, 1926.

CLAVIJO, *Embassy to Tamerlane* (1403 - 6), English translation by G. Le Strange, Broadway Travellers' Series, London, 1928.

COMNENA, PRINCESS ANNA, *The Alexiad*, English translation by E. A. S. Dawes, London, 1928.

DE LA BROQUIERE, B. , *Voyage d' Outremer*, Paris, 1892.

DE MELY, F. , *La Sainte Couronne d'Epines a Notre Dame de Paris*, Paris, 1927.

DIEHL, C. , *Choses et gens de Byzantine*, Paris, 1926.

——*Figures byzantines*, 2 series, Paris, 1906 and 1913.

——*Justinien et la civilisation byzantine au 6 siecle*, Paris, 1901.

EBERSOLT, J. , *Le Grand Palais de Constantinople et le Livre des Ceremonies*, Paris, 1910.

——*Les arts somptuaires de Byzantine*, Paris, 1923.

——*Sanctuaires de Byzantine*, Paris, 1921.

FORCHEIMER, P. , and STRZYGOWSKI, J. , *Die Byzantinischen Wasserbehalter von Konstantinople*, Vienna, 1893.

HOLMES, G. W. , *The Age of Justinian and Theodora*, London, 1905.

JEANSELME, E. , and OECONOMOS, L. , *Les auvres d'assistance et les hopicaux byzantins au siecle des Comnenes*, Anvers, 1921.

LIUTPRAND, *Bishop of Cremona*, *Histoire de l'Empire d'occident*, *containing extremely amusing accounts of his two visits to Constantinople in the tenth century*, French translation by L. Cousin, Paris, 1684.

RAMBAUD, A. , *Etudes sur l'histoire byzantine*, Paris , 1912.

——*L'Empire grec au IO siecle : Constantin Porphyrogenete*, Paris, 1870.

RIANT. P. , *Des depouilles religieuses enlevees a Constantinople au XIII siecle par les Latin*, Paris, 1875.

——*Exuviae Sacrae Constantinopolitanae*, Geneva, 1877 - 8.

SCHLUMBERGER, G. , *L'epopee byzantine a la fin du 1O siecle :*——

I. Jean Tzimisces, Basile II (969 - 986).

II. Basile II (989 - 1025).

III. Les Porphyrogenetes, Zoe et Theodora (1025 - 1057), Paris, 1896 - 1905.

——*Un Empereur de Byzance a Paris et Londres*, Paris, 1916.

TAFUR, P. , *Travels and Adventures* (1435 - 1439), English translation by M. Letts, Broadway Travellers' Series, London, 1926.

TOY, S. , *The Aqueducts of Constantinople*, *Journal of the Royal Institute of British Architects*, London, Nov. , 1928.

VOGT, A. , *Basile Ier*, *Empereur de Byzance*, *et la civilisation byzantine a la fin du IX' siecle*，Paris，1908.

第十章：拉丁定居者和入侵者
《剑桥中世纪史》第四卷列出了大量文献。若要查看威尼斯人,见第七章：商业
和财富

BREHIER，L.，*L'eglise et l'Orient au moyen age*：*les Croisades*，Paris，1907.

BUCHON，J. A.，*Collection des chroniques nationales francaises*，Paris，1826.

——*Recherches historiques sur la principaute francaise de Moree*，Paris，1843.

DU CANGE，C. DU FRESNE，*Histoire de L'Empire de Constantinople sous les empereurs franois*，1657，edited by J. A. Buchon，Paris，1826.

HOPF，C.，*Chroniques greco-romanes*，*containing Robert de Clary's account of the fourth crusade and description of Constantinople*，*and others*，Berlin，1873.

LUCHAIRE，A.，*Innocent III et la question de l'Orient*，Paris，1907.

MILLER，W.，*Cambridge Medieval History*，Vol. IV，ch. XV.

——*Essays on the Latin Orient*，London，1921.

——*The Latin Orient*，London，1921.

——*The Latins in the Levant*：*History of Frankish Greece*（1204 - 1566），London，1908.

PEARS，E.，*The Fall of Constantinople*，*being the story of the Fourth Crusade*，London，1885.

RODD，R.，*The Princes of Achaia and the Chronicles of the Morea*，London，1907.

SCHLUMBERGER，G.，*Byzance et Croisades*，Paris，1927.

——*Les Principautes franques du Levant*，Paris，1877.

——*Melanges d'archeologie byzantine*：p. 87，Sceaux et bulles des Empereurs latins de Constantinople，Paris，1895.

——*Recites de Byzance et des Croisades*，Paris，1922 - 3.

VILLEHARDOUIN，G. DE，*La conquete de Constantinople*，edited by E. Bouchet，Paris，1891.

第十章：拜占庭的小亚细亚
默里(Murray)的手册和威廉·兰姆西(Ramsay)爵士的著作中有对现存遗稿
的描述。

ANDERSON，J. G. C.，*The Road-system of Eastern Asia Minor*，Journal of Hellenic Studies，London，1897.

DIEHL，C. *Etudes byzantine*，Paris，1905.

GARNER, A., *The Lascarids of Nicea*, London, 1912.

JERPHANION, G. De, *Les eglises rupestres de Cappadoce*, Paris, 1925.

MUSIL, A., *Kusejr' Amra*, Vienna, 1907.

PAPPADOPOULOS, J. B., *Theodore II Lascaris*, Paris, 1908.

PERNOT, H., *Etudes de litterature grecque moderne*, page 1 – 70, Paris, 1916.

ROTT, H, *Kleinasiaische Denkmaler*, Leipzig, 1908.

WROTH, W., *Catalogue of the cions of ... the Empire of the Thessalonica, Nicca, and Trebizond in the British Museum*, London, 1908.

WULFF, O., *Die Koimesiskirche in Nicaa und ihre Mosaiken* (destroyed by the Turks in 1921), Strasbourg, 1903.

第十一章：拜占庭防务和东方的入侵者

ANDREADES, A., *De la population de Constantinople sous les Empereurs byzantines*, Metron, Rovigo, Dec., 1920.

Cambridge Medieval History, Vol IV, chs. V, X, XX and XXI.

GIBBONS, H. A., *The Foundation of the Ottoman Emperor*, Oxford, 1916.

LAURENT. J., *Byzance et les Turcs seljoucides*, Paris, 1913.

MIJATOVIGH, C., *Constantine, the Last Emperor of the Greeks*, unreliable, but giving legends and details from the Slavonic Chronicle, London, 1892.

OMAN, C., *A History of the Art of War: the Middle Ages*, London, 1898.

PEARS, E., *The Destruction of the Creek Emperor*, London, 1903.

SCHLUMBERGER, G., *Le siege, la prise et le sac de Constantinople par les Turcs, en* 1453, Paris, 1914.

——*Recits de Byzance et des Croisades*, Paris, 1922 – 3.

第十一章：米斯特拉与特拉比仲德

FALLMERAYER, J. P., *Geschichte des Kaiserthums von Trapezunt*. Munich, 1827.

MILLER, W., *Trebizond: the Last Greek Empire*, containing the only complete bibliography, London, 1926.

MILLET, G., *Inscriptions byzantines de Trebizonde*, *Bulletin de Correspondence Hellenique*, Paris, 1896.

——Les monasteres et les eglises de Trebizonde, Bulletin de Correspondence Hellenique, Paris, 1895.

——*Monuments byzantine de Mistra*, Paris, 1910.

TOZER, H. F., A Byzantine Reformer: Gemistos Plethon, *Journa of Hellenic*

Studies，London，1886. Chapter XI：RUSSIA AND ITALY.

KLUCHEVSKY，V. O. ，*History of Russia*，London，1911.

PARES，B. ，*A History of Russia*，London，1926.

ROSTOVTZEFF，M. ，*Iranians and Creeks in South Russia*，Oxford，1922.

SYMONDS，J. A. ，*Renaissance in Italy*，Vol. I and II，London，1898.

VAST，H. ，*Le Cardinal Bessarion*，Paris，1878.

第十一章：民众的哀悼与拜占庭遗风

ABBOTT，G. F. ，*Songs of Modern Greece*，Cambridge，1900.

GARNETT，L. J. M. ，*Greek Folk-songs*，London，1885.

HALLIDAY，W. R. ，*Folk-lore Studies*，London，1924.

HESSELING，D. C. ，*Histoire de la litterature grecque moderne*，Paris，1924.

LEGRAND，E. ，*Recueil de poemes historiques en Grec vulgaire*，Paris，1877.

——*Recueil de chansons populaires grecques*，Paris，1874.

PASSOW，A. ，*Popularia Carmina Cracciae Recentioris*，Leipzig，1860，from
which，No. CXCVI，the poem at the end of this book is translated.

PERNOT，H. ，*Etudes de litterature grecque moderne*，Paris，1916.

鸣谢 A. ANDREADES，L. BOWER，CANON J. A. DOUGLAS，the ARCHBISHOP GERMANOS，METROPOLITAN OF THYATEIRA，C. HOURMOUZIOS，W. MILLER，A. PALLTS，GENERAL PHRANTZES，特别感谢 J. MAVROGO RDATO 的校对。

索 引

(所有页码为原著页码，即本书边页码)

Archbishop of	总主教,274,301
Paul，St	圣保罗,12,59,154
Paul the Silentiary	"示默者"保罗,200-201
Paulicians	保罗派教徒,174,232
Pears，E.	皮尔斯,埃德温,263
Pedagogues	学究,12,17
Pelasgians	皮发斯基族,10
Pendentive, origin of	穹隅的起源,190
Pepin，King of the France	法兰克国王丕平,89,190
Peribleptos，Church of，Mistra	米斯特拉的佩里博勒托修道院,218
Përigueux	佩里格,209
Persia	波斯,51,58,68,85,133,136,170,209,214,269,270,302
Persian invasions	波斯入侵,80,82,83-84
Peter of Aragon	阿拉贡的彼得,108
Peter the Great	彼得大帝,309
Peter the Hermit	"隐士"彼得,35,98
Petrarch	彼得拉克,305
Pharos，the，Constantinople	法罗斯灯塔,226
Philhellenism	亲希腊主义,17-23,215
Philip the Good，Duke of Burgundy	勃艮第公爵"好人"菲利普三世,245
Philosophy	哲学
In Roman Empire	在罗马帝国,48,54-57,154
Ancient Greek；Aristotle, Humanism，Plato；Byzantine study of；Moslem study of	古希腊的,54,56;同亚里士多德,人文主义,柏拉图;拜占庭的研究,62,127,206;穆斯林的研究,179,214,295,305
Philoxenus	菲洛克斯诺斯,75
Phocas，Emp.	皇帝福卡斯,83
Photius，Patriarch of Constantinople	君士坦丁堡牧首佛条斯,93,181,204-205,212
Phrantzes	弗兰兹,297-298,306
Pierce，H.	皮尔斯,海福德,232
Pinturicchio	平托瑞丘,307
Pisanello	皮萨内洛,244-245,图4注解
Pisans	比萨人,147
Pius II，Pope	教皇庇护二世,307

上海三联人文经典书库

已出书目

（上、下）　［美］亨利·富兰克弗特　著　郭子林　李　岩
　　　李凤伟　译

15.《大学的兴起》　［美］查尔斯·哈斯金斯　著　梅义征　译

16.《阅读纸草，书写历史》　［美］罗杰·巴格诺尔　著　宋立宏
　　　郑　阳　译

17.《秘史》　［东罗马］普罗柯比　著　吴舒屏　吕丽蓉　译

18.《论神性》　［古罗马］西塞罗　著　石敏敏　译

19.《护教篇》　［古罗马］德尔图良　著　涂世华　译

20.《宇宙与创造主：创造神学引论》　［英］大卫·弗格森　著
　　　刘光耀　译

21.《世界主义与民族国家》　［德］弗里德里希·梅尼克　著　孟
　　　钟捷　译

22.《古代世界的终结》　［法］菲迪南·罗特　著　王春侠　曹明
　　　玉　译

23.《近代欧洲的生活与劳作（从 15—18 世纪）》　［法］G.勒纳尔
　　　G.乌勒西　著　杨　军　译

24.《十二世纪文艺复兴》　［美］查尔斯·哈斯金斯　著　张　澜
　　　刘　疆　译

25.《五十年伤痕：美国的冷战历史观与世界》（上、下）　［美］德瑞
　　　克·李波厄特　著　郭学堂　潘忠岐　孙小林　译

26.《欧洲文明的曙光》　［英］戈登·柴尔德　著　陈　淳　陈洪
　　　波　译

27.《考古学导论》　［英］戈登·柴尔德　著　安志敏　安家
　　　瑗　译

28.《历史发生了什么》　［英］戈登·柴尔德　著　李宁利　译

29.《人类创造了自身》　［英］戈登·柴尔德　著　安家瑗　余敬
　　　东　译

30.《历史的重建：考古材料的阐释》　［英］戈登·柴尔德　著
　　　方　辉　方堃杨　译

31.《中国与大战：寻求新的国家认同与国际化》　［美］徐国琦
　　　著　马建标　译

32.《罗马帝国主义》　［美］腾尼·弗兰克　著　宫秀华　译

33.《追寻人类的过去》 ［美］路易斯·宾福德 著 陈胜前 译

34.《古代哲学史》 ［德］文德尔班 著 詹文杰 译

35.《自由精神哲学》 ［俄］尼古拉·别尔嘉耶夫 著 石衡潭 译

36.《波斯帝国史》 ［美］A. T. 奥姆斯特德 著 李铁匠等 译

37.《战争的技艺》 ［意］尼科洛·马基雅维里 著 崔树义 译 冯克利 校

38.《民族主义：走向现代的五条道路》 ［美］里亚·格林菲尔德 著 王春华等 译 刘北成 校

39.《性格与文化：论东方与西方》 ［美］欧文·白璧德 著 孙宜学 译

40.《骑士制度》 ［英］埃德加·普雷斯蒂奇 编 林中泽 等译

41.《光荣属于希腊》 ［英］J. C. 斯托巴特 著 史国荣 译

42.《伟大属于罗马》 ［英］J. C. 斯托巴特 著 王三义 译

43.《图像学研究》 ［美］欧文·潘诺夫斯基 著 戚印平 范景中 译

44.《霍布斯与共和主义自由》 ［英］昆廷·斯金纳 著 管可秾 译

45.《爱之道与爱之力：道德转变的类型、因素与技术》 ［美］皮蒂里姆·A. 索罗金 著 陈雪飞 译

46.《法国革命的思想起源》 ［法］达尼埃尔·莫尔内 著 黄艳红 译

47.《穆罕默德和查理曼》 ［比］亨利·皮朗 著 王晋新 译

48.《16 世纪的不信教问题：拉伯雷的宗教》 ［法］吕西安·费弗尔 著 赖国栋 译

49.《大地与人类演进：地理学视野下的史学引论》 ［法］吕西安·费弗尔 著 高福进 等译 ［即出］

50.《法国文艺复兴时期的生活》 ［法］吕西安·费弗尔 著 施诚 译

51.《希腊化文明与犹太人》 ［以］维克多·切利科夫 著 石敏敏 译

52.《古代东方的艺术与建筑》 ［美］亨利·富兰克弗特 著 郝

海迪　袁指挥　译

53.《欧洲的宗教与虔诚:1215—1515》　[英]罗伯特·诺布尔·斯旺森　著　龙秀清　张日元　译

54.《中世纪的思维:思想情感发展史》　[美]亨利·奥斯本·泰勒　著　赵立行　周光发　译

55.《论成为人:神学人类学专论》　[美]雷·S.安德森　著　叶汀　译

56.《自律的发明:近代道德哲学史》　[美]J. B.施尼温德　著　张志平　译

57.《城市人:环境及其影响》　[美]爱德华·克鲁帕特　著　陆伟芳　译

58.《历史与信仰:个人的探询》　[英]科林·布朗　著　查常平　译

59.《以色列的先知及其历史地位》　[英]威廉·史密斯　著　孙增霖　译

60.《欧洲民族思想变迁:一部文化史》　[荷]叶普·列尔森普　著　周明圣　骆海辉　译

61.《有限性的悲剧:狄尔泰的生命释义学》　[荷]约斯·德·穆尔　著　吕和应　译

62.《希腊史》[古希腊]色诺芬　著　徐松岩　译注

63.《罗马经济史》　[美]腾尼·弗兰克　著　王桂玲　杨金龙　译

64.《修辞学与文学讲义》　[英]亚当·斯密　著　朱卫红　译

65.《从宗教到哲学:西方思想起源研究》　[英]康福德　著　曾琼　王涛　译

66.《中世纪的人们》　[英]艾琳·帕瓦　著　苏圣捷　译

67.《世界戏剧史》　[美]G.布罗凯特　J.希尔蒂　著　周靖波　译

68.《20世纪文化百科词典》　[俄]瓦季姆·鲁德涅夫　著　杨明天　陈瑞静　译

69.《英语文学与圣经传统大词典》　[美]戴维·莱尔·杰弗里（谢大卫）主编　刘光耀　章智源等　译

70.《刘松龄——旧耶稣会在京最后一位伟大的天文学家》 〔美〕斯坦尼斯拉夫·叶茨尼克 著 周萍萍 译

71.《地理学》〔古希腊〕斯特拉博 著 李铁匠 译

72.《马丁·路德的时运》〔法〕吕西安·费弗尔 著 王永环 肖华峰 译

73.《希腊化文明》〔英〕威廉·塔恩 著 陈恒 倪华强 李月 译

74.《优西比乌:生平、作品及声誉》〔美〕麦克吉佛特 著 林中泽 龚伟英 译

75.《马可·波罗与世界的发现》〔英〕约翰·拉纳 著 姬庆红译

76.《犹太人与现代资本主义》〔德〕维尔纳·桑巴特 著 艾仁贵 译

77.《早期基督教与希腊教化》〔德〕瓦纳尔·耶格尔 著 吴晓群 译

78.《希腊艺术史》〔美〕F·B·塔贝尔 著 殷亚平 译

79.《比较文明研究的理论方法与个案》〔日〕伊东俊太郎 梅棹忠夫 江上波夫 著 周颂伦 李小白 吴玲 译

80.《古典学术史:从公元前6世纪到中古末期》〔英〕约翰·埃德温·桑兹 著 赫海迪 译

81.《本笃会规评注》〔奥〕米歇尔·普契卡 评注 杜海龙 译

82.《伯里克利:伟人考验下的雅典民主》〔法〕樊尚·阿祖莱 著 方颂华 译

83.《旧世界的相遇:近代之前的跨文化联系与交流》〔美〕杰里·H.本特利 著 李大伟 陈冠堃 译 施诚 校

84.《词与物:人文科学的考古学》修订译本 〔法〕米歇尔·福柯 著 莫伟民 译

85.《古希腊历史学家》〔英〕约翰·伯里 著 张继华 译

86.《自我与历史的戏剧》〔美〕莱因霍尔德·尼布尔 著 方永 译

87.《马基雅维里与文艺复兴》〔意〕费代里科·沙博 著 陈玉聊 译

欢迎广大读者垂询,垂询电话:021-22895540

图书在版编目（CIP）数据

拜占庭的成就：公元 330—1453 年之历史回顾/[英]罗伯
特·拜伦著；周书垚译. —上海：上海三联书店，2018.11
（上海三联人文经典书库）
ISBN 978 - 7 - 5426 - 6378 - 8

Ⅰ.①拜…　Ⅱ.①罗…②周…　Ⅲ.①拜占庭帝国－历史
Ⅳ.①K134

中国版本图书馆 CIP 数据核字（2018）第 141607 号

拜占庭的成就——公元 330—1453 年之历史回顾

著　　者 / ［英］罗伯特·拜伦
译　　者 / 周书垚

责任编辑 / 黄　韬
装帧设计 / 徐　徐
监　　制 / 姚　军
责任校对 / 张大伟

出版发行 / 上海三联书店
　　　　　（200030）中国上海市漕溪北路 331 号 A 座 6 楼
邮购电话 / 021 - 22895540
印　　刷 / 上海展强印刷有限公司

版　　次 / 2018 年 11 月第 1 版
印　　次 / 2018 年 11 月第 1 次印刷
开　　本 / 640×960　1/16
字　　数 / 240 千字
印　　张 / 18.25
书　　号 / ISBN 978 - 7 - 5426 - 6378 - 8/K·481
定　　价 / 78.00 元

敬启读者，如发现本书有印装质量问题，请与印刷厂联系 021 - 66510725